留学
中国

来华留学生
就读经验的
质性研究

A QUALITATIVE STUDY OF
INTERNATIONAL STUDENTS'
LEARNING EXPERIENCES IN CHINA

马佳妮

著

社会科学文献出版社
SOCIAL SCIENCES ACADEMIC PRESS (CHINA)

目录
CONTENTS

序

"流动的现代性"

当今世界，资本、信息、人口、族群乃至文化等都实现了全球性的流动。流动带来了前所未有的文化接触、对话、交汇、互融，思想的碰撞与交锋。在全球化和知识经济的大背景下，留学生在流动的现代性中是实践流动性的重要群体，留学生流动已经成为国际高等教育领域最具代表性、最为活跃的现象之一。帕克（Park）在其著作《城市社会学》中指出，"尽管每个人都有安家栖息的强烈愿望，但人类有一个特有的雄心，即自由流动，超脱于凡俗世界之外，像纯粹的精灵那样生活在自己的精神和想象世界之中"[①]。越来越多的留学生选择走出国门，离开熟悉的母国世界，期待如精灵般找寻帕克所说的想象世界中的自由流动和留学生活。澳大利亚教育国际开发署（IDP Education Australia）在2002年发布的《全球学生移动力报告》中预计，留学生人数将从2000年的180万人增长到2025年的720万人。世界范围内如此庞大的流动的留学生群体，毫无疑问是流动的现代性的先锋主体。

流动性打开了传统社会国家边界的各种堡垒和障碍，使得渴望跨国接受教育的学生能够自由地流动。留学生的流动可以被视

---

① 〔美〕R. E. 帕克等：《城市社会学》，宋俊岭等译，华夏出版社，1987，第153~156页。

作一种自由选择的优势，这样的认知源于全球化赋予社会个体的流动性与灵活性。留学生的流动，不仅是个人身体和学习经验的全球化流动，也使得由各种规范、规则、惯例、习俗等打包在一起而形成的文化程序一并参与着流动。留学生的移动构成了当下流动的现代性中变动不居的一道独特风景线，他们的选择、感知、体验和收获，在反映着全球化"抽离""同质性"的同时，又将自身的民族文化和个体经验通过流动散布到留学国，参与着流动的社会再生产。

跨国流动的留学行为本身为个体空间的自我建构提供了更多的可选择途径。留学生的跨国移动，突破了地域禁锢，跨越了原有固定的学习轨迹，个体空间转而成为流动的、可携带的、动态的，在流动中完成建构和重构。空间形态已经不必受缚于疆域和领土，遥远的地理距离被压缩，此岸和彼岸、缺场和在场被紧紧联结在一起，留学生的流动是一种生活在这里又与那里相连的实践。他们在自然空间、社会空间以及世界时差的频繁转换中，也解构了空间的蕴意，传统的空间定义由原来距离的维度指向了心理空间，触发了心理层面和文化层面的调适与变更。

齐格蒙特·鲍曼（Zygmunt Bauman）指出"流动的现代性"下的生活是"流动的生活"，是充满不确定性的生活，具有个体性、瞬间性、永恒性、杂合性、功利性和浪费性，会带给个体疲惫、焦虑、恐惧及茫然。留学生群体在留学国需要不断面对差异，在饮食、居住条件、学习方式、互动模式、行为规范等方面还会被动接受差异。在各种维度上都在移动，不管是身体的还是思想的，不管是目前的还是未来的，也不管是自愿的还是被迫的，留学生似乎并不能确定其是继续留学还是回到母国发展，在异国他乡的留学更加增添了几分对未来的不确定。鲍曼在对德里达（Derrida）提出的"思考旅途"（think travel）的解释中说道，"去思考那个向着未知之地而离开自己的家的远去的行动，但是又必须承受这个'未知之地'等待着你去承受的所有的风险、快乐和危险"①。

本书试图展现留学生来华学习的流动性的全景图式，包括其来华动机、在华学习感知与互动、学习投入行为及其变化等。透过这样全方位的展示，建构在本土资料基础上的分析和理论。能够展示基本符合大多数来华留学生就读经验的图景，也就达到了"窥见"来华留学生就读经验的目的，发现了蕴含于中国的来华留学生本土化的学习经验。

身份认同

在留学生跨国学习的场景中，身份认同或许是一种矛盾心态的最为普遍、最为敏锐和最为深刻的体现。身份是某人或某群体标示自己为其自身的标志或某一事物独有的品质。经典的身份理论认为，身份是一种常住不变的人格状态，是确定人们权利和行为能力的基准，人们一旦从社会获得了某种身份，也就意味着他们获得了与此种身份相适应的种种权利。在稳定的、意义明确的传统社会，身份是相当稳固的，一旦获其身份，则往往终其一生不变，因此身份问题不容易为人所觉察。然而对于在明显不同的文化与环境之间飘移运动的主体留学生来说，身份认同则表现得尤为突出和迫切，这些群体和其中个体的身份建构成为被强烈意识到的问题。留学生在物理空间中迁移时，与之相伴而行的不仅仅是居住条件、饮食文化、学习环境、师生互动方式等具体的、现实的、可直接感觉的方面的变化，还有深层次的、较抽象的困惑与思考，包括我过去是谁、现在又是谁、他人认为我是谁、我

---

① 〔英〕齐格蒙特·鲍曼：《流动的现代性》，欧阳景根译，上海三联书店，2002，第321页。

将来又是谁等一系列有关个体和群体身份的追问。留学生在与其他人或群体的互动中面临着变动、"离解"的迷思。

界　限

"界限"是现代及后现代社会理论中一个独特的、具有丰富解释力的词语。当然，在不同理论家的理论体系中，"界限"的意涵和功能是有差异的。例如，在福柯那里，界限是监狱、精神病院设置的监禁和排斥另类分子的围墙。在鲍曼的《现代性与大屠杀》中，界限则是犹太人与基督徒之间的差异，是基督徒出于自我认同的需要，在自己与作为他者的犹太人之间划定的界限，该界限体现在犹太人的居所、衣着和社会交往等日常生活当中，如犹太人长期居住在城镇里的孤僻角落，基督徒与犹太人之间禁止通婚、共餐等，而当犹太人僭越了社会设置的一条本应该划分清楚并保存完好、使之不受破坏的界限，穿得跟其他人一样，并出现在城市中心的街道上时，那二者之间原有的秩序和安全距离便不复存在，其结果是，基督徒的反犹主义情绪被激发出来。①

留学生跨越国界、突破学校界限体验着跨国学习，然而，据此是否表明所有的界限已经真正被消除？界限有哪些维度？界限是否有明暗之分，哪些是明界限，哪些是暗界限？对于留学生在留学国学习，是否有跨越不了的界限？事实上，界限有不同维度，最容易想到的是空间维度。国界线、省界线乃至一所学校与另一所学校的界限都是清晰明确的。且只要物体通过移动从界限的一边进入界限的另一边，即实现了界限的跨越。然而，界限还有其他维度，比如心理维度。尽管留学生通过流动身体的空间位置，

---

① 参见〔英〕齐格蒙特·鲍曼《现代性与大屠杀》，杨渝东等译，译林出版社，2002。

完成了个体跨越国界的行动，但并不表明其心理空间也发生了移动，并不表明其跨越了与留学国人们心理空间的界限。许多国内外留学生相关研究揭示，留学生在留学国的人际互动网络密度较低、同质性较强，与当地人的互动较少，且为数不多的互动也好似陌生人之间的相遇。鲍曼对流动的现代性的时空分析恰好能够反映这一问题："陌生人的相遇是一件没有过去（a past）的事情，而且多半也是没有将来（a future）的事情，是一段非常确切的'不会持续下去'的往事，是一个一次性的突然而至的相遇，在到场和它持续的那个时间里，它就会被彻底地、充分地完成，它用不着有任何的拖延，也不用将未了之事推迟到另一次相遇中。"①

对于留学生接收国以及留学院校来说，需要考虑到留学生潜在的"无法逾越的边界"和身份认同危机，从而予以社会公共政策、融合环境和有效实践的关照与支撑。

对于关注留学生流动的研究者来说，考虑到留学生的流动不仅是个人身体的全球化流动，同时也是个体经验以及由各种规范、规则、惯例、习俗打包在一起而形成的文化的流动，因此研究留学生流动需要有一个宽泛的视野，将留学生考虑为其社会文化网络上的一个连接点，通过这一个点感受到其他点的存在和影响。

研究者的收获

留学生流动不仅涉及时空变化，同时也是个人身份认同、文化置换与文化悬挂的过程。对于留学生来说，人类独有的自我能动能力使得个体在面临心理空间距离抑或身份认同等问题时仍有着强大的能动能力。正如成人学习理论中的转变学习理论所指出

---

① 〔英〕齐格蒙特·鲍曼：《流动的现代性》，欧阳景根译，上海三联书店，2002，第147~148页。

的，反思性能够帮助个体对流动的生活进行客观反思并重建希望。

通过本研究，我更加坚信了"生活犹如一条船，每个人都要有掌舵的准备"。在研究的过程中，当我在对资料的分析中得出留学生需要提高自我能动能力的结论时，当我在针对扎根理论提出中国学生也同样需要提高自我能动能力，利用中国高校国际化迅速发展的机遇，促进个体自身的国际化发展之时，其实，自我能动能力已经随着研究的进展融入我的"血液中"。作为一名昔日的海外留学生，作为一位此时此刻研究留学生群体学习情况的"学术人"，我深深地感到并认同在变化面前，不论是地点的迁移，还是事件的突发，自我能动能力都是改变自身不利处境、走向希望和阳光的不二法宝。鲍曼眼中的有权势者是那些有能力随时移动、对变动处境做出回应的人，在我看来，那些具备较强自我能动能力的人是真正的流动的现代性中的"有权势者"。

本书的特色

高等教育国际化已成为世界各国高等教育发展的重要取向和战略选择。在全球化和知识经济的大背景下，留学生流动已经成为国际高等教育领域最具代表性、最为活跃的现象之一。根据桑德森（Sanderson）提出的高等教育国际化的多维度分类①所示，留学生正处于国际化（Internationalization）个体层级（Individual level）这一坐标。以留学生作为切入点来审视高等教育国际化政策和实施效果具有重要的可操作化意义。留学生人数不断飙升，但有关其学习经历的信息并不多，高校对留学生的了解依然停留

---

① Gu, Q. et al., "Learning and Growing in a 'Foreign' Context: Intercultural Experiences of International Students" [J]. *Compare: A Journal of Comparative and International Education*, 2008 (1): 7 – 23; Sanderson, G., "A foundation for the Internationalisation of the Academic Self" [J]. *Journal of Studies in International Education*, 2008 (12): 276 – 307.

在留学生的注册数字、来华留学趋势上。因此，本研究试图对来华留学生就读经验进行深描，无论是对理解留学生群体的需求，还是对高等教育国际化政策和实施效果的审视与反思，都具有重要意义。本研究将丰富已有的高等教育国际化的微观转向的成果。

已有文献对留学生跨文化适应和学习的理论，主要建立在发展中国家学生到发达国家留学的基础之上，比如阿特巴赫（Altbach）的"推拉因素理论"、留学生跨文化适应理论等。本研究采用扎根理论的研究策略，通过收集第一手资料，对来华留学生就读经验进行深入了解，试图探求那些在西方萌芽生根的与留学生相关的概念、理论以及通过对留学生群体的研究发现是否具有"超越地域性"的普适特征，能够解释来华留学生就读的事实，抑或是在"中国土壤"就读的留学生有无其独特的体验特征。本研究期望能够关注到来华留学生就读的本土化概念或研究领域，提出对来华留学生就读特征具有较强解释力的扎根理论，在此基础上生成基于中国本土土壤的留学生学习的理论。生成的扎根理论能够发现来华留学生就读的特征，与已有的概念和理论进行对话能够反映出其适切性和普适性，同时也能够丰富国际文献中的留学生研究。

本研究发现了一些在欧美等国家学习的留学生不存在的问题，同时在欧美等国家学习的留学生所遇到的一些问题在本研究中没有发现。比如，国外相关文献大多认为留学生感到被排斥，有受到歧视的消极感知。在这样的逻辑之下，留学生似乎除了跨国学习者的身份之外，还隐隐被视为"弱势群体""受歧视群体"。特别是留学生在留学过程中因此而对自我进行怀疑，丧失自信心。在本研究中，大多数留学生对中国感知良好，没有受到特别的歧视，更不认为其被视为"弱势群体"。相反，不少留学生反映教师对他们"友好地差别性对待"，即对中国学生严厉，而对留学生非常友好和温和。

已有文献提出不同文化的学生学习风格差异理论，本研究基于扎根理论将获得真实的而不是刻板印象的解读。本研究将反思当前主导的西方相关理论的优势与不足，补充和修正西方已有理论，在理论的本土化及创新性等方面有所推进。

本研究也对本文化和异文化的碰撞进行反思，对不同文化予以观照。通过外国人观察中国，跳出约定俗成的框架，将发现我们日常生活中习以为常、难以注意到的元素，还对中国文化、中国校园、中国教学模式等予以他者视角上的重新审视。长期在本文化中浸没，使得我们对自己的文化早已司空见惯、熟视无睹。熟悉往往是最大的障碍。因为熟悉所以习惯和忽略，因为熟悉所以遮蔽和阻挡，因为熟悉所以在认识上失去客观性。因此，借助他者的感知和评价，对中国人互动特点、中国文化等给予重新审视，让熟视无睹的、难以察觉的自身文化进入研究的视野。

由于本研究选择扎根理论的研究方法，因此生成能够忠实反映来华留学生在中国学习经历的理论是本研究的主要目标。希望生成的理论能与其他领域内其他研究者的理论彼此相关、互为累积并得到应用。此外，扎根理论是"基于社会实体的资料所建立的理论，是一种有力的工具，我们可用来理解外在世界，并发展可以对此外在世界稍做控制的行动策略"。① 本研究基于研究发现和"留学生就读经验的作用力与反作用力"的扎根理论，对与留学生发生作用的多方"载体"，包括国家、高校组织、教师、中国学生、来华留学生本人、留学生家人提出了具体而又详尽的建议和策略，试图使之对不同主体均有一定的参考和应用价值，以通力协作提高留学生在中国的就读经验。希望建立在扎根理论基础上的结论和建议能对留学生政策制定者、高校、教师以及留学

---

① Strauss, A., & Corbin, J., *Basics of Qualitative Research: Grounded Theory Procedures and Techniques*[M]. Sage. Publications, Inc., 1990: 9.

生本人提供一定的参考和可应用价值。

对于国家来说，本研究有助于我国相关部门了解留学生的学习经历。本研究可以为相关政府部门和政策制定者提供决策参考，从而达到"使近者悦，使远者来"的效果。本研究将为我国高等院校营造更好的学习环境提供支持，从而促进留学生享有积极的留学经历，推动高校的国际化进程和提高高校国际化水平。这是因为留学生来华就读经验直接影响到其是否会推荐本国人来华留学，也将直接影响我国高校留学生录取率。目前高校对留学生的了解大部分只停留在留学生注册数字和来华留学趋势上。庞大的留学生注册数并不等同于积极的就读经验。了解来华留学生在中国的学习情况，以避免只看表面数字而产生的误解。此外，充分了解留学生学习经历可设立更为有效的留学生教育项目。留学生的学习过程需要教师和学生对话式的、共同的努力，本研究有助于教育者更好地了解留学生在课堂和课外的学习经历，有助于留学生与教师以及与本土学生更好地沟通和交往，为院校改进留学生教育提供参考。此外，本研究对丰富留学生跨国学习的积极经历、获得更多的学习收获具有一定的指导作用。

为了提高扎根理论的稠密度和更强的解释力，以后的研究可以在样本的多样性上有更多涉及，比如囊括不同的学位、学历学生，不同地域以及更多不同国家的留学生，中文授课和英语授课的留学生等，解释链条可以继续延伸。

由于研究者本人知识上的"构成性局限"（constitutional limitations）① 及理论敏感度不足，对资料的分析和把握可能较为浅显，因此得出的结论和理论的稠密度不够高。由于研究时间有限，本人没有进行焦点团体访谈，无法调动焦点小组的团体动力。研

---

① 〔英〕弗里德利希·冯·哈耶克：《法律、立法与自由》（第一卷），邓正来等译，中国大百科全书出版社，2000，第12页。

究涉及中国学生，但由于时间的限制，也没有对中国学生的回应进行深入的考察。

对于今后的来华留学生研究者，除了本研究中涉及的一些问题外，还可以对留学生"再进入"（re-entry）母国世界后的经验进行研究。阿瑟（Arthur）的研究发现表明，留学生在他们回国后会遇到一些困难，会面临"再进入"这一问题。① 那么，来华留学生回到其母国世界后，是否会遇到"再进入"困难，是否会产生不同感知，对母国世界产生何种影响，可以进一步进行研究。吉登斯（Giddens）提出"时空延伸"的概念，局部地点在确定社会关系和社会行动的结构时曾经至关重要，现在却逐渐丧失了这种地位。②通信技术的迅速发展对留学生互动是否产生影响，产生何种程度的影响，是否成为某些留学生与留学国互动网络的替代性选择？这些问题值得今后予以关注。

---

① Arthur, N. , "Preparing International Students for the Re-Entry Transition" ［J］. *Canadian Journal of Couselling*, 2003（3）：37.

② 〔英〕安东尼·吉登斯：《现代性与自我认同：现代晚期的自我与社会》，赵旭东等译，生活·读书·新知三联书店，1998。

 导 言

　　在求生存和争权势的斗争中……别人对
我们的看法与我们的真实状态同样重要。我
们身边人的头脑就是一面镜子，我们的形象
尽管会被这面镜子扭曲，却仍然决定着作为
社会成员的我们的身份和地位。

　　——〔英〕汉斯·摩根索（Hans J.
Morgenthau）《国家间政治：为了权力与和平
的斗争》

留学中国：规模扩张与质量诉求

国际化开启了一个全新的世界，人类的足迹跨越国家和地区的边界，延伸至更广阔的空间。个体因此获得了前所未有的选择机遇，开辟出灵活多样的生活道路。学生选择走出国门到异国他乡远距离体验异国文化、接受跨国教育已成为世界性的普遍现象。踏入异国的土地，离开父母的庇护，告别自己原本熟悉的生活方式，异国文化和全新生活方式"激流"不断袭来，留学生们或主动或被动地卷入了兴奋与孤独之中。

从公元七八世纪大批"遣唐使"来华，到宋、明、清时期广泛接收来自周边国家和地区的留学生，留学人员往来源远流长。新中国成立后，自1950年招收33名来自5个东欧社会主义国家的留学生起，成千上万来自世界各地的留学生乘着中国扩大与其他国家的人文交流和中国快速发展的东风，来到中国开启和实现自己的梦想。

来华留学生教育不断增强的"硬实力"

如今，中国在全球教育市场上开始扮演举足轻重的角色，中国不仅是留学生的主要生源国，同时也成为重要的留学生接纳国，吸引了来自世界各地的留学生。① 这具体表现在留学生教育规模、

---

① Jiani M. A. , "Why and How International Students Choose Mainland China as a Higher Education Study Abroad Destination" [J]. *Higher Education*, 2017 (74)：563 – 579.

比例和结构等一系列指标上。其一，来华留学生教育规模持续扩大，来华留学生总数明显增加。据教育部发布的数据，2018 年共计有来自 196 个国家和地区的 492185 名各类外国留学人员在中国学习；美国国际教育学会（Institute of International Education，IIE）发布的 2018 年国际学生流动性研究报告显示，中国大陆已超越澳大利亚（7%）、加拿大（7%），成为继美国（22%）之后全球第二大留学目的地国，与英国（10%）并列在快速增长的国际留学市场中占有 10% 的份额。[①] 2010 年 9 月，为加强中外教育交流与合作，推动来华留学事业发展，提高我国教育国际化水平，教育部出台了《留学中国计划》。这项计划的主要目标是：到 2020 年，全年在中国内地高校及中小学校就读的外国留学人员达到 50 万人次，使我国成为亚洲最大的留学目的地国家。[②] 其二，来华留学生教育层次逐步提高，学历留学生的比例有所提高。来华留学生由学历留学生（包括专科生、本科生、研究生）和非学历留学生（包括普通进修生、高级进修生、短期留学生）组成，来华留学生教育层次提高主要体现在学历留学生，特别是本科生和研究生所占比例提高。非学历留学生，特别是短期留学生所占比例降低。2018 年接受学历教育的外国留学生为 258122 人，占来华留学生总数的 52.44%。其三，接受来华留学生院校不断增加。接受外国留学生院校从 1979 年的 23 所增加到 2018 年的 1004 所。其四，中国政府奖学金种类、金额以及与各国签署的政府性协议增加。中国政府奖学金是根据中国政府与有关国家（地区）政府、学校及国际组织等机构签订的教育交流协议或达成的谅解备忘录而对外提供的奖学金，包括国别双边项目、中国高校自主招生项目以及与

---

① "Project Atlas"，2018. [EB/OL]. http：//www. iie. Org/Research-and-Publications/Project-Atlas.

② 《留学中国计划》[EB/OL]. [2015 – 02 – 15] http：//www. moe. edu. cn/publicfiles/business/htmlfiles/moe/s6811/201209/141518. html。

联合国教科文组织、欧盟、东盟、太平洋岛国论坛、世界气象组织所签订的合作协议。除了中国政府奖学金外，还有孔子学院奖学金、省市政府奖学金、外国政府奖学金、高校奖学金和企业奖学金。① 由此可见，我国在扩大留学生招生数量、拓展留学生教育规模、提高来华留学生层次、扩大留学生接受院校、增加留学生来源国别、增加留学奖学金种类等以数量增长为主导的硬实力层面取得了较快发展。

留学生教育的目标与价值取向引领着留学生教育发展的基本走向。在全球层面，英国等许多高校特别是一些非顶尖高校招收留学生的主要目的是创收，他们将留学生教育作为一种商品。日本高校招收留学生则不仅仅考虑创收，其在院校层面很大程度上是为了化解本国学生生源匮乏的困局。美国和加拿大将在全球范围内"吸收、培养和使用"留学生作为引进人才和外部智力的重要手段。相比这些国家，来华留学生教育在新中国成立后一段时间主要是履行国际主义义务，为友好国家培养人才；改革开放之后过渡到服务于国家现代化建设，通过扩大接收外国留学生规模，推进与发达国家留学生互换，以此增加中国出国留学人员的派遣，为中国现代化建设培养急需人才，促进社会开放；到 20 世纪 90 年代后，进一步上升和回归到服务教育自身发展，促进高等院校的国际交流与合作。②

来华留学生教育"软实力"提升的必要性

在来华留学生规模持续扩大的同时，留学生教育迫切需要质量的提升，促进来华留学教育向以质量提升为核心的内涵式发展

① 参考留学中国网所列出的奖学金信息整理得出 [EB/OL]. [2015 – 08 – 03] http：//www. csc. edu. cn/Laihua/scholarshipdetail. aspx？ cid = 93&id = 2058。

② Ma, J. & Zhao, K., "International Student Education in China：Characteristics, Challenges, and Future Trends" [J]. *Higher Education*, 2018 (76)：735 – 751.

转变。规模、硬件设施和奖学金吸引固然重要，但更为重要的"软实力"吸引是留学生教育的质量体现。奈（Nye）指出，"当留学生返回祖国后，如果能够对留学国做出积极的评价，才可以表明留学国文化对其产生了吸引，才称得上转化为影响他人的实力"①。当留学生对留学国持消极感知甚至认为受到的是"负面的伤害"时，不仅没有表现出对留学国的认可及其"国际化"变化，反而产生更深的对留学国的偏见。根据《中华留学教育史录：1949年以后》记载，新中国成立之初，我国对亚非拉国家进行教育援助，本着"国际主义义务"精神，给予留学生类似"外宾"待遇，专门设立留学生公寓和提供留学生伙食。然而留学生对此却并不领情，稍有不满就采取校内罢课、罢餐和游行等极端措施向学校和政府施压。② 当时"领头闹事"的加纳学生伊曼纽尔·约翰·海维（Emmanual John Hevi）原计划在中国学习七年医学却仅待了一年便离开中国。他返回非洲后不久便出版了《一个非洲学生在中国》（1963年），向世人展示了他在中国的留学经历和对中国的看法，整本书有大量对留学中国经历的消极感知，许多学术界和新闻界人士都认为他对中国的态度过于偏激、强烈。当时中国正处于大饥荒，非洲学生在中国除了免学费、免住宿费外，每月还有100元津贴，每天早上也能够保证牛奶和鸡蛋供应。享受如此优厚特权，海维仍感到不满，他在对这段经历的回顾中是这样描述的，"中国人的生活标准太低"。后来海维了解到在中国享受的已是特权后，他常常感到普通中国人对他们的敌意。他在记录中提到，1962年发生的一起涉外事件导致大多数非洲学生离开了中国。③ 虽然留学生

① Nye, J., "Soft Power and High Edcuation. Forum for the Future of Higher Education" [EB/OL]. [2012-03-12] http：//www. educause. edu/ir/library/pdf/FFP0502S. pdf.
② 李滔主编《中华留学教育史录：1949年以后》，高等教育出版社，2000，第831~832页。
③ 程映虹：《第一批非洲留学生为什么离开中国？》，《凤凰周刊》2014年第14期。

海维的故事是极端个例，却提醒我们，增加留学生数量、给予留学生丰厚待遇和对留学生物质的吸引不一定意味着我国"大国吸引力"的提升以及我国高等教育国际化程度的提高。留学生教育是一个较为复杂的问题，关键在于教育质量的提升。

为来华留学生提供高质量的教育服务，是提升我国高等教育国际声誉和竞争力的必要手段。单纯追求规模、搞外延扩张而忽视教育质量的提升、管理的规范，不可能实现长远的发展。《国家中长期教育改革和发展规划纲要（2010—2020年）》提出，"进一步扩大外国留学生规模，不断提高来华留学生教育质量，提高我国教育国际化水平，提升我国教育的国际地位、影响力和竞争力"。同年（2010年）出台的《留学中国计划》针对来华留学工作存在的主要问题和矛盾，凝练出"扩大规模，优化结构，规范管理，保证质量"的16字来华留学工作方针。我国留学生教育在扩大规模的同时也日益对提升质量有所重视。

我国学者开展了针对来华留学生对中国形象认知的调查研究，叶淑兰通过对上海20所高校561份问卷和48个深度访谈案例进行分析发现，获得中国奖学金有助于提升留学生在华就读的自信。然而，总体上看，奖学金等利益因素对于提升留学生眼中的中国形象效果微弱，并不显著。物质利益因素对于主观层面留学生中国观的提升并没有什么效果，中国提供经济支持反而可能使他们产生"经济收买"或是要求"知恩图报"等警惕性心理。一项针对两广地区15所院校的东南亚10国来华留学生开展的问卷调查中，留学生对中国形象的评分结果显示，硬实力方面的评分相对较高且来华后高于来华前，而软实力方面的评分较低且来华后更低于来华前。① 为确保我国在全球留学生教育舞台的持久和核心竞

---

① 陈文：《两广地区东南亚留学生眼中的中国国家形象》，《世界经济与政治》2012年第11期，第95~119页。

争力，在来华留学规模持续扩大的同时，我国迫切需要围绕保证和提高留学生教育质量这个中心，促进来华留学生教育向以质量提升为核心的内涵式发展转变。

不同主体对来华留学生教育的质量诉求

来华留学生教育涉及多方利益主体，主要有国家、高校、留学生以及留学生的家人四类。为实现留学生教育的战略意义，国家对留学生教育质量的诉求主要集中在留学生对其有较好的印象、感知和评价。也许只是几个或几十个青年去国外留学，却会慢慢改变交流双方的相互认知，甚至潜移默化地影响国家与世界的长远关系。塑造外国人眼中良好的本国形象和认知，是许多国家形象建设的重要内容，也是国家对留学生教育质量的重要诉求。我国留学生管理部门的官员也表达了这样的诉求：与世界上许多国家相比，我国外国留学生只占高校在校生很小一部分比例，并不把增加国家经济收益作为发展留学生教育的诉求。我国更希望通过留学生教育使得越来越多的外国人了解中国，能够培养更多的对华友好人士，使其在中国学习的知识和技术有利于回国后的发展。[①]

留学生教育对我国高校具有重要意义，留学生教育不仅可以为高校扩充收入，还可以提高高校的国际化水平。高校对留学生教育质量的诉求主要聚焦在增加高校留学生注册率以及提升高校声誉。留学生比例是诸多评估机构衡量大学实力的指标之一。2014 年 QS 世界大学排名（Quacquarelli Symonds World University Rankings）指标体系使用留学生比例指标，权重为 5%；2014 年《泰晤士报高等教育》（*Times Higher Education*，THE）世界大学排

---

① 周一、邓明茜：《发展国际合作与交流，提升教育品质和实力——访教育部国际合作与交流司司长张秀琴》，《世界教育信息》2009 年第 8 期，第 10～14 页。

名指标体系留学生比例指标权重为2.5%。[①] 我国高校正在加快建设成为世界一流大学和国际高水平大学，提高留学生注册率，等于高校为自己在世界排名中增加筹码，从而提高声誉和竞争力。

留学生踏入异国的土地，告别自己原本熟悉的生活方式，异国文化和全新生活方式"激流"不断袭来。根据马斯洛需求层次理论（Maslow's hierarchy of needs theory）[②]，留学生对留学教育质量的诉求首先表现为对居住环境、饮食条件、服务设施、人身安全等基本需求。除了基本的健康和安全需求外，留学生对留学生教育质量的诉求也表现为在留学环境中获得归属感和被尊重。在我国学者开展的留学生调查研究中，留学生普遍反映，来华后与中国学生的交流较少，平时主要参加本国留学生的活动，或者通过社交媒体与母国亲朋好友交流。留学生希望学校多举办能够促进中外学生感情的活动，部分留学生希望和中国学生一起居住，以帮助他们更深入地感受中国文化。[③] 留学生不仅是"旅居者""外国人"，更担负着来华接受高等教育的任务。留学生有较强的自我实现的需求。针对我国某高校留学生的调查发现，大多数留学生来中国是因为对中国文化感兴趣，想要提高自己的汉语水平，一半学生对所选专业感兴趣，认为自身具有良好禀赋和能力完成学业，并希望将来留在中国工作。[④] 对上海四所高校的问卷调查发

---

① 相关排名参考 QS 世界大学排名 ［EB/OL］，［2015 - 08 - 15］http：//www. topuniversities. com/；《泰晤士高等教育》世界大学排名 ［EB/OL］. ［2015 - 08 - 15］http：//www. timeshighereducation. co. uk/world-university-rankings。

② 〔美〕亚伯拉罕·马斯洛：《动机与人格》，许金声译，中国人民大学出版社，2013。

③ 王勇、林小英等：《来华留学生教育管理工作满意度：构成、贡献与策略——基于北京大学来华留学毕业生样本的调查分析》，《教育学术月刊》2014 年第 2 期，第 40 ~ 48 页；陈文：《两广地区东南亚留学生眼中的中国国家形象》，《世界经济与政治》2012 年第 11 期，第 95 ~ 119 页。

④ 李洁、孙进：《中国高校全英文授课项目留学生的就读体验调查——北京师范大学的个案研究》，《教育学报》2014 年第 6 期，第 110 ~ 117 页。

现，留学生希望自己可以同中国学生一样被同等看待。他们认为培养计划未被严格执行，部分培养要求被降低，导师和同学对于留学生过于迁就、过于放松。[①]

对于留学生的家人来说，留学生离开父母的庇护，到陌生的异国环境求学，家人的担心和牵挂自留学生走出国门的那一刻起就从未停止。留学生家人对留学教育质量的诉求表现为家人希冀子女能够在异国他乡平安、健康，同时能够学有所思、学有所获、学以致用。然而，倘若留学生在留学期间遭遇不幸，则是令留学生家人最为悲痛的。2008 年一位在澳大利亚的中国女留学生被强奸致死，其母亲到悉尼参加女儿的葬礼。不久后这位母亲宣布在澳大利亚建立一个留学生支持基金，以指导新来的留学生关注和保障人身安全。这位母亲告知媒体，之所以这样做，是因为她希望所有留学生和公众能够知道留学生安全问题是非常重要的，对每个家庭都是非常重要的。[②]

留学生教育质量：共识凝练与策略选择

留学生教育质量的优劣直接影响到留学生教育战略意义能否实现。首要工作是建立引导提高留学生教育质量的"质量观"，将其作为提高留学生教育质量的价值基准和指导方向。

近些年来大学生就读经验已成为高等教育质量重要的监控依据和全新的评价视角。所谓大学生就读经验，指的是学生对其自

---

① 丁笑炯：《来华留学生需要什么样的教育——基于上海市四所高校的数据》，《高等教育研究》2010 年第 6 期，第 38 ~ 43 页。

② Robinson, G., "Dead Woman's Family Calls for Warnings on Unsafe Suburbs." November 4, 2008. [EB/OL]. [2015 - 08 - 17] http：//newsstore. smh. com. au/apps/view-Document. ac? page = 1&sy = smh&kw = dead + woman% 27s + family + calls + for&pb = all_ ffx&dt = selectRange&dr = 10years&so = relevance&sf = text&sf = headline&rc = 10&rm = 200&sp = nrm&clsPage = 1&docID = SMH081104CCFHC6GEGMG.

身与大学环境中的人、事、物所发生的交互作用的认识和体验。[①]
就读经验的视角注重教育活动过程本身的品质，学生在教育活动
过程中感知、成长和获得改造的经验。留学生就读经验可以理解
为留学生在留学期间对与其发生作用的载体的感知、体验和收获。
留学生就读经验既包括留学的全过程，也包括因留学行为而产生
的结果；既强调其在留学过程中的行为，同时也关注其留学期间
的感知；它不只是留学生的直接经验，也是个体的反思性经验。
具体来说，留学生就读经验指向两个维度。

第一个维度是留学生就读感知，是对留学过程及与其发生作用
的载体的感知和评价。留学生既是留学生教育的参与主体，也是留
学生教育的感知主体，对其所接受的留学生教育进行评价。留学生
不仅对当地社会、院校设施、院校氛围、教学质量、课堂参与产生
感知和进行评价，而且对与教师、与本土学生、与其他留学生互动
的程度和性质产生感知和进行评价。留学生就读感知是一个矢量概
念，具有方向性，有积极感知和消极感知之分；同时也有大小程度
之分。留学生受到袭击和暴力事件或者遭遇歧视和不被尊重，是较
为严重的消极感知。事实上，针对留学生的袭击和暴力事件时有发
生，有关留学生人身安全遭受威胁的报道显见于世界各大媒体。媒
体曾报道在澳大利亚的印度留学生频遭抢劫和暴力袭击，仅 2009 年
就有超过 150 起在澳的印度留学生遭受攻击的案件。由于一系列袭
击事件，2009 年有约 4000 名印度学生取消留学澳洲的计划。[②] 此

---

① 周作宇、周廷勇：《大学生就读经验：评价高等教育质量的一个新视角》，《大
学》（研究与评价）2007 年第 1 期，第 27～31 页。

② 相关报道参考 "Racial Attacks Trouble Indian Students in Australia" [EB/OL].
[2015 – 08 – 05] http://content. time. com/time/world/article/0, 8599,
1903038, 00. html, "Indian Students Stage Violent Protest over Attacks in Australia"
[EB/OL]. [2015 – 08 – 05] http://www. telegraph. co. uk/news/worldnews/austra-
liaandthepacific/australia/5486102/Indian-students-stage-violent-protest-over-attacks-in-Aus-
tralia. html。

外，国外不少文献都提及留学生在发达国家留学期间遭遇到不同程度的歧视（discrimination）以及新种族主义（neo-racism）的凸显。国内外许多研究发现绝大多数留学生都有与当地人交朋友、融入当地社会的需求，然而留学生对互动的程度和质量的评价并不高。相比而言，留学生对互动的程度和质量的消极感知不如人身安全受到威胁和受到当地社会歧视那么严重，但是这种消极感知将会伴随整个留学过程，从而奠定留学过程的消极情绪基调。

第二个维度是留学生就读收获，指在留学经验的基础上原有经验是否得到拓展、改造和提升，在知识、态度和技能层面是否获得发展。马金森（Marginson）指出留学生在异国学习的过程是一个自我形塑（self-formation）的过程。① 阿德勒（Adler）将留学生就读收获等同于自我实现，是从一个较低水平的自我和文化意识状态发展到高自我和高文化意识的状态。② 留学生就读收获，是留学经验对留学生知识、态度和技能等方面的促进程度，可以被看成留学期间发展的增量。但是，并不是所有的留学生都在留学期间获得了发展和收获，研究者对在英国留学的日本女留学生的调查中发现，与改善自身经济状况相比，期望"充分发挥个人潜能""个人价值得到实现"是大多数日本女留学生的首要留学动机。可是在英国的留学经历并没有使她们获得所期望的收获。③

留学生教育涉及多方主体，不同主体往往基于各自不同的角度对留学生教育质量做出不同理解和提出不同诉求。那么留学生教育质量观是哪个主体的质量观？不同主体对留学生教育质量是否能够

① Marginson, S., "Student Self-formation in International Education" [J]. *Journal of Studies in International Education*, 2013 (1): 6 – 22.

② Adler, P. S., "The Transition Experience: An Alternative View of Culture Shock" [J]. *Journal of Humanistic Psychology*, 1975 (4): 13 – 23.

③ Habu, T., "The Irony of Globalization: The Experience of Japanese Women in British Higher education" [J]. *Higher Education*, 2000 (1): 43 – 66.

形成一致的质量观？尽管每个主体对留学生教育质量有不尽相同的价值诉求，但是，我们可以通过寻求各个主体的"最大公约数"，从而获得留学生教育质量观的最大共识，相当于实现罗尔斯的"重叠共识"（overlapping consensus）。"最大公约数"是一个数学概念，可以理解为两个或多个事物存在着最基本的共同因素。若加以抽象，群体甲中存在 a/b/c/d/f 五种不同的需求，群体乙中存在着 a/b/e 三种需求，群体丙存在 a/b/d/f 四种需求，那么 a 和 b 就是"公约数"。当 b 代表的需求大于 a 时，b 就是不同群体的"最大公约数"，可见，b 是三个群体最基础的"惠及全体"的需求。最大公约数概念告诉我们，当涉及不同主体有不同诉求时，我们可以通过寻求惠及全体的根本性诉求从而获得最大公约数。对于与留学生教育质量相关的利益群体——国家、高校、留学生本人和留学生家人来说，我们可以通过最大公约数概念寻找到惠及全体且最大限度满足不同主体质量诉求中的共同诉求，即都希望留学生在留学期间获得积极的就读经验。留学生获得积极的就读经验满足国家、高校、留学生本人和留学生家庭这些不同主体对留学生教育质量的诉求，也是不同主体的基础性诉求，应该予以优先保证。

　　留学生获得积极就读经验满足国家的质量诉求。对于国家来说，留学生对留学国的感知是表层的、变化的、部分的，但是一旦上升为价值观层面或者信念层面，则成为内隐的、系统的、深层的和稳定的。及时了解留学生的感知并对消极感知影响因素进行一定的干预，以防止消极感知上升为固化的稳定的观念，对提升留学国国家形象至关重要。留学生既是留学国形象的直接接触者，也是留学国形象的直接构建者和传播者。作为"留学国形象掷地有声的发射体""留学国印象的传导体"，留学生可通过话语将对留学国的感知、印象以及在留学期间是否有收获传递给其他载体。倘若留学生"传导"的话语是负面消极的、不切实的信息，那么将成为极具穿透力的反映着对留学国形象的"标记物"，通过留学生的分享和传播"出口"至留学生所在国家乃至更多的其他国家,留学国国家形象因此受到被诋毁的污名化影响,从而对留学国甚至是留学国与母国的关系、国际形势都会产生影响。积极的留学就读经验能够转变为影响他人或他国的"权力",最终实现"不战而屈人之兵"。因此,积极的留学生就读经验满足国家对留学生教育质量的价值诉求。

留学生获得积极就读经验满足高校的质量诉求。留学生既是高校教育质量的接受者、感知者,也是高校教育质量的"隐性裁判",他们会把留学经验传递给家人和亲朋好友,这种个体的经验经过波浪式的传播途径扩散开去,从而产生"留学生的增殖效应"。每一个留学生都是潜在的"增殖的母版",在其推荐和影响作用下,会有越来越多的互动网络成员做出留学的"复制性选择"或"类复制性选择"。留学生对高校的感知和在高校的体验及收获直接影响到高校未来的留学生招生率和院校声誉。马扎罗和苏塔尔(Mazzarol and Soutar)对在澳大利亚留学生的问卷调查表明,若留学生在留学国某一院校获得积极留学经验,他们更愿意将这所院校推荐给身边的亲戚、朋友和同学。事实上,这种来自父母、亲戚、朋友和同学间的口碑推荐(word of mouth referral)是最有力的院校推广方式。① 然而,倘若留学生在留学期间并没有获得他们所预期的社会和教育方面的收获时,他们会将这种消极经验传播开去,从而潜在地损害其留学国和留学院校的声誉。促进留学生获得积极的就读经验能够提高高校留学生注册率以及提升高校声誉和竞争力。因此,积极的留学生就读经验满足高校对留学生教育质量的价值诉求。

留学生获得积极就读经验满足留学生本人和其家人的质量诉

---

① Mazzarol, T., Soutar, G. N., "'Push-Pull' Factors Influencing International Student Destination Choice" [J]. *International Journal of Educational Management*, 2002 (2): 82-90.

求。对于留学生本人和留学生家人来说，积极的就读经验满足家庭和留学生对留学生教育质量的价值诉求。留学生不仅经历跨文化体验，作为接受高等教育的学生，在留学国同时肩负着学习的任务，其本人和家庭都较为期待其在留学期间的良好感知以及在知识、技能和态度等方面有所收获。

由此可知，不同主体的聚光灯一致对准到"留学生获得积极就读经验"的质量诉求，留学生留学期间获得积极感知并且获得收获是不同主体留学生教育质量观的最大公约数。国家的质量观、高校的质量观、留学生的质量观以及其家人的质量观不仅不冲突，反而高度统一，实现平衡。当留学生对就读经验感知积极、收获丰富时，家人放心、满意，留学生会推荐本国更多学生来中国学习，从而提高了高校的注册率。留学生作为潜在的文化和双边关系的大使，对未来国家间交流将发挥积极作用。此外，对于高校的另外两大主体的本土学生群体和教师群体来说，留学生获得积极就读经验与本土学生和教师群体的诉求不仅不冲突，而且对提高本土学生和教师的跨文化能力的发展具有重要的促进作用。可见，留学生对就读经验感知积极、收获丰富是"皆大欢喜"的"共赢"。

"留学生获得积极的就读经验"满足不同主体对留学生教育质量的诉求，是不同主体留学生教育质量观的最大公约数和重叠共识。2010年出台的《留学中国计划》针对来华留学工作存在的主要问题和矛盾，凝练了"扩大规模，优化结构，规范管理，保证质量"的16字来华留学工作方针。保证和提高留学生教育质量既是国家顶层规划设计对留学生教育的期望，也是未来我国在世界留学生教育舞台核心竞争力的关键所在。促使留学生获得积极就读经验应当被视为提升我国留学生教育质量的价值基准和指导方向。

促使留学生获得积极就读经验需要国家、高校、留学生本人、留学生家人、教师、中国学生、媒介以及当地社会与留学生发生作用的多方"载体"的共同努力。多方载体需要创造滋养和提升

留学生就读经验的条件，根据学生的不同特点给予指导和帮助，从而使留学生经验不断获得改造、提升和发展。

促使留学生获得积极就读经验需要主动认识、理解和研究留学生留学期间的感知、体验和收获。本书即通过对留学生就读经验予以调查、分析和研究，以留学生就读经验作为切入点评价留学生教育质量。此外，本书提及一些欧美国家留学生的相关研究，与欧美国家这些留学生教育的"先行者"相比，我国来华留学生事业正在起步过程中，我们可以借助"后发优势"充分借鉴欧美主要留学生接受国留学生教育的经验，特别是那些促使留学生获得积极就读经验的良好实践，同时对欧美国家留学生教育存在的不足应该主动避免。

正是有了对留学生就读经验的关注，使得留学的过程质量和结果质量形成内在统一，从保证留学过程质量出发，提高留学生留学的结果质量，最终达成留学生教育质量提升的整体目标。将"促使留学生获得积极就读经验"作为价值基准量，也符合"学术人员和学生是质量的主体，对于质量的界定不再是不断满足外部利益相关者的需求，而是在充分考虑学术工作的专业特性和学生发展的自然规律的基础上，以一种自主和建设性的方式来适应社会"① 的高等教育质量文化观。

在扩大来华留学生规模的同时，更要注重提升留学生教育质量。首先，应该建立引导提高留学生教育质量的"质量观"，将其作为提升留学生质量的价值基准和指导方向。然而，不同主体看待质量往往基于各自不同的视角，那么，评价留学生教育质量高或低是基于怎样的标准衡量？留学生教育质量观是哪个主体的质量观？不同主体对留学生教育质量是否能够达成一致的质量观？

---

① 张应强、苏永建：《高等教育质量保障：反思、批判与变革》，《教育研究》2014 年第 5 期，第 19～27 页。

若不同主体对留学生教育质量观持不同的认识，那么如何兼顾不同质量观主体的关注点？如何兼顾当下的质量和未来的质量？

本文认为涉及留学生教育质量的主体主要有国家、高校、留学生以及留学生的家人四类。

对于国家来说，其所关注的留学生教育质量主要为留学生对其的印象、感知和评价。也许只是几个或几十个青年去国外留学，但它会慢慢地改变交流双方的相互认知，甚至潜移默化地影响一个国家与世界的长远关系。奈（Bye）在他的著作中多次提到留学生教育对一国软实力的作用。积极的留学教育经历能够转变为可以影响他人或他国的"能力"，最终实现对留学国的认同。① 国家需要通过留学生教育提升国家的国际形象，增强国家的软实力，传播民族文化，培养未来潜在的"使者"和对方国家未来发展的中流砥柱。因此，国家对留学生教育质量落脚在"留学生对留学时期的积极感知和评价"。

对于高校来说，人才培养是其三大功能中最为基本也是最为核心的功能，舍此，也就失去高校存在的基础。② 留学生怀抱着对学习的期待进入中国高校学习，对高校的教育质量既是接受者、感知者，也是高校教育质量的"隐性裁判"，其对高校教育质量的感受和评价直接影响到是否会推荐本国学生来此高校留学，直接影响高校的留学生录取率和声誉。李（Lee）的研究发现留学生对就读经验的不满意以及受到歧视的经历会导致院校注册率的下降。③ 因此，

① Nye, J., "Soft Power: The Means to Success in World Politics" [J]. *Public Affairs*, 2014, 16.

② 周作宇、周廷勇：《大学生就读经验：评价高等教育质量的一个新视角》，《大学》（研究与评价）2007年第1期，第27~31页。

③ Lee, J. J., "Experience and Satisfaction Among International Students". Paper Presented at the Meeting of the American Educational Research Association [Z]. Canada: Montreal. 2005.

高校对留学生教育质量立足于"留学生对高校教育质量的感受和评价以及学习收获"。当然，倘若高校只从获取经济效益的短期收益出发，不在意毕业生对其的感知和评价，不在意未来的注册率和院校声誉的话，对于此类"短视的"高校，则另当别论。

对于来华留学生来说，他们是"旅居者""外国人"，担负着来华接受高等教育的任务。因此，留学生不仅仅经历跨文化体验，也在意留学教育的质量和就读收获。

对于留学生的家人来说，留学生离开父母的庇护，到陌生的异国环境求学，家人的担心和牵挂自留学生走出国门的那一刻起就从未停止。家人希冀子女能够在异国他乡平安、健康，同时能有所收获，最终学成回国。

尽管每个主体有着不同维度的"留学生教育质量观"和对质量的诉求，但是，我们可以提取各个主体的"最大公约数"，从而获得留学生教育质量观的最大共识。由以上分析可以看出，不论是国家、高校，还是留学生本人、其家人和亲朋好友，都希望留学生在留学院校获得积极体验和收获。因此，不同主体一致地对准到留学生就读经验的感受和收获，促使留学生在华学习获得积极感知并且获得收获是不同主体对留学生教育质量观的"最大公约数"。可见，国家的质量观、高校的质量观、留学生的质量观以及其家人的质量观不仅不冲突，反而高度统一，实现平衡。当留学生对就读经验感知积极、收获丰富，家人放心、满意时，留学生会推荐本国更多学生来中国学习，从而提高了高校的注册率。留学生作为潜在的文化和双边关系的使者，对未来国家间交流将发挥积极作用。可见，留学生对就读经验感知积极、收获丰富是"皆大欢喜"的"共赢"（见图1）。

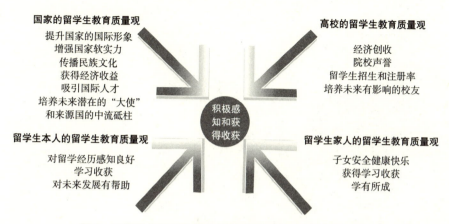

国家的留学生教育质量观
提升国家的国际形象
增强国家软实力
传播民族文化
获得经济收益
吸引国际人才
培养未来潜在的"大使"
和来源国的中流砥柱

高校的留学生教育质量观
经济创收
院校声誉
留学生招生和注册率
培养未来有影响的校友

留学生本人的留学生教育质量观
对留学经历感知良好
学习收获
对未来发展有帮助

留学生家人的留学生教育质量观
子女安全健康快乐
获得学习收获
学有所成

积极感知和获得收获

图1　不同主体留学生教育质量观的"最大公约数"模型

留学生就读经验感知和收获可以作为衡量留学生教育质量的重要尺度。然而，尽管来华留学生人数不断飙升，高校对留学生的了解仍主要停留在留学生的注册数字、趋势上，有关其学习经历的信息并不多。

田野告白·章节地图

　　洞见或透视深藏于深处的棘手问题是艰难的，因为如果只是把握这一棘手问题的表层，它就会维持原状，仍然得不到解决。因此，必须把它"连根拔起"，使它彻底地暴露出来；这就要求我们开始以一种新的方法来思考。

　　——〔奥〕路德维希·维特根斯坦（Ludwig Wittgenstein）《思想札记》

·田野告白·

在研究初期尚未进入田野时，根据前文研究背景的阐述，我仅确定研究领域为来华留学生在中国的学习经历。扎根理论研究方法并不提倡研究者带着明确的清晰的问题进入田野，而主张只是带着一个研究领域和兴趣进入田野。在多次与研究参与者交流后，发现研究参与者真切关注和关心的问题，而不是先入为主地将自己认为的问题"套入"被研究者身上。这是因为，研究者已经想好的问题可能对研究参与者群体来说，根本不是"问题"，即所谓"研究者没有问题，只有兴趣"。因此，应带着清澈的眼睛、通透的耳朵、自然而开放的心灵去看、去听、去体察研究参与者们真正关心的问题。虽然现实情况中并不容易做到，但在每一次接触研究参与者时，我都会尽量保持警觉地去聆听，以发现研究参与者真正关心的问题。之前做研究都是从研究者出发，落脚点在研究者想要了解什么，想要研究参与者做什么。然而扎根理论的研究着眼点是，什么才是研究参与者真正关心并需要持续解决的事情。几次访谈之后，通过对访谈资料的录入和分析，我才逐渐聚焦了研究问题。因此，本研究议题并不是一开始就确立的，而是在梳理文献综述、不断深入地访谈基础之上逐步清晰和聚焦的。

对于留学生的称谓，由于翻译上的差异，有的国家把留学生称为"国际学生"（international student），有的国家称为"外国学生"（foreign student）或"海外学生"（overseas student），联合国教科文组织（UNESCO）称为"流动学生"（mobile student）。尽管学术界尚未统一这一称谓，但是以上四个词在意思上非常接近，本研究将这四个词等同为中文的"留学生"。我国 2000 年颁布的《高等学校接受外国留学生管理规定》中指出，来华留学生是指"持外国护照在我国高等学校注册接受学历教育或非学历教育的外国公民"①。接受学历教育的类别为：专科生、本科生、硕士研究生和博士研究生；接受非学历教育的类别为：进修生和研究学者。本书的研究对象是在中国高等教育机构学习的外国学生，对留学生不做语言生和学历生的区分，包括学历生和非学历生，但不包括在华学习的中小学生。

本研究基于扎根理论研究方法，对研究的每一个环节都需要遵循扎根理论研究方法。扎根理论研究方法对研究过程有独特的程序和操作方法。对于文献的态度，扎根理论研究方法认为文献是"理论敏感度的来源"。扎根理论中使用的文献包括理论、相关研究以及一些例如传记、政府出版品等的文字记录。这些文献资料可以作为研究者丰富的资料背景，帮助了解研究对象的来龙去脉。②

扎根理论研究方法对文献的态度极其"暧昧"，一方面将文献视为其理论敏感度的来源，认为文献能够刺激研究者提出问题；另一方面又要求研究者与文献保持一定的距离感。扎根理论研究方法认为来自文献的内容和结论总是与原始研究情境相关，是从那个情境里生长而出来的；因而，这些结论与它们所来自的研究情境是吻合的，却不见得与我们的研究相关。在别的研究情境里

---

① 《高等学校接受外国留学生管理规定》［EB/OL］，http：//www.gov.cn/fwxx/content_2267063.htm。

② Strauss, A., & Corbin, J., *Basics of Qualitative Research: Grounded Theory Procedures and Techniques* ［M］. Sage Publications, Inc., 1990, 42.

的一些概念间的关系同这次研究也不一定完全一致。① 扎根理论研究方法主张研究者不必沉浸于文献中以避免被蒙蔽、被限制，甚至因此扼杀了创意。但是可以在扎根理论的范畴出现之后，回到文献中去反观别人是否已铸造出这个范畴或者他们是怎么使用这个范畴的。②

扎根理论研究方法提出，生成扎根理论、写下发现时，或当我们研究所得与已有文献有所出入时，我们可以注明已有文献，并说明为什么。扎根理论研究方法始终强调"要避免被文献牵着鼻子走，需要经田野资料验证属实后再将文献用到作品里"③。扎根理论研究方法认为，研究者可以用技术性文献（technical literature）作为背景资料，与扎根理论研究的发现做比较。④ 因此，我将在正文中每一章的结论部分写下研究发现之后，注明已有文献对此的研究从而进行比照。

由此可以看出，对文献的回顾是扎根理论研究方法实际操作中一个需要把握"度"的环节。如果对相关研究领域的文献完全无视，带着一张"白纸"进入研究现场将无法获得理论敏感度，带着一张"白纸"进入的"目中无人"完全忽略前人研究成果的态度是对自己和前人的不负责，充其量是在做着前人已经得出结论的重复性研究工作。因此，在展开自己的研究之前，有必要做到"心中有数"，对已有研究做出简单梳理，以便能够站在"巨人的肩上"再前进一小步，使得研究的价值得以凸显。然而，如果在进入田野现

---

① Strauss, A. , & Corbin, J. , *Basics of Qualitative Research: Grounded Theory Procedures and Techniques* [M]. Sage Publications, Inc. , 1990, 45.

② Strauss, A. , & Corbin, J. , *Basics of Qualitative Research: Grounded Theory Procedures and Techniques* [M]. Sage Publications, Inc. , 1990, 50.

③ Strauss, A. , & Corbin, J. , *Basics of Qualitative Research: Grounded Theory Procedures and Techniques* [M]. Sage Publications, Inc. , 1990, 56.

④ Strauss, A. , & Corbin, J. , *Basics of Qualitative Research: Grounded Theory Procedures and Techniques* [M]. Sage Publications, Inc. , 1990, 48.

场和进行资料编码时，完全被文献和理论"牵着鼻子走"，无法跳出文献和理论的樊篱，则容易忽视资料中生成的真正问题，也将造成资料和理论的"两张皮"。因此，对文献的回顾是必要的，但对文献的运用需要抱着谨慎、悬置以及暂时搁置的态度。

扎根理论研究方法旨在从田野资料中生成理论，正是维特根斯坦（Wittgenstein）所说的"思考的一种新的方法"。本文以扎根理论研究方法作为研究方法，是因为扎根理论的研究方法最适合本研究的研究领域。

其一，通过对现有留学生文献的浏览发现，留学生的跨国学习研究似乎已被"适应"和"不适应"的范式所主导，但是适应与否是一个较为模糊且不容易操作和干预的概念，且已被一些学者批判适应背后的假设为"民族中心主义"。留学生除了跨国者的身份之外，还是接受高等教育的学习者。那么，有关来华留学生学习经历如何尚未得到充分研究。扎根理论研究方法认为，"对那些很重要但没有太多认识的领域或者那些概念发展尚未成熟的领域，我们有必要提出问题通过扎根理论的方法找到答案"[①]。基于此，本书的研究领域与扎根理论研究方法实现了适切性。

其二，扎根理论是以行动为导向的。研究成果可以成为现象当事人采取行动、有所作为的基础。扎根理论特有的以行动为导向符合我的研究目的，是我选择扎根理论方法的出发点之一。

本研究选择运用扎根理论，既是对留学生就读的"中国经验"的尊重，也是对"西方理论"的尊重。由于来华留学生就读状况是一个尚未被充分关注到也鲜有深入研究的领域，因此，选择运用扎根理论是一个比较审慎的态度，以避免盲目地将西方的概念、理论直接用作来华留学生就读特征的标签。

---

① Strauss, A., & Corbin, J., *Basics of Qualitative Research: Grounded Theory Procedures and Techniques* [M]. Sage Publications, Inc., 1990: 37.

　　扎根理论属于质的研究方法。陈向明按照研究策略将质的研究方法分成六种类型：现象学、民族志、扎根理论、常人方法学言语分析法、参与性观察、质的生态学。① 这六种类型的质的研究方法尽管都遵循质的研究逻辑和传统，但各自在抽样原则、对理论和文献的态度、资料的收集方式、资料的分析方式以及成文方式上都具备不同的特点。比如，在对资料的处理策略上，有的主张让被研究者自说自话，作为研究者不需要去分析和诠释所搜集来的资料，只要做到将所见所闻和被研究者的话一五一十地呈现出来即可。有的则认为研究者应该对获得的资料进行诠释，通过加工和删减而形成"作品"。还有一些研究者则提倡运用资料建立理论，通过将资料概念化、概念间彼此相关从而构成一个对现实世界的理论性说明，这样不仅能够对现实世界予以解释，而且可以用来指导行动。那些提倡从资料中生成理论的策略即是扎根理论的研究策略。与其他方法不同，扎根理论是指经由系统化的资料搜集与分析，从而发现、发展已被暂时验证过的理论。由此，资料的搜集与分析，与理论的发展是彼此相关、互相影响的。发展扎根理论的研究者不是先有一个理论然后去证实它；而是先有一个待研究的领域，然后自此领域中萌生出概念和理论。② 扎根理论的方法是运用一种系统化的程序，针对某一现象发展并归纳式地生成理论的一种质性研究方法。经过扎根理论方法所建构出来的概念以及它们之间的关系，不但是由资料中萌生出来的，而且被资料暂时性地验证过了。③

① 陈向明：《质性研究的新发展及其对社会科学研究的意义》，《教育研究与实验》2008 年第 2 期，第 14～18 页。

② Strauss, A., & Corbin, J., *Basics of Qualitative Research: Grounded Theory Procedures and Techniques* [M]. Sage Publications, Inc., 1990: 21.

③ Strauss, A., & Corbin, J., *Basics of Qualitative Research: Grounded Theory Procedures and Techniques* [M]. Sage Publications, Inc., 1990: 24.

翻阅目前关于扎根理论研究方法的书籍，基本得到共识的是，扎根理论研究方法的学术基础主要是符号互动和实用主义。扎根理论研究方法的主要发展者之一的施特劳斯（Strauss）来自质性研究传统历史悠久的芝加哥大学，符号互动理论和实用主义对扎根理论的影响表现在：到实际的世界中去发现问题，根植于现实社会世界的理论对于任何学科的发展都有益处；现实社会世界里事件的发生、进行以及人的经验，都是不断在萌生中的；强调学者需要研究条件、意义与行动间的彼此关系。另一位扎根理论研究方法的主要发展者格拉泽（Glaser）在哥伦比亚大学接受学术训练，深受量化方法重要学者拉扎斯菲尔德（Lazarsfeld）的影响，他认为在质性研究中可以发展出系统地将研究过程中所得的资料及假设予以编码及验证的程序。①

目前扎根理论研究方法最为著名的几本著作为：格拉泽和施特劳斯（Glaser and Strauss）1967 年合著的 *The Discovery of Grounded Theory: Strategies for Qualitative Research*，此书为最早的一本系统介绍扎根理论研究方法基本逻辑和程序的书。在这之后，格拉泽（Glaser）于 1978 年出版了 *Theoretical Sensitivity*，施特劳斯（Strauss）则在 1987 年出版 *Qualitative Analysis for Social Scientists*。扎根理论研究方法的程序，经研究者的实践不断获得发展，施特劳斯和科宾（Strauss and Corbin）于 1990 年出版的 *Basics of Qualitative Research: Grounded Theory Procedures and Techniques* 以及 1998 年出版的 *Basics of Qualitative Research: Techniques and Procedures for Developing Grounded Theory*，*Second Edition* 被视为操作程序上更为成熟的指导书籍。

在阅读这几本书后发现，每本书的某些用词和个别的程序不

———————

① Strauss, A., & Corbin, J., *Basics of Qualitative Research: Grounded Theory Procedures and Techniques* [M]. Sage Publications, Inc., 1990: 24.

尽相同,按照施特劳斯的话说是因为"每个作者在教学和研究上,各自的经验不同"①。考虑到方法使用的可操作性,若按以上不同的书所介绍的程序操作,势必会导致程序上的不一致性从而影响研究过程。因此,我决定选择其中一套相对来说更为成熟和完善的程序作为本研究主要依循的参考工具。本研究主要依循施特劳斯和科宾 1990 年出版的 *Basics of Qualitative Research: Grounded Theory Procedures and Techniques* 以及他们 1998 年出版的 *Basics of Qualitative Research: Techniques and Procedures for Developing Grounded Theory, Second Edition* 介绍的扎根理论研究方法作为指导纲领和指南。

扎根理论研究方法与其他质性研究方法有不同之处,其要求研究者遵循一定的研究程序,用于分析由田野所得庞大复杂的原始资料并将之概念化,且联系起来形成扎根于现实世界的理论。通过科学程序的使用,减少个人偏见,以及那些可能导致我们对资料做出不切实际解释的一些假定,并且使我们能够依据特殊情境中浮现的概念来抽样,并验证发展中的一些假说。除了对程序和技术的遵循外,还需要研究者具备理论敏感度(theoretical sensitivity)。从本研究对扎根理论研究方法的使用过程来看,理论敏感度一方面来自研究者的知识积累、个体经验,另一方面得益于扎根理论研究方法对程序和技术的要求,从而利用经这一系列程序而被激发出分析田野资料的"灵感"。

虽然有严谨的程序和技术,但是扎根理论研究方法又与定量研究方法不同。相比定量研究方法,扎根理论研究方法的目标、推理、标准与程序都非常不同。所以,不能用定量研究方法常用的标准来衡量扎根理论研究方法的成果。② 关于可推广性,扎根理

---

① Strauss, A. , & Corbin, J. , *Basics of Qualitative Research: Grounded Theory Procedures and Techniques* [M]. Sage Publications, Inc. , 1990: 9.

② Strauss, A. , & Corbin, J. , *Basics of Qualitative Research: Grounded Theory Procedures and Techniques* [M]. Sage Publications, Inc. , 1990: 191.

论研究方法认为扎根理论若要把研究成果概推到一个较大范围的人群，则需要把产生此一现象的条件、所涉及的行动或结果予以明确化，扎根理论并不追求定量研究方法的概括性和推广性。换言之，扎根理论的研究成果只能在这些条件下应用，而不能应用在其他情境或状况之下。扎根理论方法试图既遵循科学性，运用像定量研究学者所使用的方法那样力求严谨；同时，又不失创意性。扎根理论研究方法试图在科学与创意间实现平衡。

扎根理论研究方法采用的抽样方式是理论性抽样，即按照与理论相关的概念做抽样，在对资料分析时，从资料中初步形成的理论作为下一步资料抽样的导向。至于抽样进行的方式，诸如是随意抽样还是有意抽样并不重要。碰运气（by chance）就可能取得的抽样，同有选择地（by choice）抽样，差别只在前者可能会花更多的时间才能获得稠密性。[1] 与定量研究里的抽样遵循样本的代表性，要求在某些特征上与总的人口有某种程度的相似有所不同，扎根理论所关心的是，以各种不同形式出现的概念具有多少的代表性。[2] 抽样不在意样本数目的多少，只依赖每一案例所具有的理论性意涵，以对建立理论的贡献作为选择样本的考量。

本研究最初的研究参与者的选取得益于博士班同学的帮助，当得知我的研究对象群体为来华留学生时，她主动向我推荐了一位留学生。我向这位留学生介绍了访谈目的等事宜，并发出了访谈邀请信，她欣然同意参与研究。于是，这位留学生成为本研究的第一位研究参与者。我也向她表达了欢迎她推荐或者引荐其他对我的研究感兴趣的留学生参与进来。这些接受访谈的研究参与者成为连接我与更多留学生的"桥梁"，将访谈邀请的信息从我

① Strauss, A., & Corbin, J., *Basics of Qualitative Research: Grounded Theory Procedures and Techniques* [M]. Sage Publications, Inc., 1990: 186.

② Strauss, A., & Corbin, J., *Basics of Qualitative Research: Grounded Theory Procedures and Techniques* [M]. Sage Publications, Inc., 1990: 190.

这里流向他们认识的留学生。这些参与了本研究的留学生成为将我与更多留学生连接起来的"网络链节点"。除了连接作用外，更重要的意义在于由于留学生的引荐，我迅速获得了愿意接受访谈的其他留学生的信任。通过留学生的不断介绍和推荐的"滚雪球效应"，研究参与者达到了一定的数量。然而，为了使生成的扎根理论更为稠密，我随后放弃了继续"滚雪球"的途径，开始寻求另外一种思路。我来到另一所城市，这所城市较北京具有非常鲜明的特色。我试图去了解这所城市里留学生的学习经历。我选取了几位留学生进行访谈。至此，我对本研究的研究问题逐步清晰。随着在访谈过程中研究资料的同步录入和分析，我开始进入真正的理论性抽样阶段。

尽管从总体上来说，扎根理论是一个归纳性的方法论，但是在理论性抽样这个环节中蕴含有演绎的部分，通过演绎作为下一步抽样的方向和目标。格拉泽（Glaser）对此的表述是，扎根理论当然是归纳性的，理论是通过对资料分析的归纳和总结而生成的。但是，扎根理论研究方法同样需要演绎，对资料分析后就需要演绎来推导和假设，以告知下一步去向哪里。① 正如米尔斯（Mills）在《社会学的想象力》中所阐述，"任何一种社会研究都是由思维推进的，并只由事实加以限定"②。通过对资料的分析和演绎，我带着明确的以理论需求为出发点的目标开始寻找研究参与者。在理论性抽样这个阶段，我不再拘泥于由他人介绍或引荐，我开始主动去留学生公寓和留学生活动区找寻那些能够帮助生成扎根理论的留学生。有时我会在路上碰见或者在图书馆遇到可能对生成扎根理论有帮助的留学生，我都尝试着礼貌地与其打招呼，

① Glaser, B. , *Theoretical Sensitivity* [M]. Mill Valley, CA: Sociology Press, 1978: 37 - 38.

② 〔美〕C. 赖特·米尔斯:《社会学的想象力》，陈强等译，生活·读书·新知三联书店，2001，第75页。

表明我的研究目的，邀请其参与到本研究中来。因此，本研究的一半留学生参与者是通过此方式认识和建立联系的。

在定量研究中，抽样是指抽取整个研究对象群体中的一部分，这部分将代表全体，其结果可以类推到全部研究对象。所以重点考虑抽取样本的代表性，也就是样本和母体在特定特征上的相似程度。研究者可以借助如随机抽样等统计方法达到此目的。在质性研究抽样中，研究者关心的是概念的代表性以及概念在各个方面的变异情况。我们要找寻的是显示出研究现象的事例，而非着眼于研究对象或地点的数目。B 市作为高校密集的城市，吸引了数量巨大的留学生群体。此外，为了寻求理论解释的外延性，我又选取了另一座城市 X，X 市与 B 市在诸多方面有所不同，对于本研究所生成的理论的较高解释性具有一定的帮助。

至于到底何时结束抽样，扎根理论方法认为，抽样的原则，就是一直抽样直到资料里的每一个类属都达到理论性饱和为止。①在我的研究过程中，当研究所发现的类属，再也没有新的或有关的资料出现，资料里的类属已发展得比较丰厚，在条件、脉络、行动、结果的各个部分联结紧密，且有过程性，类属间的关系都建立稳妥且验证属实，即实现了理论上的饱和时，本研究理论性抽样结束。

从 2014 年年初至 2015 年 1 月，本研究前后对 20 位留学生进行了深度访谈，并对三位教师进行了访谈。在访谈阶段，尽管我已准备好访谈提纲，在操作层面上还是保留了很大的弹性和开放性，也鼓励研究参与者在研究问题的范围内自由表达，研究参与者都很愿意谈论这个话题，所以每次访谈都在一个半至两个小时

① Glaser, B., *Theoretical Sensitivity* [M]. Mill Valley, CA: Sociology Press, 1978: 124 - 126; Glaser & Strauss, *The Discovery of Grounded Theory: Strategies for Qualitative Research* [M]. Chicago: Aldine. 1967, 61 - 62.

之间，从而保证了信息获得的充分性。有时为了加强访谈的深度和把握动态性特征，我对研究参与者进行了多次访谈。由于研究参与者之前对这个研究问题有所思考，在后续的访谈中更开放地表达自我，因此，补充了一些在前一次访谈时没有说到的信息，同时也验证了前一次获得信息的可信性。在访谈时使用中文进行交流，在留学生中文水平有限的情况下使用英文交流。本研究中留学生参与者的具体情况见表1。

表1　本研究参与者个人情况汇总（按照访谈先后顺序排列）

国籍	姓名	性别	攻读的学位/学历	专业	来华时间	自费/公费
越南	秋爱	女	博士	对外汉语	2008	公费
泰国	米拉	女	硕士	教育学	2011	公费
乌兹别克斯坦	里尔别克	男	硕士	国际贸易	2012	公费
塔吉克斯坦	拉扎比	男	硕士	汉语	2008	公费
哈萨克斯坦	查娜	女	硕士	汉语	2009	公费
哈萨克斯坦	崔奥力加	女	本科	经济	2013	自费
巴基斯坦	阿西夫	男	本科预科		2013	公费
土耳其	阿斯兰	女	本科	汉语	2012	公费
吉尔吉斯斯坦	格里木	女	硕士	汉语	2013	公费
美国	汤姆	男	硕士	经济	2012	公费
韩国	俊扬	女	本科	国际贸易	2013	自费
韩国	金	男	本科	经济	2012	自费
日本	江川	男	本科	国际贸易	2011	自费
加拿大	玉梅	女	博士，来中国读语言	生物	2013	公费
加拿大和多哥	天子	男	本科	工科	2010	自费
蒙古	谷兰	女	博士	英语	2009	公费
意大利	克里斯汀娜	女	博士	教育	2014	公费
西班牙	安娜	女	硕士	教育	2013	公费

国籍	姓名	性别	攻读的学位/学历	专业	来华时间	自费/公费
波多黎各	大为	男	硕士，来中国读语言	中国历史	2013	公费
意大利	马克	男	硕士	中文	2014	公费

需要指出的是，扎根理论中资料收集与资料分析的步骤是紧密交织的过程，必须更迭进行，资料中初步生成的理论用以指导下一步资料的收集和分析，如选择资料、编码、建立理论假设，通过资料和假设之间的反复比较又进一步修正原来的理论，直至理论性饱和。对收集来的资料加以分析，不断做比较，提出假设，发展出概念以及概念间关系。资料的分析与资料的收集同时进行，彼此是相辅相成的。通过对资料的分析，从而知道哪些资料有待进一步收集。通过收集资料，从而知道哪些理论可以进一步发展以增加对研究现象的洞察力。

"一切皆可为数据"是扎根理论的又一显著特征。这一处理资料的方法不同于其他研究方法。只要是能够用来服务于理论饱和和建构理论的资料都可以拿来使用。除了访谈之外，我还运用了课堂观察的方法。在教室旁听留学生课程观察留学生课堂参与情况以及在课间观察师生互动和学生之间的互动。

在田野工作初期将访谈录音全部录入电脑并且对其进行开放式编码的分析，之后再开始做下一个访问或观察。在研究的初期和中后期，为防止遗漏重要资料，保险起见我将所听到的所有资料录入。直至分析已进行到一定饱和程度，即理论逐渐成形时，按照扎根理论方法的指导，才对后续的访谈录音有选择性地听那些以及录入那些与形成理论有关的句子、段落。

在分析过程中，我所遵循的原则是以资料为主，尤其在编码时是紧密围绕资料而不是从预想的理论和文献中套用。

（1）开放式编码

在这一过程中，我逐字逐句地阅读访谈资料，为访谈资料中的现象取名或加以分类地分析。将收集到的资料分解成一个个单位，比较其异同，针对资料里反映的现象，提出问题。将资料转化成概念，对资料中出现的句子、段落予以分解并加以概念化。通过不断提问题和比较，若属同一类现象，就归在同一个名字之下。在这个过程中，我获得了很多的概念。为了缩减需要处理概念的数量，我把相似的概念归类在一起成为类属，从而完成类属化过程。在发展出类属之后，需要发展类属的性质，再从性质中区分其面向。经过这样的编码过程，每一个类属都会发展出几个一般性的性质，每一个性质在所属的面向连续系统内都有所变化。事实上，每一个类属，都有各自的面向剖析图，几个这样的剖析图就组成了一种形态（pattern）。

在开放式编码过程中，我通过不断提问题，比如它的性质（性质指一个范畴的特性和特质）是怎样的、面向（面向是指性质在它连续系统上的位置是什么样的）如何、是谁、何时、在哪里，发生了什么事，怎么发生的，到什么程度，为什么，有什么影响，又涉及哪些人，当时其心里想法是怎样的，以获得更多的性质和面向。此外，我也使用不断比较方法（the constant comparative method of analysis）。经过对资料的不断比较和有效分析，这些概念属性可以发展出一种整合的理论来。在开放式编码过程中，我尤其对某些字和词语保持敏感，比如"没有意思""自己人""受不了""比不上"等，我把其视为讯号，促使我进一步在头脑中提问题，比如"比不上中国学生"是什么意思？他为什么这么说？他自己对此是如何归因的？对他产生何种影响？不断问问题和连续比较的方法，帮助我获得了更多了解并接近问题真相的机会。

（2）核心编码

事实上开放编码与核心编码并没有绝对的次序性的分界线，这是由于在开放编码的过程中，头脑中已经将某些概念联结到了一起。在概念化和类属化阶段，我已将资料分解并指认出类属，但类属之间的关系并未得到深入探讨。利用典范模型，我对类属与类属间的关系展开分析，是什么因果条件促生了某一个类属（现象），这个现象的性质、脉络以及措施，在面向上的确切位置在哪里？在这个脉络里，行动者采取了哪些行动措施来处理或回应？采取此策略的结果如何？比如，本研究中某一个核心编码为："留学动机产生→行动原则和理性选择→留学得以实现的必要条件→留学行动实现"。

轴心编码的过程要做的仍然是发展类属，只不过比开放编码过程中发展类属的性质和维度更进一步。作为扎根理论方法的一个重要分析工具，典范模型将不同类属联系起来。核心编码是一个反复不断重复的过程，需要对开放式编码所产生的所有概念进行多层次的排列组合，在此基础上才能够形成与事件或现象相关联的不同类属。开放式编码和核心编码完成后，至此已经发展出了许多类属和它们各自的性质、面向，以及经由资料中所呈现的因果条件、脉络、策略、结果，以了解类属与类属间的可能关系。这些都成为下一步选择性编码的基础。

经过以上开放式编码和核心编码的分析过程，得出的概念和类属都逐次暂时替代了大量的资料内容，我对资料的提炼和理解也在逐渐深入，从对复杂繁杂的资料进行分析的任务转而简化为考察这些概念和类属间的关系。换言之，经过概念化和类属化的过程，收集的资料被转换成了一个个便于比较和分析的要素，促使研究者针对资料里反映的现象提出问题，对各种假设和现象提出质疑，从而进一步探索和导出范畴间的关系。被抽取出来的类属关系，依据的是概念间的层次，而不是原始资料的层次。这些概念或现象的命名不是唯一的，其他研究者可能会使用别的命名或标签，这取决于研究者的关注点及知识积累类型。但是，重要的是使概念能够显示出事件所处的情景脉络，即情景的上下文关系。

（3）选择性编码

选择性编码的过程是发展出能够统领所有类属的核心类属，将它与其他类属建立联系，并且验证它们之间的关系，同时也是把尚未发展完备的类属补充完整的过程。选择性编码中的资料分析过程与核心编码差别不大，只不过它的分析层次更加抽象和概括。发展选择性类属的原则是，这个类属必须是核心的，具有统领其他类属的特质，可以联结其他的所有类属。它必须经常在资料中出现，也就是说，几乎所有研究对象对这个概念都会有所指。选择性类属需要具备足够的抽象性，进而才能发展出更具普遍性的理论。

在对不同类属间的关系进行比照和分析后，得出五个选择性编码类属，分别是"行动选择经验、感知经验、互动经验、实践经验、反思经验"以及一个核心范畴即"留学生就读经验"。

扎根理论建议在选择性编码过程中研究者应该阐明故事线，即从资料中形塑出一条故事线。我将故事线描述为：留学生在三大动力的推动作用下产生留学动机，当他们通过权衡判断留学中国能产生比较高的个人收益时便倾向于到华留学。在此条件下，假如家庭有较为充足的经济资本的支持或者社会资本的推动，或者制度性安排和政策性支持的推动，那么留学行动得以实现。进入留学国世界后，留学生会对"母国世界"与"留学国世界"进行比较、对"想象世界"与"留学国世界"以及"留学国世界"内部结构间进行比较，从而构成了留学生对"留学国世界"的感知。当留学生对"留学国世界"

的评价不如"母国世界",或者"留学国世界"不如"想象世界"时,或者当对"留学国世界"内部结构间比较后,认为与个体直接发生作用的结构不如其他结构时,其感知消极。当留学生对"留学国世界"的评价高于"母国世界",或者"留学国世界"比"想象世界"更美好时,其感知积极。留学生在留学国世界的学习投入行为,是留学国世界感知与个体能动能力的相互作用的结果。当对留学国世界感知积极且自我能动能力强,学习投入程度高;当对留学国世界感知消极但自我能动能力强,学习投入程度较高;当对留学国世界感知消极且自我能动能力弱,学习投入程度最低;当对留学国世界感知积极但自我能动能力弱,学习投入程度低。留学生对"我们"与"他们"的分类,形成对人际互动我群体与他群体的再生产作用。时空的结构性条件对留学生人际互动网络具有强化功能。诸多因素纵横交错使得留学生的互动网络结构总体呈规模小、紧密度高、趋同性强、异质性低的特征,组合形态多为留学生之间的互动组合。留学生在中国的留学历程不仅是一个"自我发现"之旅,更是一个"意义世界"得到丰富的过程。

通过与相关案例的实际印证,我认为这一故事线成立。

需要说明的是,其一,在资料分析过程中,对资料的分析以及开放式编码、核心编码和选择性编码的记录足足写满了一个 A4 和一个 B5 大小的笔记本,因此在论文中难以展示整个编码的过程,只能将浓缩和简化了的最终编码结果展示如下(见表 2 - 表 4)。其二,好的质性研究是逻辑性分析与叙事性陈述的有机结合,通过编码对资料进行梳理和分析,上升到概念和理论的高度。此外,在编码的指引下,研究者应该对研究所依托的经验材料进行有逻辑地呈现,并以叙事的方法展现其细节,把访谈、观察的内容有组织地穿插进逻辑性分析中。本书中主体部分(即第三至七章)的成文方式并不是对本研究编码过程的展示，而是按照发展出的编码分类对资料进行具体分析和阐释。资料与解释架构的匹配是依据开放式编码、核心编码和选择性编码的步骤而得出的。

表2　本研究最终编码结果展示（一）

核心类属	类属1	类属2	类属3	性质	面向范围
留学生就读经验的形成和影响因素（作用力）	与留学生发生作用的载体特征	母国	国家发展	国家发展程度	发达—不发达
				对国家发展的判断	乐观—不乐观
			历史文化	价值观	集体—个人
				受到宗教的影响程度	高—低
			社会经济	发展水平	高—低
				社会推崇的观念	自由—服从
				包容程度	高—低
				生活方式	快节奏—慢节奏
			院校	制度性安排	严格—松散
				学习氛围	浓厚—不浓厚
			教师	教学方式	授课式—参与式
				师生关系	朋友式—权威式
			同学	互动方式	学习—娱乐
		留学国	国家发展	国家发展程度	发达—不发达
				国家制度和体制	认同—不认同
			历史文化	价值观	接受—不接受
			社会经济	发展水平	高—低
				社会推崇的观念	自由—服从
				包容程度	高—低
			政策制度	政策性或奖学金支持的种类	多—少
				政策性或奖学金支持的力度	大—小
			院校	院校环境	认可—不认可
				院校制度性安排	严格—松散
				院校教学质量	高—低
				学习氛围	浓厚—不浓厚

续表

核心类属	类属1	类属2	类属3	性质	面向范围
留学生就读经验的形成和影响因素（作用力）	与留学生发生作用的载体特征	留学国	教师	教学方式	授课式—参与式
				师生关系	朋友式—权威式
			同学	与当地学生互动频次/程度	高—低
				与母国留学生互动频次/程度	高—低
				与其他国留学生互动频次/程度	高—低
			与其他人	互动频次/程度	高—低
		家庭	父母	关系	好——一般
			经济资本	充裕程度	充足—稀少
			社会资本	充裕程度	充足—稀少
			心智资本	充裕程度	充足—稀少
	个体特征	个体发展诉求	职业发展	发展规划	有—无
			学业发展	迫切程度	强—弱
				个人发展力资本程度	充足—稀少
			文化体验	对文化体验的诉求	强—弱
		语言能力	汉语	学习时间	长—短
				水平	高—低
		个体先前经验	知识性	"手头的库存知识"的拥有量	多—少
			实践性	过去的重要事件影响程度	大—小
		个人能动能力	自我效能	程度	高—低
			积极思维	程度	乐观—消极
			反思力	程度	强—弱
			复原力	程度	强—弱

表3　本研究最终编码结果展示（二）

核心类属	类属1	类属2	性质	面向
留学生就读经验的反作用力	对载体的影响	母国	国家间关系发展的作用	积极—消极
			政治经济发展影响程度	高—低
			社会文化影响程度	高—低
			留学的示范效应	大—小
			对留学国的印象感知及传递	积极—消极
		留学国	政治经济发展的作用	大—小
			院校制度性安排影响	大—小
			院校国际化程度影响	大—小
		家庭	对父母影响作用	大—小
			是否推荐亲戚留学	是—否
	对个人的影响	个人的变化	对身份的理解程度	加深—未加深
			对未来志向的判断	明确—不明确
			经验图示的丰富程度	丰富—未得到丰富
			对多元文化理解程度	提升—未提升
		个人行动选择	对再次留学选择的影响程度	大—小
			对他人行动选择的影响	干预—不干预

表4　本研究最终编码结果展示（三）

核心类属	类属1	类属2	类属3	性质	面向
留学生就读经验的维度	行动选择性经验	动机	内生成长力	明确程度	大—小
			他人影响力	影响力度	大—小
			国家发展力	对留学国判断	乐观—消极
		实现条件	家庭经济资本	资本充裕程度	充裕—不充裕
			家庭社会资本	资本充裕程度	充裕—不充裕
			个人发展力资本	资本充裕程度	充裕—不充裕
	感知性经验	感知	对留学国感知	感知积极与否	积极—消极
			对留学城市感知	感知积极与否	积极—消极
			对留学院校感知	感知积极与否	积极—消极
	互动性经验	互动	互动网络	同质性程度	高—低
			影响互动的因素	心理距离的远近	远—近

核心类属	类属1	类属2	类属3	性质	面向
留学生就读经验的维度	实践性经验	学习投入	课内投入	投入动机	强—弱
				投入类型/形式	多—少
				投入结果	核心—边缘
			课外投入	投入动机	强—弱
				投入类型/形式	多—少
				投入结果	核心—边缘
	反思性经验	变化	变化的内容	维度和程度	深刻—不深刻
			变化的推动者	推动者的影响程度	高—低

·章节地图·

本研究运用扎根理论研究方法收集和分析第一手资料，了解来华留学生在中国的学习经历，在此基础上生成基于中国本土土壤的扎根理论。由于本研究选择扎根理论的研究方法，因此通过资料生成忠实反映来华留学生学习经历的理论是本研究的主要目标。由于扎根理论是以行动为导向，因此本研究也希望建立在扎根理论基础上的结论和建议能对留学生政策制定者、高校、教师以及留学生本人具有一定的参考和应用价值。

全书由三部分组成。第一部分是序、导言和田野告白，介绍了本研究的研究背景，提出了"最大公约数"的留学生教育质量观，详细介绍了扎根理论的研究方法，呈现了本研究的研究过程，包括扎根理论研究方法与本研究的适切性、样本的抽样、资料的收集和录入、资料的分析即编码的过程。

第二部分陈述了研究发现，包括第一章至第八章。其中，第一章将留学生教育置于国家战略意义层面。第二章通过对国外和国内有关留学生相关研究的回顾和评述，标示出本研究在研究版图中的位置和意义。第三章至第八章是本研究的主体。除了对田野资料进行分析和生成理论外，在每一章末再次回顾已有的研究文献，以实现本研究的结论与以往研究的"理论对话"。

第三章对来华留学生来华动机以及来华留学行动得以实现的条件进行了探究，将留学生"留学动机"和"留学行动得以实

现"这两个不同层面的概念区分开来，提出了留学生留学行动得以发生的系统动态理论。

第四章提出了"母国世界"、"想象世界"和"留学国世界"三个概念，认为留学生对留学国世界的感知源于对三个世界的比较，从而提出了留学生对留学国世界感知的比较理论。同时发现，留学国世界感知不是一成不变的，而是动态变化且可以发生转变的。由于情绪具有"感染性"特征，本章还提出感知具有"蔓延效应"和"消极连锁效应"，作为"留学国形象掷地有声的发射体""留学国印象的传导体"，留学生可通过话语载体将留学国世界的感知和印象传递给其他人。

第五章介绍了留学生互动网络及其特征。本研究发现留学生的互动网络结构总体呈规模小、紧密度高、趋同性强、异质性低的特征，组合形态多为留学生之间的互动组合。本章阐述了留学生就"我们"与"他们"的分类对人际互动我群体与他群体的再生产作用，以及时空的结构性条件对人际互动网络的强化功能。

第六章介绍了留学生课内投入状况，并对其投入与否的原因进行了分析。根据课内投入的动机、投入程度以及投入结果可以分为"超然旁观者"、"外围的参与者"和"核心的融入者"三种投入类型。

第七章对留学生课外学习投入情况进行了阐释，提出了"自我能动能力"的概念，建立了留学生学习投入行为的 $B = f(P, I)$ 函数，认为在留学国中的投入行为是留学生对留学国世界的感知和自我能动能力相互作用的结果，因而可将留学生学习投入分为"感知积极 – 个体能动能力强型""感知消极 – 个体能动能力强型""感知消极 – 个体能动能力弱型""感知积极 – 个体能动能力弱型"四大类。此外，在本章中还提出对留学生产生重要影响的家庭传递的"心智资本"的概念。

第八章提出了"留学变化的效果理论"。认为留学生的变化受到不同推动者的影响，在不同维度获得发展，留学的变化既是行动结果也是影响其他行动的条件。留学变化对个体再次留学的选择产生重要影响，同时对他人的行动选择具有干预作用，即所谓的"留学生的增殖效应"。每一个留学生都是潜在的"增殖的母版"，在其推荐和影响作用下，将会有越来越多的互动网络成员做出留学的"复制性选择"或"类复制性选择"。

最后一部分，即本书的结语部分。总结了本研究的研究发现和结论，同时生成了基于本研究的"扎根理论"。此外，基于本研究的研究结论和扎根理论，分别提出了对国家层面、高校层面、教师层面和留学生本人层面、留学生家庭以及媒体和当地社会的建议。

第一章
意识与效益：全球化情境中的留学生教育

以美国留学生教育的旗舰项目——富布莱特项目为例，截至2019年，超过160个国家的超过39万人次通过该项目在美接受教育，这些人中后来有37人成为国家领导人，60人获得诺贝尔奖。

——根据美国富布莱特项目网站资料得出

留学生教育历史悠久，最早可追溯到古印度和古希腊时期。中世纪时期，留学生被称为"游学者"（academic pilgrimage），其游学之旅成为欧洲道路上一道独特的风景线，12 世纪和 13 世纪的学生在大学选择上没有很多的机会，在当时大学还没有那么多且分布也不广的情况下，那些渴望接受高等教育的"快乐的少数人"只好离开家乡长途跋涉到有学馆的国家，[①] 这些游学的学生也便成为最早的一批"留学生"。此后几个世纪，人们到其他国家游学的现象越来越普遍。随着全球化和高等教育大众化的发展，留学生教育的主要驱动力也随之发生转变。

留学生教育与国家软实力

欧美发达国家视留学生为"亲善大使（good will ambassador）"，通过留学生教育传播本民族文化，提高本国文化吸引力。它们已经认识到"今天，实力的界定不再强调军事力量和折服，科技、教育和经济增长等因素在国际权力中正变得日益重要"[②]，

---

① 〔比利时〕希尔德·德·里德－西蒙斯：《欧洲大学史（第一卷）：中世纪大学》，张斌贤等译，河北大学出版社，2008，第 308 页。

② Nye, J., " The Transformation of World Power" [J]. *Dialogue*, 1990（4）; *Bound to Lead: the Changing Nature of American Power* [M]. Basic Books-Harper Collins Publishers, 1990. 转引自倪世雄等《当代西方国际关系理论》，复旦大学出版社，2004，第 392 页。

国家需通过软实力来实现和维护国家利益。因为软实力显得比较温和与更有吸引力，且其带来的收益也是长期而稳定的。欧美发达国家通过价值观的对外输出、对外国留学生观念的影响，以实现对留学生潜移默化的吸引、影响和同化，使对方最终乐于接受甚至主动追求本国所输出的东西。这些国家通过教育交流向世界广泛地输送经本国思维培养的人才来传播本国文化和意识形态，以达到逐步弱化文化差异和冲突之目的，进而在发展中融合兼并，使得本国思维和文化遍及世界。这突出表现在冷战时期，美苏两个超级大国不遗余力进行包括教育在内的文化输出，以达到对敌对国的和平演变。冷战时期时任美国总统的艾森豪威尔（Eisen-hower）在计划出资资助几千名苏联大学生到美国留学时就指出，有朝一日，这批新人将在苏联掌权，我们要努力争取的正是这一代人。①

作为一种能力，软实力实现目的的手段是吸引或者拉拢（co-option），欧美发达国家许多奖学金合作项目具有提升国家软实力的考虑。发达国家向发展中国家学生和学者提供奖学金，为的是奖学金受益者未来成为所在国不同领域发展的中流砥柱时，能成为对留学国具有感情、对发展两国友好关系具有巨大影响力的合作伙伴。②以高等教育合作项目中久负盛名的富布莱特项目（The Fulbright Programme）为例，该项目在全世界范围已与超过160个国家和地区签订合作协议，已有超过39万人次的学者、教育工作者、研究生和专业人士参与该项目交流。② 许多留学生毕业回国后从事着高威望的职业，他们在决策和商业贸易过程中会不自觉地向美国倾斜，更容易与美国建立良好的合作伙伴关系，为其带来

① 李智：《文化外交：一种传播学的解读》，北京大学出版社，2005，第83页。

② "The Fulbright Programme: Fulbright Alumni" [EB/OL]. [2019 - 11 - 30] ht-tp://eca. state. gov/fulbright/fulbright-alumni.

潜在收益。

那些曾经有过英国留学经历的毕业生，回国后与英国保持着长期的个人联系，包括专业和贸易方面联系。英国文化协会的一项研究发现，那些曾有过在英国留学经历的毕业生对英国的文化和价值观有比较积极的认识，归国后往往扮演着"英国大使"的角色，在促进其教育和文化发展的同时，还促进了与英国之间的商业联系与合作。他们回国后更倾向于同英国人做生意或者展开合作，对英国人有更高的信任度。①

留学生教育的智力积聚

许多国家将留学生教育视作一种重要的人力资本投资。留学教育作为跨国流动的教育形式，它所带来的潜在人力资本在知识经济中发挥着极其重要的作用。争夺全球人才已成为知识经济时代积累人力资本的重要途径。② 在人力资本存量中获得比较优势，有助于在知识经济的竞争中取胜。欧美发达国家将在全球范围内"吸收、培养和使用"留学生作为引进人才和外部智力的重要手段。美国是世界上引进和利用外智卓有成效的国家之一，美国有计划地从国外引进专业人才，这些引进人才带来了不同领域特别是科学、工程和技术领域的知识和技能，不仅如此，其中一大批杰出者最终留在美国工作，为美国经济增长和社会发展做出贡献，也使美国保持科研、创新方面的国际竞争力。2006 年，时任美国总统布什在国情咨文中公布了《美国竞争力计划》（American Competitiveness Initiative），提出培养具有科学、

① "The Shape of Things to Come：Higher Education Global Trends and Emerging Op-portunities to 2020"［R］. London：British Council，2012.

② Kuptsch, C.，"Students and Talent Flow the Case of Europe"，in C. Kuptsch and E. Pang（Eds.），*Competing for Global Talent*［M］. International Labor Office，Geneva，2006：33 - 62.

技术、工程和数学（STEM）素养的人才是美国在知识经济时代保持全球竞争力的关键。然而在美国，STEM 等领域缺少足够的本土学生，为此，联邦政府出台了一系列法案和移民政策，广纳世界尖端人才，使这些世界尖端科技创新型人才为美国所用，以确保美国在经济和科学技术方面能一直处于世界领先地位。据美国国家科学基金会（National Science Foundation，NSF）公布的数据，2011 年，在其他国家出生而在美国获得科学或工程博士学位的人，有 66% 完成学业后申请临时签证留在美国，其中中国、印度留学生比率分别高达 85% 和 82%。① 2014 年，在全美境内，有 42% 的理工科博士毕业生出生于国外。这些攻读 STEM 专业的留学生，毕业后大多进入专业性强、技术含量高的行业工作，无疑为美国增添了巨大智力资本。② 美国《基督教科学箴言报》指出，美国教育机构内摆弄试验设备、设计复杂电脑程序或教授本科生的最聪明头脑都是从外国来到美国的人。③

加拿大则通过吸引留学生学成后定居本土，来填补加国人力资本的缺口。为缓解老龄化社会所带来的严重劳动力资源短缺问题，联邦政府公民与移民部（Citizenship and Immigration Canada，CIC）2011 年在其年终报告中坦言："加拿大未来 10 年的劳动力净增长以及未来 20 年的整体人口增长，都有赖于移民。"④ 而移民的主要来源则是受过高等教育、熟悉加拿大社会和文化、对加

---

① "Science and Engineering Indicators 2014" [EB/OL]. http://www.nsf.gov/statistics/seind14/index.cfm/chapter-3/tt03-29.htm, 2016-01-30.

② Altbach, P. G., "The New Internationalism: Foreign Students and Scholars" [J]. *Studies in Higher Education*, 1989 (2): 125-135.

③ 转引自《外国留学生对美国贡献有多大?》[EB/OL]. http://scholarsupdate.hi2net.com/news.asp? NewsID=2132, 2016-01-30.

④ "Archived-Annual Report to Parliament on Immigration, 2011" [EB/OL]. http://www.cic.gc.ca/english/resources/publications/annual-report-2011/section2.asp, 2016-01-30.

拿大及其人民富有感情的留学生群体。① 留学生将在很大程度上缓解加拿大的人才短缺问题，并为其增添智力资本，继而保证其经济的持续增长。

留学生教育的经济贡献

随着全球化和高等教育大众化的发展，留学生教育的主要驱动力从外交驱动转为全球化带来的经济驱动，留学生教育常常伴随着经济动机。② 自冷战后以来，面对经济衰退，欧美发达国家纷纷扩大教育服务贸易，把高等教育作为一个产业来发展以获得可观的经济回报。随着国际贸易商品结构的变化，教育服务贸易已经成为一个经济体的重要增长内容。

作为世界上最大的移民国家和接受留学生最多的国家，美国早已把留学教育发展作为具有较大经济效益的产业。对于美国的商业型大学，接受留学生的主要动机之一就是追求经济利益，传统的非营利性大学也开始加入留学生教育市场中。2008 年的金融危机导致美国整体经济损失 14 万亿美元，联邦政府对高校的财政资助大幅减少，大学捐赠基金贬值。③ 因此，全国各地的新闻媒体和教育学者都强调招收留学生以缓解国家危机。美国国际教育协会（Institute of International Education）公布的 "2014 门户开放报告" 中显示，2013 年留学生和其家属所支付的学杂费及生活费为

---

① Macrander, A. , "An International Solution to a National Crisis: Trends in Student Mobility to the United States Post 2008" [J]. *International Journal of Educational Research*, 2017 (82): 1 – 20.

② Habu, T. , "The Irony of Globalization: The Experience of Japanese Women in British Higher education" [J]. *Higher Education*, 2000 (1): 43 – 66.

③ Macrander, A. , "An International Solution to a Nationalcrisis: Trends in Student Mobility to the United States Post 2008" [J]. *International Journal of Educational Research*, 2017 (82): 1 – 20.

美国经济贡献超过 270 亿美元。[①]

英国非营利机构伦敦优先（London First）和普华永道（PwC）于 2015 年 1 月联合发表的一份报告《伦敦在召唤：留学生对英国经济的贡献》（*London Calling：International Students' Contribution to Britain's Economic Growth*）称，在伦敦留学的非欧盟留学生每年对英国经济的净贡献达 23 亿英镑。[②] 留学生为英国带来的经济收益主要体现在学费、就读期间生活费以及亲友来访消费三方面，对英国高等教育体系的发展、英国的经济和社会发展给予了重要的经济支持。澳大利亚也将吸引留学生前来留学作为增加国家收入的一个重要手段。教育行业是澳大利亚出口服务业中的最大支柱产业，教育出口行业在 2009 年为澳大利亚贡献了 186 亿澳元，支持了澳大利亚境内的 125000 个就业岗位。在教育出口行业的巨额收益当中，90% 在澳大利亚境内产生。[③]

留学生教育的文化意蕴

在全球化的今天，国际冲突和国际发展问题所带来的挑战使得任何一个国家与地区都无法置身其外，同时也非一国力所能及予以应对。只有积极开展各种对话与合作，加强国际交流，才有助于解决诸如国际冲突、疾病蔓延、气候变化、自然灾害、经济

---

① "IIE Releases Open Doors 2014 Data" ［EB/OL］. http：//www. iie. org/en/Who-We-Are/News-and-Events/Press-Center/Press-Releases/2014/2014 － 11 － 17 － Open-Doors-Data, 2016 － 01 － 30.

② "London Calling：International Students' Contribution to Britain's Economic Growth" ［EB/OL］. http：//londonfirst. co. uk/our-focus/londons-workforce/immigration/, 2016 － 01 － 30.

③ "'Introduction：Why Having a Strategy is Important' in International Students Strategy for Australia" ［EB/OL］. http：//www. coag. gov. au/sites/default/files/International％20Students％20Strategy％20 － ％20PDF. pdf, 2016 － 01 － 30.

危机等全球性问题。全球化发展趋势对学生能力的要求已不再局限于确保学生获得听说读写和科学技术能力,还需要培养学生具备国际视野、跨文化意识、解决全球性问题的创新性思维、与他人合作解决问题的知识和能力。留学生是构成大学校园多样性的重要来源。大学生发展理论及相关研究表明,学生参加与文化多样性有关的课内外活动将对智力、情感和行为发展水平具有显著性积极影响。① 欧美发达国家诸多研究发现,留学生与本土学生的跨文化互动,能够帮助学生减少负面认知,留学生和本土学生的跨文化理解能力都有所提高。② 1998 年诞生于瑞典马尔摩的 "在本土国际化" (Internationalisation at Home, IaH) 的概念如今正在成为欧美发达国家培养国际化人才的新理念,其旨在使更多的教师、学生成为国际化进程的主体,而不仅仅局限于留学生群体和少数教师。本土学生不用离开祖国,便能获得与国际化相关的知识和能力。其中主要途径便是利用留学生教育所带来的多元文化的契机开展跨文化学习,通过与留学生接触发展跨文化沟通能力,促进国际理解意识和承担国际发展责任。③

---

① Alexander, W. , Astin, *What Matters Most in college? Four Critical Years Revisited* [M]. San Francisco: Jossey-Bass, 1993; Chickering & Reisser, *Education and I-dentity* (2nd ed.) [M]. San Francisco: Jossey-bass, 1993; Kuh, G. D. , Schuh, J. S. , Whitt, E. J. , & Sssociates, *Involving Colleges: Successful Approaches to Fostering Student Learning and Personal Development Outside the Classroom* [M]. San Francisco: Jossey-bass, 1991.

② Zhao, C. , Kuh, G. D. & Carini, R. , "A Comparison of International Student and American Student Engagement in Effective Educational Practices" [J]. *Journal of Higher Education*, 2005 (2), 209 - 231; "The Compelling Need for Diversity in Higher Education" [EB/OL]. http: //www. umich. edu/ ~ urel/admissions/legal/ expert/gurintoc. html, 2014 - 12 - 25.

③ Harrison, N. , Peacock N. , "Cultural Distance, Mindfulness and Passive Xenophobia: Using Integrated Threat Theory to Explore Home Higher Education Students' Perspectives on ' Internationalisation at Home' " [J]. *British Educational Research Journal*, 2010 (6): 877 -902.

如今留学生教育已经成为发达国家获取高技能人才的重要战略，高素质、高学历的留学生资源成为发达国家持续发展和繁荣的重要资产，也成为应对全球人才争夺战的主要竞争力。发达国家越来越关注留学生这一群体的发展，集成战略发展国际学生教育，大力吸引并留住高层次国际人才。留学生政策已成为发达国家获取高技能人才的战略，许多国家都加入吸引外国留学生的竞争当中。有文献表明美国对高校留学生注册率降低和吸引外国留学生能力下降表示关注和担忧。[①] 除美国外，英国、法国、德国、加拿大、澳大利亚、新西兰等发达国家积极采取措施吸收更多的留学生，加入竞争留学生的行列。许多欧美发达国家充分认识到留学生教育的重要战略意义，并颁布国际教育战略，明确将接受留学生作为国家战略，积极加入留学生教育的竞争行列。

2012 年 8 月，加拿大发布了该国第一个国际教育战略——《国际教育：加拿大未来繁荣的关键驱动力量》（*International Education: A Key Driver of Canada's Future Prosperity*），提出要在重大的国际事务中强化加拿大的国家品牌，提高国家认知度，吸引留学生将加拿大作为留学目的国。[②] 2014 年 1 月，加拿大发布该国最新国际教育战略《加拿大国际教育战略：利用知识优势，推动创新与繁荣》（*Canada's International Education Strategy: Harnessing Our Knowledge Advantage to Drive Innovation and Prosperity*），旨在使选择到加拿大留学的留学生和科研人员的数量在 2022 年翻番，达到

---

① Karuppan, C. & Barari M. , "Perceived Discrimination and International Students' Learning: an Empirical Investigation" [J]. *Journal of Higher Education Policy and Management*, 2011 (1): 67 – 83.

② "International Education: A Key Driver of Canada's Future Prosperity" [EB/OL]. http://www. international. gc. ca/education/report-rapport/strategy-strategie/ index. aspx? view = d&lang = eng, 2016 – 01 – 30.

45 万人。①

2012 年 11 月，美国颁布了首个详细阐述其国际教育战略的国家报告——《全球性的成功：国际教育及参与（2012～2016 年）》（*Succeeding Globally Through International Education and Engagement U. S. Department of Education International Strategy 2012 – 2016*），美国首次明确把"国际教育"置于国家安全、战略部署的高度，并明确指出，美国当前的国际教育是为维护其国家利益服务的，致力于提高美国教育质量和提升美国国际战略地位。②

2013 年 7 月，英国商务、创新和技能部颁布了英国国际教育战略——《国际教育战略：全球增长和繁荣》（*International Education Strategy：Global Growth and Prosperity*）。这一战略提出，政府和整个教育部门将把握全球新机遇开展共同合作，并特别强调热烈欢迎留学生来英学习，英国接纳的留学生数量将不设上限。③

2010 年，澳大利亚公布了由政府委员会（Council of Australian Governments）制定的《澳大利亚留学生战略》（*International Students Strategy for Australia*），这项战略概述了 12 项举措以支持促进留学生获得高质量的留学经验，具体包括在 2011 年上半年成立留学生顾问委员会，开展留学生调查等；确定了四大关键领域，包括：留学生的福利、消费者保护、留学生教育质量以及向留学

---

① "Canada's International Education Strategy：Harnessing Our Knowledge Advantage to Drive Innovation and Prosperity" [EB/OL]. http：//international. gc. ca/global-markets-marches-mondiaux/education/strategy-strategie. aspx? lang = eng, 2016 – 01 – 30.

② "Succeeding Globally Through International Education and Engagement U. S. Department of Education International Strategy 2012 – 16" [EB/OL]. http：//www2. ed. gov/about/inits/ed/internationaled/international-strategy – 2012 – 16. pdf , 2016 – 01 – 30.

③ "Policy Paper 'International Education Strategy：Global Growth and Prosperity'" [EB/OL]. https：//www. gov. uk/government/publications/international-education-strategy-global-growth-and-prosperity, 2016 – 01 – 30.

生提供更好的信息。①

新中国成立以来，我国累积接受数十万名留学生，培养了一批又一批对华友好人士。来华留学生教育特别是自费来华留学生教育不仅给我国带来了一定的经济收益，更重要的是增强了我国的软实力。来华留学生中的大批知华友华人士学成回国后对本国的建设和发展发挥了重要的作用，积极传播着中国语言和文化。国际上有一种观点，认为教育是"第四外交"，有利于改善外交关系，提升国家形象。② 留学生对我国软实力提升有重要意义，留学生教育是我国提升软实力的很好切入点。

应从服务于国家战略全局的高度，认识来华留学生教育的重要意义。就国际经验来看，澳大利亚、加拿大、美国、英国都已颁布国际教育战略，明确将接受留学生作为国家战略，国际留学生市场也主要由这些国家所垄断。就我国国情来看，我们不可能采用美国、加拿大的人才引进和依赖战略，也不可能如同英国、澳大利亚那样将留学生教育视为服务贸易的重要组成部分。但是，我们需要借鉴欧美发达国家从国家长远利益和国家战略全局的高度，来认识留学生教育的重要意义。③

---

① "International Students Strategy for Australia" [EB/OL]. http://www.coag. gov.au/node/307, 2016 - 01 - 30.

② De, W. H., *Strategies for Internationalization of Higher Education: A Comparative Study of Australia, Canada, Europe and the United States of America* [M]. Amsterdam: European Association for International Education. 1995: 11.

③ 马佳妮:《留学生教育:欧美发达国家的经验、问题及启示》,《比较教育研究》2016 年第 7 期, 第 58 ~ 63 页。

第二章
从旅居者到学习者：
国际研究视域的演变

方鸿渐到了欧洲，四年中倒换了三个大学，伦敦、巴黎、柏林，随便听几门课，兴趣颇广，心得全无，生活尤其懒散，最后从一个骗子手里弄了份"博士文凭"向父亲交差。

——钱钟书《围城》

通过回顾相关文献，可以更好地定位自己的研究究竟处于现有知识体系的何种位置，以此提高研究的有效性。留学生具有两大特征，其一，留学生作为走出国门到异国他乡生活和学习的特殊的一类群体，拥有跨国界体验，由此而产生一系列问题。其二，留学生作为接受高等教育的学生，在留学国肩负着学习的任务，因此会涉及与学习相关的问题。鉴于此，文献回顾的焦点主要放在与留学生作为跨越国界进入他国的旅居者和外国人的特点相关的文献，以及与其由于学生身份进入高等院校接受高等教育相关的文献。

当然，遵循扎根理论研究方法对文献使用的要求，我将文献作为提高理论敏感度的源泉，但不迷信文献，更不能将文献的框架、理论和结果套用在我的研究中。但是，当获得研究发现并生成扎根理论时，我会再次阅读这些文献，以实现扎根理论与以往研究和文献的"对话"。

旅居者与跨文化适应

通过对所查阅的百篇外文文献进行梳理，可以大致将国外留学生研究分为几个阶段：早期（大致从 20 世纪 50 年代开始）对留学生的研究主要基于"临床心理学"的视角，在描述和分析留学生适应问题时，研究者们最初受到移民和精神健康的传统视角的影响，从医学和心理学理论中汲取理论来源，将跨文化看作一个消极回应的过程。多数研究成果集中于对留学生的心理咨询、辅导和健康方面。后来（大致从 20 世纪 70 年代开始）研究者开始突出留学生的"外国人"身份，因而关注其跨文化适应问题。之后陆续扩展到社会心理学视角和跨文化交际的视角，这些视角适应于普遍意义的跨文化旅居者，包括外派企业职员、外交人员、国际学生、学者、难民、移民等。这一阶段的研究逐渐将跨国旅居视为一个充满活力的过程，注重对跨国旅居的指导、对新文化的学习和技巧的获得。留学生的文化适应研究重点也由早期的"文化冲突"转变为"文化学习""压力和应对"。这种转变，从根本上说，是留学生角色定位的转变，从过去的对跨国适应消极的遭遇者转变为现在对变化的积极回应者和对问题的解决者。

当广大中国留学生远渡重洋刚到海外学习时，他们面对的是以前日常生活中绝少或没有使用过的语言，以及全新的文化与社会规范，他们体验到的是行动的迷茫与困惑。① 这可能是大多数留学生初到海外时的文化体验，而走出这种困境则需要一个或短或长的适应过程。文化适应（acculturation）是一个有人类学意蕴的概念，指来自不同文化背景的群体之间的互动，以及互动所带来的对群体原有文化模式的持续影响。

进入留学所在国家后，留学生会面临适应与否的问题。研究者多会引用奥伯格（Oberg）最为经典和著名的有关文化冲突的研究，他将跨文化适应的过程分为几个阶段：蜜月期、消极态度期、恢复期、享受期。② 研究者认为"适应"比较难界定，有学者把适应分为学术适应、社会适应、个人 - 情感适应。③ 沃德（Ward）

---

① Kell, P. & Vogl, G., *International Students in the Asia Pacific: Mobility, Risks and Global Optimism* [M]. New York: Springer, 2012: 135.

② Oberg, K., "Cultural Shock: Adjustment to New Cultural Environments" [J]. *Practical Anthropology*, 1960 (7): 177 – 182.

③ Abe, J., Talbot, D. M., Gellhoed, R., "Effects of a Peer Program on International Student Adjustment" [J]. *Journal of College Student Development*, 1998 (6): 539 – 547.

提出跨文化者的三种适应类别，分别为心理适应（psychological adaptation）、社会文化适应（socio-cultural adaptation）和文化适应（acculturation）。① 学者们提出文化适应的几种类型。博赫纳（Bochner）1992 年提出的"文化调解"模式类似于双维度模式，指旅居者综合两种文化并能够掌握两种文化的特点。② 贝里（Berry）提出了四种文化适应策略，即融合（integration）、同化（assimilation）、分离（separation）、边缘化（marginalisation）。③融合是指旅居者对原文化和新文化都保持较高认同，该类型保留本族核心文化的同时，吸纳部分异族文化。同化指对新文化保持高认同，对原文化低认同，该类型排斥本族文化，完全认同异族文化。分离是指对原文化认同度高，对新文化认同度低，该类型坚守本族文化，排斥异族文化。边缘化是指对原文化和新文化都保持较低认同，该类型既排斥本族文化，也排斥异族文化，身份飘忽不定。

已有研究对影响适应过程的因素进行了考察，发现影响因素有：对新文化的一般性知识；在主流文化中居住的时间长度；语言及沟通能力；与当地人联系的数量和质量；朋友网络；先前出国经验；文化距离；文化认同；适应方式；在留学国短暂居住还是永久性居住；跨文化培训；性格因素和社会支持。④ 人格因素：

---

① Ward, C. et al., *The Psychology of Culture Shock* (2nd ed.) [M]. London: Routledeg, 2001.

② Bochner, S., "The Social Psychology of Cross-Cultural Relations". In S. Bochner (Ed.) *Cultures in Contact: Studies in Cross-Cultural Interaction* [M]. Oxford: Pergamon. 1982: 5 – 44.

③ Berry, J. W., "Immigration, Acculturation and Adaptation" [J]. *Applied Psychology: An International Review*, 1997 (46): 5 – 68.

④ Ward. C., & Kennedy, A., "Where's the Culture in Cross – culture Transition? Comparative Studies of Sojourner Adjustment" [J]. *Journal of Cross – cultural Psychology*, 1993 (24): 221 – 249.

英和莱斯（Ying & Liese）的研究发现，出国前的抑郁水平能够负向预测中国台湾学生在美国的调试情况。① 文化类型：有学者发现留学生留学所在地的文化类型与适应有关。奥格瑞和古迪昆斯特（Oguri & Gudykunst）发现留学生的自我诠释和当地文化偏好之间的匹配能够预测他们在美国的适应。独立型自我诠释能够预测心理适应。社会文化适应能够通过运用更直接的沟通和对沉默更好的接受来加以预测。② 许多文献都注意到语言能力对留学生成功至关重要。安德拉德（Andrade）的研究表明英语能力对留学生学业和社会适应非常重要。③ 许多从事英语教学的研究者发现，留学生的英语能力不足，尽管他们通过了雅思考试，但与大学所需的英语能力仍存在分离（disjuncture）。④

罗塞尔和皮特里（Russell and Petrie）提出学术适应与成功的模型，发现学术（能力、学习技巧、学术动机、自我效能和归因）、社会或环境（生活压力和社会支持、校园环境、工作卷入、家庭变量、学术环境）、人格（人格评价、控制点、自尊、特质焦虑）等因素可以预测学术适应与成功与否。⑤ 在跨文化和留学生研究方面

---

① Ying, Yu-wen & Liese, LH., "Emotional Well-Being of Taiwan Students in the U. S.: An Examination of Pre-to Post-Arrival differential" [J]. *International Journal of Intercultural Relations*, 1991（3）: 345 – 366.

② Oguri, M., & Gudykunst, W. B., "The Influence Of Self Construals And Communication Styles On Sojourners' Psychological And Sociocultural Adjustment" [J]. *International Journal of Intercultural Relations*, 2002（26）: 577 – 593.

③ Andrade, M. S., "International Students in English-Speaking Universities: Adjustment Factors" [J]. *Journal of Research in International Education*, 2006（2）: 131 – 154.

④ Ryan, J, Viete, R., "Respectful Interactions: Learning With International Students in The English-Speaking Academy" [J]. *Teaching in Higher Education*, 2009（3）: 303 – 314.

⑤ Russell, R. K. & Petrie, T. A., "Academic Adjustment of College Students: Assessment and Counseling." In S. D. Brown & R. W. Lent（Eds.）, *Handbook of Counseling Psychology*（2nd ed.）[M]. New York, NY: John Wiley&Sons Inc, 1992. 485 – 511.

取得大量研究成果的金姆（Kim）指出，跨文化的经历促使留学生主动适应环境，通过运用一些方法和独特的策略来应对环境的变化，包括对新的经历保持积极和开放的态度、对变化和成长的内在驱动、投入不同文化和学习实践的意愿、持续的比较和反思的实践。这些策略来自留学生为适应新的学习环境所做出的主动努力。① 有学者把个人适应定义为高自尊的维持或实现，研究表明，对留学国文化的吸收与同化影响适应，与留学国当地人的社会互动也影响适应，越是对美国文化认同，越是能够成功避免个人问题。②

以上关于留学生跨文化适应的研究正在受到日益增多的研究者们的质疑，持批评观点者的理由是跨文化适应背后的假设是学生应该而且只需要接受留学国（西方）的文化，应当努力赢得西方文化的认可。留学生应当为自己的坚持、克服困难以及对主流社会的融入负起责任。李和莱斯（Lee and Rice）指出，并不是留学生遇到的所有问题都应当归结为适应问题，人们往往认为留学生应该为此负责，他们应该主动调整或接受留学国文化，但实际上一部分严重挑战是留学国的问题。③ 沃莱和昂（Volet and Ang）认为，关于留学生在留学国进行文化调节的跨文化适应研究非常具有"民族中心主义特征"。这一特征造成其关于留学生学习情况的研究几乎完全是基于一个缺陷模型（deficit model）来描述留学生学习风格和调整情况的。④

---

① Kim, Y. , *Communication and Cross-cultural Adaptation* [M]. Clevedon, UK, Multilingual Matters. 1988.

② Al-Sharideh, K. , Goe W. R. , "Ethnic Communities with the University: an Examination of Factors Influencing the Personal Adjustment of International Students" [J]. *Research in Higher Education*, 1998 (6): 699 – 725.

③ Lee, J. J. , Rice, C. , "Welcome to America? International Student Perceptions of Discrimination" [J]. *Higher Education*, 2007 (3): 381 – 409.

④ Volet, S. & Ang, G. , "Culturally Mixed Groups on International Campus: an Opportunity for Inter-Cultural Learning" [J]. *Higher Education Research and Development*, 2012 (1): 5 – 24.

对跨文化适应持批判观点的学者认为这种"民族中心主义""文化本质主义"是非常危险的，同时也容易忽视留学生学习遇到问题时留学国和留学院校应该承担却被推诿了的责任。在笔者看来，这样的批判对"全球化情境下"的留学生研究是有益的。但是，我们不能因此完全否认以往关于留学生跨文化适应的研究，因为每个理论和发现都非常有意义，彼此间构成对留学生跨文化适应问题"认识进化的圆环"。在全球化知识经济时代，选择到异国接受高等教育的学生在规模和数量等方面都不断增加，如果研究仅停留在"文化适应"层面，不能为留学生学习经历、学习收获做出回应的话，那么这样的研究则显得有些"过时"。近些年来，欧美学界对留学生群体的研究由最初的留学生适应范式转向了对留学生就读经验（learning experiences）全过程的观照。

对学习者身份的强调

留学生留学动机。留学生留学动机包括探索不同的文化，学习新的思考和行为的方式，结交新的朋友，提高跨文化知识和技能；[①] 留学可以使人开阔眼界、增加自尊和自信，在异文化下独立生活的经验会促使其成熟。[②] 促使台湾学生去美国留学的动机，包括受媒体传播影响而构筑的"美国梦"、台湾社会对获得美国教育文凭的尊重、对美国教育质量的崇拜、潜在的留在美国工作的

① Andrade, M. S. , "International Students in English-Speaking Universities: Adjustment Factors" [J]. *Journal of Research in International Education*, 2006 (2) 131 - 154; McClure, J. W. , "International Graduates' Cross-Cultural Adjustment: Experience, Coping Strategies, and Suggested Programmatic Responses" [J]. *Teaching in Higher Education*, 2007 (2): 199 - 217.

② Mark, S. et al. , "International Students: a Vulnerable Student Population" [J]. *Higher Education*, 2010 (1): 33 - 46.

机会的吸引。① 一些研究表明，留学生的需求最初是实际的和社会
方面的需求，然后逐渐转为学术和语言需求，因为学生逐步开始
聚焦学业。②

留学生面临的问题。进入所留学的国家后，留学生面临不少
的问题。阿瑟（Arthur）指出对学习的担心、交流问题、社会支
持、家庭事务、受歧视、性别角色、财务支持是留学生面临的主
要问题。③ 留学生是维持异地恋还是在留学国展开新的恋情以及结
束一段情感关系带来的创伤，这些都是留学生面临的真实问题。④
由于语言和文化障碍、学术和财务上的困难、人际关系问题、种
族歧视、社会支持匮乏、被疏远以及想家等，留学生经历着许多
挑战。⑤ 李和凯伊（Li and Kaye）发现在英国留学的学生中，相比
来自欧洲国家的学生，亚洲和其他来自发展中国家的学生在语言、
教学与指导、财务、住宿、交友、情感等方面都面临更大的困
难。⑥ 一些研究注意到留学生有可能被利用的脆弱性。这样的脆弱
性是当教育机构仅仅将国际化视为产品和商机售卖给外国人时，

① Lu, J. F. , "The Psychological Adjustment of Taiwanese Students in the United States" [J]. *America Monthly*, 1999 (8): 115 - 119.
② Bartram, B. , "Supporting International Students in Higher Education: Constructions, Cultures and Clashes" [J]. *Teaching in Higher Education*, 2008 (6): 657 - 668.
③ Arthur, N. , *Counseling International Students: Clients from Around the World* [M]. New York: Kluwer Academic/Plenum Publishers. 2004.
④ Poadiuk, N. E. , "Intimate Relationship of Female International Students" [J]. *Journal of Multicultural Counseling and Development*, 2008 (4): 206 - 219.
⑤ Yeh, C. J. & Inose, M. , "International Students' Reported English Fluency, Social Support Satisfaction, and Social Connectedness As Predictors of Acculturative Stress" [J]. *Counselling Psychology Quarterly*, 2003 (1): 15 - 28.
⑥ Li, R. Y. and Kaye, M. , "Understanding Overseas Students' Concerns and Problems" [J]. *Journal of Higher Education Policy and Management*, 1998 (1): 41 - 50.

留学生接受的将是低质量的教育或承担高额财务剥削的压力。[①] 坎贝尔和李（Campbell and Li）的研究发现留学生对教育质量非常关注，语言是留学生学习的最大障碍，对学术传统的了解不足比如写作以及课堂互动的文化差异也是其留学路上的"拦路虎"。[②]

留学生的社会支持。面临因离开熟悉的环境而造成的不适和孤独时，社会支持对留学生显得极为重要。许多研究指出由于缺乏熟悉的朋友和社会网络、熟悉的文化或语言环境，社会支持和社会联系（social connectedness）对确保留学生在新环境取得成功起着重要作用。同国的社会网络是留学生刚到达留学国获取资讯信息、寻求向导和支持的第一选择。[③] 那些缺乏社会支持以及遭遇消极经验的留学生相比具有社会支持的学生，有较低的学术生活质量。[④] 但是如果互动网络同质性较强，也会影响留学生某些维度的发展。赵和库（Zhao and Kuh）等人的研究发现亚洲学生花去大量时间与本国人进行社会交往，却很少参与与多元化相关的活动。研究者认为单纯地扩大留学生数量并不一定提高学生就读经验，建议院校通过有目的的指导项目引导不同学生参与到活动中来。[⑤]

---

① Altbach, P. G., Teichler, U., "Internationalization and Exchanges in a Globalized University" [J]. *Journal of Studies in International Education*, 2001 (1): 5 - 25.

② Campbell, J., Li, M., "Asian Students'Voices: An Empirical Study of Asian Students' Learning Experiences At a New Zealand University" [J]. *Journal of Studies in International Education*, 2007 (4): 375 - 396.

③ Gill, S., "Overseas Students' Intercultural Adaptation as Intercultural Learning: A Transformative Framework" [J]. *Compare: A Journal of Comparative Education*, 2007 (2): 167 - 183.

④ Okun, M. A., Sandler, I. N., & Baumann, D. J., "Buffer and Booster Effects as Event-support Transactions" [J]. *American Journal of Community Psychology*, 1988 (3): 434 - 449.

⑤ Zhao, C., Kuh, G. D. et al., "A Comparison of International Student and American Student Engagement in Effective Educational Practices" [J]. *Journal of Higher Education*, 2005 (2): 209 - 238.

留学生的互动网络。留学生与当地的互动是研究者们关注的重点。阿沙瑞达等人（Al-Sharideh and Goe）提出概念"民族群体"（ethnic community），这里的民族（ethnic）指同种族、同民族、同国籍或同文化的人组成的社会关系群体，如中国人的圈子、阿富汗人的圈子，作者指出这种文化圈子的存在减少了留学生与美国文化接触、吸收的机会。民族群体作为一种社会支持，可以解决留学生遇到的一些问题。[①] 马克（Mark）等人通过对 121 位参与网络问卷的美国留学生的研究发现，留学生普遍反映美国当地的朋友数量很少，留学生的朋友圈主要来自同国以及其他国家的留学生。[②]

研究发现，互动的积极抑或消极对留学生发展具有显著影响。[③] 留学生在新环境里所拥有的朋友数量是其留学成功与否的一个重要衡量因素。那些参与同伴项目以及投入更多非正式时间与当地学生互动的留学生被证明比不参加同伴项目和投入较少时间与当地学生互动的留学生有着更好的社会适应。此外，与当地学生建立友谊的学生在情感上受益多，对旅居生活更为满意。[④] 祖尼加（Zuniga）等人的研究表明，与不同背景的学生进行互动的留学生在社会认知和平等主义效果上显现出较显著变化。更具体地说，互动的质量对学生解决问题的能力以及复杂性思维能力产生

① Al-Sharideh, K., Goe W. R., "Ethnic Communities with the University: an Examination of Factors Influencing the Personal Adjustment of International Students" [J]. *Research in Higher Education*, 1998 (6): 699 - 725.

② Mark, S. et al., "International Students: a Vulnerable Student Population" [J]. *Higher Education*, 2010 (1): 33 - 46.

③ Engberg, M. E., "Educating the Workforce for the 21st Century: A Cross-Disciplinary Analysis of the Impact of the Undergraduate Experience on Students' Development of A Pluralistic Orientation" [J]. *Research in Higher Education*, 2007 (3): 283 - 317.

④ Rehrlich, B. F., and J. N. M., "Host Country and Re-entry Adjustment of Student Sojourners" [J]. *International Journal of Intercultural Relations*, 1991 (15): 163 - 182.

影响。① 乌尔塔多（Hurtado）的研究表明，同多元化背景的学生进行积极的有意义的互动，与文化意识提高、对社会事务感兴趣、对个人力量能够改变社会压力的信念形成以及具有观察其他人的能力相关。②

然而，消极的互动将会阻碍学生获得发展的机会。研究表明，那些没有积极促进学生参与社会连接的院校降低了学生投入的机会，并且增加他们的社会隔离。③ 此外，在影响留学生互动的因素中，一个重要因素是交流的意愿（willingness to communicate）。交流的意愿是指在机会面前，个人愿意主动发起对话的可能性。④ 卢等人（Lu and Hsu）的调查表明，除了动机，语言能力也是影响交流意愿的因素之一。⑤

留学生对师生关系和教师角色的理解。有研究者发现留学生对师生关系和教师角色的理解存在文化差异。在英国就读的亚洲留学生理想的导师形象是那些可以在研究课题初始阶段就能给予其指导，然而这样的理想导师在其留学生活中很难找到。⑥ 舍奈尔

---

① Zuniga et al. , "Action-Oriented Democratic Outcomes: The Impact of Student Involvement With Campus Diversity" [J]. *Journal of College Student Development*, 2005 (6): 660 – 678.

② Hurtado, S. , "The Next Generation of Diversity and Intergroup Relations Research" [J]. *Journal of Social Issues*, 2005 (3): 595 – 610.

③ Rose-Redwood, C. R. , "The Challenges of Fostering Cross-Cultural Interactions: A Case Study of International Graduate Students' Perceptions of Diversity Initiatives" [J]. *College Student Journal*, 2010 (2): 389 – 399.

④ McCroskey, J. C, & Richmond, V. P. , "Willingness to Communicate and Interpersonal Communication. " In J. C. McCroskey & J. A. Daly (Eds.) *Personality and interpersonal communication* [M]. Beverly Hills, CA: Sage 1987: 129 – 156.

⑤ Lu, Y. & Hsu, C. , "Willingness to Communicate in Intercultural Interactions Between Chinese and Americans" [J]. *Journal of Intercultural Communication Research*, 2008 (2): 75 – 88.

⑥ Elsey, B. "Teaching and Learning", In M. Kinnell (Ed.) *The learning Experiences of Overseas Students* [M]. Buckingham, Open University Press, 1990: 55.

（Channell）对在英国攻读授课制和研究制的研究生留学生的研究发现，留学生先前的教育经验是以被控制和被指导为主的模式，因此当他们进入英国的教育系统后，感到迷失、不安全和没有方向性。[①] 这些研究都表明缺乏对学术文化的差异性的理解，特别是对导师角色差异性的理解，使得亚洲留学生在留学开始便与导师的相处并不是那么愉快。

许多国外文献认为中国留学生对教师普遍抱有形象期待，他们认为好的老师拥有渊博的知识、对学生进行清晰地指导、对学生细致关心，甚至是学生追随的道德典范。在这样的逻辑前提下，学生认为应该尊重老师、全盘接受而不是对老师的话提出质疑。但是，从英国教师角度看，好的教师应该是促进者和组织者，帮助学生发展创造力和独立性。学生应该被鼓励参加和投入对话中，而不是仅仅完全接受老师所说的话。[②] 一项对澳大利亚教师的调查发现，教师们对留学生的语言水平表示担忧，同时也反映出他们对留学生缺乏耐心。教师们批评留学生没有承担起学术进步的个人责任，缺乏批判性反思能力。此外，研究还发现，教师对留学生感情和心理困境的关注不够，更没有意识到留学生经历的文化上的困难，教师们错误地将学生的沉默理解为不感兴趣或能力不足。[③]

留学生的课堂参与。留学生是接受高等教育的学习者，课堂

① Channell, J. , "The Student-tutor Relationship", In M. Kinnell （Ed. ） *The learning Experiences of Overseas Students* ［M］. Buckingham, Open University Press, 1990: 57.

② Cortazzi, M. , and Jin L. , " Communication for Learning Across Cultures" . In D. McNamara and R. Harris （Ed. ） *Overseas Students in Higher Education*, ［M］. London: Routledge, 1997: 76 - 90.

③ Robertson, M. , Line, M. , Jones, S. and Thomas, S. , " International Students, Learning Environments and Perceptions: A Case Study Using the Delphi Technique" ［J］. *Higher Education Research and Development*, 2000 （1）: 89 - 102.

是获取知识的重要场所，留学生在课堂的参与行为显得尤为重要。有研究发现，当留学生与当地学生一起参与小组讨论或进行小组学习时，教师或当地学生常常既不理解留学生的观点，也没有试图去了解留学生观点的需求。① 小组合作学习对留学生个人能力有促进作用。西方认为由于中国文化具有集体主义特征，因此断定中国学生小组协作应该很好。研究中列出了考察小组学习水平的标准：小组成员间互动水平、根据讨论所获得新知识的建构能力、小组成员间共享的目标。②

一些文献则从文化差异方面对学习方式和学习风格偏好进行研究。有学者关于深层和浅层学习的研究发现，学生学习取决于教与学的环境。学习风格包括感知和社会性的学习风格偏好，其中社会性的学习风格偏好存在跨文化差异。③ 比格斯（Biggs）关注到学习方式和学习风格偏好，认为学习方式包括深层学习和浅层学习；学习风格指感知性风格和社会性风格，感知性风格包括听、实验的、看的等不同风格和喜好，社会性风格包括喜欢个人独立学习还是一起学习，其中存在着文化差异。④ 很多文献认为亚洲学生的学习风格以死记硬背为主。然而

① Kim H. Y., "International Graduate Students' Difficulties: Graduate Classes As a Community of Practices" [J]. *Teaching in Higher Education*, 2011 (3): 281 – 292.

② Li, D., Remedios, L, Clarke, D., "Chinese Students' Perception of Out-of-Class Groupwork in Australia" [J]. *Australian Educational Researcher*, 2010 (3): 95 – 112.

③ Ramburuth, P, McCormick, J., "Learning Diversity in Higher Education: A Comparative Study of Asian International and Austrian Students" [J]. *Higher Education*, 2001 (3): 333 – 350.

④ Biggs, J., "Western Misperceptions of The Confucian-Heritage Learning Culture". In D. A. Watkins &J. B. Biggs (Eds.), *The Chinese Learner: Cultural, Psychological and Contextual Influences* [M]. Hong Kong: Comparative Education Research-Centre/Australian Council for Educational Research, 1996, 45 – 67.

也有文献发现亚洲学生学习方式与其他学生没有特别显著的差异。①

留学生就读感知。留学生对留学教育的诉求首先表现为对人身安全和感知的基本需求，此外，留学生期望在留学环境中获得归属感、被尊重和学有收获。然而，相关文献表明欧美发达国家留学生的安全、感知和学习收获等诉求并没有完全被满足，相反，这些方面亟须获得改善。相关媒体报道和学术研究也反映出欧美发达国家留学生教育存在一些问题。媒体报道在乌克兰曾发生严重针对留学生的暴力事件。② 在日本也有报道中国留学生受到院校的偏见和社会责难。③ 李和莱斯（Lee and Rice）对美国留学生的一项研究表明，大多数留学生在美国校园感到不舒服，但是很难清楚地表达使他们产生不适的原因。另外一部分留学生则表达在课堂上课或活动时感到被忽视，或者是有被同学吼叫过的经历。④ 他们认为来自不同文化和国家的留学生面临着不同的问题，但是有一些问题是长期存在的。来自不同国家的留学生对是否受到歧视的感知也不尽相同，那些来自欧洲、加拿大和新西兰的学生并没有感到受歧视，而来自东亚、印度、中东和拉美的学生则强调种族主义已成为其留学经历的重要组成部分。苏美尔等（Sumer et al.）指出，一个受欢迎的大学环境和社区环境是留学生精神健康

① Volet, S., Renshaw, P. D., "Cross-Cultural Differences in University Students' Goals and Perceptions of Study Settings for Achieving Their Own Goals" [J]. *Higher Education*, 1995 (4): 407 – 433.

② MacWilliams, B., "Foreign Students Attacked in Ukraine" [N]. *The Chronicle of Higher Education*, 2004 (36), A45.

③ Brender, A., "In Japan, Protection or Prejudice? Government Slashes Number of Visas Issued to Chinese Students" [N]. *The Chronicle of Higher Education*, 2004 (38), A37.

④ Lee, J. J., Rice, C., "Welcome to America? International Student Perceptions of Discrimination" [J]. *Higher Education*, 2007 (3): 381 – 409.

的重要因素。[①] 还有研究通过质性访谈发现各种受歧视现象主要是自身经济地位低或者语言能力弱所致。[②]

马克（Mark）等通过对 121 位参与网络问卷的留学生进行分析，发现很多穆斯林学生抱怨到，尽管穆斯林留学生很多，但他们的宗教并没有受到重视，比如在封斋期间穆斯林的文化和宗教节日几乎被忽视。还有学生表示找到一个适合每天做礼拜的私密地方对其来说是个真正的挑战。[③] 即使在"9·11"事件之前，那些蒙着面纱或头巾的女生也报告有不愉快的留学经历，表现出融入美国校园的困难。[④]

碧库－贝茨（Beoku－Betts）对在西方大学就读的非洲女性留学生的质性研究表明，她们从当地学生对其态度中感受到被排斥和缺乏支持。作者认为这些非洲留学生曾经的殖民体验和其国家在全球经济体系中的边缘地位也嵌入她们对留学经验的消极感知中。[⑤] 歧视会影响人的心理，当留学生受到歧视时不愿投入，从而影响学习结果。在这篇文献中作者提出了新种族主义的概念并且列出了测量歧视的量表。[⑥] 佩鲁茨和胡等（Perrucci and Hu）总

---

① Sumer, S., Poyrzli, S., & Grahame, K., "Predictors of Depression and Anxiety Among International Students" [J]. *Journal of Counseling & Development*, 2008 (4): 429 – 437

② Lee, J. J., Rice, C., "Welcome to America? International Student Perceptions of Discrimination" [J]. *Higher Education*, 2007 (3): 381 – 409.

③ Mark, S. et al., "International Students: a Vulnerable Student Population" [J]. *Higher Education*, 2010 (1): 39.

④ Cole, D. and Ahmadi, S., "Perspectives and Experiences of Muslim Women Who Veil on Campuses" [J]. *Journal of College Student Development*, 2003 (1): 47 – 66.

⑤ Beoku-Betts, J. A., "African Women Pursing Graduate Studies in The Sciences: Racism, Gender Bias, and Third World Marginality" [J]. *NWSA Journal*, 2004 (1): 132.

⑥ Karuppan, C. & Barari M., "Perceived Discrimination and International Students' Learning: an Empirical Investigation" [J]. *Journal of Higher Education Policy and Management*, 2011 (1): 67 – 83.

结了留学生对就读经验感到满意与否的 12 个指示性因素：是否受到歧视、婚姻状态、语言水平、对美国文化的了解程度等，其他次要因素包括年级、财务情况、自尊等。① 就在美留学生是否被疏远的一项研究发现，与当地人接触以及来自欧洲与感到被疏远呈负相关。研究建议院校改善干预措施，如设立伙伴项目，同时根据留学生文化背景的差异性提供量体裁衣的策略，比如针对来自非洲的留学生和来自亚洲的留学生制定独特的策略。②

留学生留学期间的变化。欧美国家有关留学生的文献表明，留学生不仅对留学居住环境、饮食条件、服务设施、人身安全等有基本需求，希望在留学环境中获得归属感和被他人尊重，而且期待在留学期间能够学有所获。留学生通过留学产生了哪些变化？有许多文献提到"跨文化能力"，指那些解决复杂难题的能力，特别是与跨文化相关的维度。金和巴克斯特（King & Baxter）等提出了跨文化成熟发展模型。他们认为，在认知层面，对文化差异性有复杂性理解能力；在内在层面，具有对文化差异性接受而不是感到威胁的能力；在人际关系层面，与多元化背景的他者能够相互依存（function interdependently）。③

金姆和鲁宾（Kim and Ruben）视跨文化能力习得的过程为一个学习和成长的过程，突破过去的自己，通过获取跨文化

① Perrucci, R, Hu, H., "Satisfaction With Social and Educational Experiences Among International Graduate Students" [J]. *Research in Higher Education*, 1995 (4): 491－508.

② Schram, J. and Lauver, P., "Alienation in International Students" [J]. *Journal of College Student Development*, 1988 (2): 146－150.

③ King, P. M. & Baxter M. A., "Developmental Model of Intercultural Maturity" [J]. *Journal of College Student Development*, 2005 (6): 571－592.

的知识、转变态度、提高行为能力重建一个新的自我，实现更高层次的融合。① 金姆（Kim）指出具备跨文化能力的人并不会消极地接受由他人定义的社会现实；相反，他或她有能力主动地协商目的和意义，而且，跨文化胜任过程的发展是由个体决定的。跨文化能力的核心表现为情感、行为和认知能力，比如移情、适应性的动机、换位思考、行为灵活性以及以人为中心的交流。② 金姆（Kim）随后的一篇文章中将跨文化认同纳入跨文化转变之中，一个包容的人不排他性地认同他所在的社会群体，同时也认同其他群体与亚群体。跨文化认同具体指：一是对原有和新的文化要素的接受；二是眼界更为开阔和感知更为深刻；三是对有关自我的知识增加，自我信任和自主能力有所提高；四是内在复原力提高；五是应对新的挑战的创造性智谋不断增加。③ 金姆强调跨文化能力取决于适应能力，即个体调整过去的文化方式、学习和适应新的文化方式，有可能更为主动开放地学习不同的文化模式。④ 这些研究统一地将跨文化能力看作一个转变过程，一个人获得适应能力、转变他或她的视角以有效地理解和适应主体文化的需求。跨文化学习分为三个方面：跨文化适应、发展跨文化能力、个体

① Kim, Y. Y., & Ruben, B. D., "Intercultural Transformation". In Y. Y. Kim &W. B. Gudykunst (Eds.) *Theories in Intercultural Communication* [M]. Newberry Park, CA: Sage. 1988: 314.

② Kim, Y. Y., "Intercultural Communication Competence". In S. Ting-Toomey & F. Korzenny (Eds.) *Cross-cultural Interpersonal Communication* [M]. Newberry Park, CA: Sage. 1991: 259 – 275.

③ Kim, Y. Y., "Development of Intercultural Identity" [Z]. Paper Presented at the Annual Conference of the Lnternational Communication Association, Miami, FL. 1992: 22.

④ Kim, Y. Y., "Intercultural Communication Competence". In S. Ting-Toomey & F. Korzenny (Eds.) *Cross-cultural Interpersonal Communication* [M]. Newberry Park, CA: Sage. 1991: 268.

自我认知的重建，所有这些都通向个人成长。[1]

其他学者对留学生变化的研究中，阿德勒（Adler）将留学生成功的变化等同于自我实现，从一个较低水平的自我和文化意识状态发展到高自我和高文化意识的状态。[2] 马金森（Marginson）提出留学生在异国学习的过程也是一个自我形塑（self-formation）的过程。[3]

然而，并不是所有的留学生都在留学期间学有所获。研究者对在英国留学的日本女留学生的调查中发现，与改善自身经济状况相比，期望"充分发挥个人潜能""个人价值得到实现"是大多数日本女留学生的首要留学动机，但是在英国的留学经历并没有使她们获得所期望的发展。[4] 阿特巴赫和泰希勒（Altbach and Teichler）指出留学生有可能被教育机构所利用，教育机构仅仅将国际化视为产品和商机售卖给外国人，留学生接受的是低质量的教育或承担高额财务剥削的压力。[5]

从对国外相关文献的回顾可以发现，国外学者对留学生群体的关注已有相当一段时间，积累了足够数量的研究成果。除了在数量上达到一定规模外，对留学生群体的研究视角广泛，从最初的临床心理学视角、逐渐到社会心理学、跨文化交际学，近些年

---

[1] Gill, S., "Overseas Students' Intercultural Adaptation as Intercultural Learning: A Transformative Framework" [J]. *Compare: A Journal of Comparative Education*, 2007 (2): 167–183.

[2] Adler, P. S., "The Transition Experience: An Alternative View of Culture Shock" [J]. *Journal of Humanistic Psychology*, 1975 (4): 13–23.

[3] Marginson, S., "Student Self-formation in International Education" [J]. *Journal of Studies in International Education*, 2013 (1): 6–22.

[4] Habu, T., "The Irony of Globalization: The Experience of Japanese Women in British Higher education" [J]. *Higher Education*, 2000 (1): 43–66.

[5] Altbach, P. G., Teichler, U., "Internationalization and Exchanges in a Globalized University" [J]. *Journal of Studies in International Education*, 2001 (1): 5–25.

又出现了从学生学习和发展视角开展的研究。与视角逐步多元化伴生而来的是对留学生群体的认识，从早期认为其是"对跨国消极的遭遇者"转变为后来的"对变化积极回应者和对问题的解决者"，到如今越来越多的研究开始关注其"学习者"身份。除了视角的多元化，对留学生群体认识逐渐丰富化之外，与留学生相关的研究方法也可圈可点。与留学生相关的研究基本为实证研究，使用定量研究方法和质的研究方法在文献数量上平分秋色。此外，也形成了诸如跨文化适应、跨文化能力模型等理论。这些文献无疑为本研究的深入探究提供了一定的资源借鉴的空间。国外相关文献特别是运用质性研究方法的研究成果也为本研究探讨来华留学生就读情况开辟了路径。

然而，已有研究的局限和不足也是需要清醒认识的，已往研究的局限是本研究进一步探索的起点和源头。在中国就读的留学生人数日益增多，然而国际学术界对来华留学生就读状况的研究仍很不充分。国际学界对留学生的研究大多为欧美国家的学者对来自亚洲等国学生的研究，以西方人的视角研究在当地的留学生群体，缺乏从发展中国家研究者的视角对留学生就读经验进行细致而深入的研究。国外研究界的对象为单向的留学移动群体，即发展中国家或发达国家的学生到发达国家留学，亦即对"边缘"国家赴西方"中心"国家的留学生流动，或"中心"国家赴"中心"国家的留学生流动的研究。由此导致对有关留学生的研究主要是对来自发展中国家特别是亚洲国家的学生群体的研究。比如对亚洲学生特别是来自孔子文化圈学生的学习形成诸如死记硬背、浅层学习方式等刻板印象，对其他国家的留学生情况不知晓。再如，许多文献都提到留学生感到被排斥以及受到歧视的消极感知。在这样的逻辑之下，留学生似乎除了跨国学习者的身份之外，还隐隐被视为"弱势群体""受歧视群体"来看待。特别是留学生在留学过程中因此而对自我进行怀疑，丧失自信心。那么，如果换作在其他国家留学，留学生是弱势群体的论断是否成立尚未可知。

正如阿特巴赫（Altbach）指出："目前绝大部分文献所涉及的是在工业化国家学习的欠发达国家学生的适应问题，反映的是经合国家感兴趣的、关心的问题，然而这些仅仅是留学生问题的冰山一角而已。"[1] 相比于纷繁复杂的留学生研究以及多如牛毛的研究成果，对来华留学生学习状况的深入而透彻的研究仍不充分。中西方社会文化背景不同，西方的研究成果和理论能否解释中国的留学生教育问题尚待探究。已有有关留学生的理论是否具有文化性情境性特征，即西方文化中提出的概念和理论可否直接用于其他文化情境中是需要进行检验的。

国内对来华留学生的研究起步较晚，但也产生了较为丰富的研究成果。研究者们梳理来华留学生教育的历史，介绍来华留学生教育发展现状，针对我国留学生教育存在的问题提出相关的建议，考察来华留学生留学动机、需求和满意度，基于跨文化心理学视角和跨文化交流视角对来华留学生适应状况进行实证研究，特别是近几年出现的立足区域性对来自特定国家和地区的留学生的生源特点、适应性特征进行研究，这些无疑都为本研究提供了丰富的资料与背景。然而，国内有关留学生研究还可以进一步拓展和深入。国内相关文献多集中在"应然"式的规范研究，提出宏观性的政策建议，缺乏实证研究基础，从而显得说服力不强。对于使用定量研究方法或质性研究方法的文献，关注点主要为跨文化适应层面、对留学原因（留学动机）和留学产生的结果（如满意度）层面的实证研究，对学习经历和过程缺乏细致研究，鲜有对来华留学生经验进行深描和阐释的质性研究。留学生在中国

---

① Altbach, P. , "Impact and Adjustment: Foreign Students in Comparative Perspective" [J]. *Higher Education*, 1991 (3): 305 – 323.

的学习情况如何尚待细致研究。

此外，国内对来华留学生的研究所借鉴的理论基础是西方学者提出的，比如许多文献中借鉴的"跨文化适应理论"。其产生的"沃土"是美国、英国、澳大利亚、新西兰、加拿大等主要留学目的国，学者们以在这些欧美国家留学的学生为样本进行研究形成了概念体系和理论，占据着国际学术研究的中心与主流的话语体系。这些概念体系、理论和研究成果能否充分、全面地解析来华留学生流动的现实样态，以及来华留学生主体的留学选择与留学体验；这些理论能否作为"万能的钥匙"打开所有留学生研究的"密码箱"，还是到中国后会遭遇"水土不服"，需进一步加强多维度的细分的实证研究，进一步验证、补充，或者修正西方学者的研究假设与推论，并丰富该领域的研究。通过这样的"探索"过程，我们不仅可以考察已有理论的适用性范围，更重要的意义在于，能够发现在中国就读的留学生经验的特点，并且得出能够解释来华留学生就读经验的本土理论和本土概念。

以上所述正是本书着力论述、力图解决的关键问题所在。虽然通过本研究的分析不能且无法对以上问题给予全面而透彻的解释，因为社会科学问题特别是对"人"的研究是充满迷惑的，教育问题和跨文化问题更是如丛林般复杂，但是"虽不能至，心向往之"，我将用规范的方法尽可能展现来华留学生真实的学习状况。

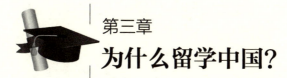

第三章

为什么留学中国？

如果你不出去走走，你会以为这就是世界。

——电影作品《天堂电影院》

汉语和中国文化的吸引力

留学生表达了其成长和实现自我价值的需求。秋爱在越南大学有一份不错的职业，她是大学里教汉语的老师。她从初中便开始学习中文。

> 那时候，因为我们越南有一所非常有名的附属学校，是我们那个国家外国语大学附属大学，那个附属大学专门培养外语人才。怎么说呢，刚开始的时候我想考英语，报名的时候不知道怎么选上汉语，然后就比较糊里糊涂吧，选上了汉语。（秋爱，女，越南）

正是所谓的"糊里糊涂"的选择，使秋爱与汉语结下了缘分，她在高中继续学汉语。后来，她将留学中国作为其职业发展的途径。

> 高中那个大学也学汉语，现在是在大学里面教汉语嘛，所以就想到中国来提高我的汉语，对我的工作有提高。（秋爱，女，越南）

在加拿大正在读博士的玉梅，选择中医药改革作为其博士研究计划的选题，她认为研究跟中国相关的内容，最好还是能够到中国来进行调研。

　　我的论文是跟中国有关的，所以还是来到中国，呃……这个比较好，就是对研究有帮助。如果在北京，要研究一个在北京的医院比较容易。如果我们在加拿大，在加拿大研究中国的……只能是看文献。另外，呃……对文化不理解，还是，他们用的嗯……口语，有时候我们不明白其中还有另外一个意思，有好几种的意思，我们不懂后面的意思。（玉梅，女，加拿大）

玉梅还向我介绍了她所认识的留学生来中国的原因，她告诉我：

　　我所认识的大部分的人都是因为他们的专业是关于中国历史、中国文化、中文，或者他们的导师跟中国有合作关系，是做中国的研究的，或研究的领域跟中国相关的，才来中国。（玉梅，女，加拿大）

除了因职业和研究需求外，还有一部分留学生来中国是为了寻求对"异文化的体验"，通过体验不同的生活方式来凸显自身价值。他们来到中国这个"神秘的国度"，期待开始一段新奇而有挑战的旅程，像一个行者一样，拍照、体味、游历，收获过去未曾有过的经验和历练。

　　我觉得可以学文化，因为我们的文化不一样，可以学，在文化方面可以学好多。我的加拿大朋友们，他们就会选择去跟我们文化不一样的国家。美国英国跟我们差不多。越来越多的人喜欢去德国，或来亚洲这样的国家。想找一些不一样的感受。（天子，男，加拿大和多哥）

也有留学生表达了自己希望通过留学中国获得独立的想法，韩国留学生俊扬想摆脱父母对她的管束。

我想获得独立，特别是从父母的影响下逃离出来，我从小的一切都是被他们安排好了，我想去经历和感受外面的世界。（俊扬，女，韩国）

波多黎各留学生大为目前正在中国读语言课程，准备寻找机会继续留在中国读博士。之前一直从事中国历史的研究工作，他痴迷于中国的历史和文化。大为说到中国文化时，身体向前微倾，很兴奋地向我介绍：

我爸爸是我们国家做宗教和历史的，我读了好多文明古国历史和宗教的书，很喜欢中国历史，很想去到中国。古代文明和文化很吸引我，我就决定来中国了。（大为，男，波多黎各）

带着对中华文化的热爱，他踏上了来中国的求学之路。中国文化的包容性也是更多留学生涌入中国的重要驱动力。不少访谈参与者认为，在中国接受高等教育能够使他们获取到应对国际多元文化所需的内在素养，特别是文化包容性。

重要他人的影响

社会学家米德（Mead）在论述自我概念时提到了"重要他人"（significant others），之后一些学者在米德的基础上深化了"重要他人"的范畴。对个体有重要影响的父母、老师、偶像、榜样、同辈群体都可被划定为重要他人范畴。重要他人对个体的影响不仅程度较深，而且影响的范围非常广。重要他人的话语往往可以左右个体的行为，重要他人的行动也成为个体模仿的行动范本。留学生产生出国留学的动机，不一定完全出自个体成长和发展的内在需求，本研究参与者中有不少留学生是受到父母、兄弟姐妹、好朋友等重要他人的建议和影响才开始考虑留学的。

土耳其留学生阿斯兰的父亲小时候在中国生活，会说中文但是不认识汉字，父亲一直希望女儿能够学好中文。在父亲看来，如果能把中文这么难的语言学好将是非常了不起的事情。受到父亲的影响，阿斯兰将学好汉语、实现父亲的梦想作为她留学中国的动机。

> 我来中国为学汉语是因为我想用汉语写一本书……这个可以说是我爸爸的梦想，我非常非常爱他，所以我一直想让他实现他的梦想。（阿斯兰，女，土耳其）

哈萨克斯坦留学生查娜也是受到父亲的影响考虑来中国留学。

> 我可能没有条件去美国。我爸爸刚好跟中国做了一些买卖，从这边拉一些活。爸爸在中国做生意。然后他给我说的是，要去中国看一下。当时这是爸爸的建议。（查娜，女，哈萨克斯坦）

爸爸告诉查娜，中国的发展非常快，如果能学好中文对未来应该是很有帮助的，"爸爸说现在中国发展这么快，学会这门语言也不会浪费吧，以后也会使用的。"查娜认为爸爸的话"有道理"，于是她便考虑来中国留学。

还有一些留学生是受到母亲的影响，接受母亲的建议考虑来中国留学。来自吉尔吉斯斯坦的格里木在大学期间选择了中文专业。

> 本来我不想学汉语，是我父母让我学的，让我留学，我妈妈说现在看中国是一个伟大的国家，现在的经济发展越来越好，而且离我们国家很近，所以让我学汉语。（格里木，女，吉尔吉斯斯坦）

哈萨克斯坦的崔奥力加同样是因为母亲的鼓励和影响，在高中阶段参加了汉语培训班从而开始了她的汉语学习之路。

> 我以前学过英语，而且学了5～6年，我觉得水平提高了很多。然后高中时，我的妈妈说，你可以选另外一个语言，可以现在慢慢地开始学。然后我在电视里看到了一个广告，就是说你快来我们的培训班学汉语，学完之后就可以去中国留学啦。我被这个广告吸引了，而且告诉我的妈妈，我的妈妈说你先去看看这个培训班，然后可能会掌握这个语言，妈妈说你一定要试一试。（崔奥力加，女，哈萨克斯坦）

除了受到父母的影响外，也有留学生是受到当地汉语培训老师的影响。泰国留学生米拉在高中时报名参加了一个汉语培训班，培训教师来自中国云南，曾是云南电视台的主持人，后到泰国短期教授汉语。米拉很喜欢这位"帅气"的男老师。

> 他讲课声音特别好听，人也长得特别帅，所以有点喜欢老师。希望像老师那样厉害会说汉语。（米拉，女，泰国）

同事、同学、朋友的影响和推荐也往往能对个体产生影响。来自越南的秋爱提到她在大学里教书的同事对她的影响。

> 我有一个朋友在这里读书，然后他推荐给我B大学比较好，所以就选择来到了这里。（秋爱，女，越南）

从乌兹别克斯坦来中国留学的里尔别克是因为爸爸朋友对中国的推荐而产生了来中国留学的想法。

> 他给我介绍，中国的W城市跟我们那比较像，地域相近，生活习惯也相近，方便一些，然后我就觉得那去W城市还不错。（里尔别克，男，乌兹别克斯坦）

在某些地区、人群中，伴随着越来越多的留学生跨境学习而逐渐演绎出一种新的文化，即所谓的"留学文化"。那些获得留学机会远渡重洋的留学生被尊为所处人群中的"样板"，不再局限于本土学习而是拓展到海外空间的留学方式在原生活圈内被奉为"圭臬"，成长中的年轻人以及他们的家庭将留学作为新的取向和人生的阶段性目标，"留学"成为该群体共享的社会文化资源。该群体正在发展中的年轻人在此留学文化的潜移默化之下，在不由自主中或其家庭认为理所当然中追随前辈走上跨国接受高等教育的道路，留学行动因而生生不息。日本留学生江川的表姐、表哥以及他身边的许多朋友都在日本之外的国家学习深造，对于他来说：

> 我一直觉得我肯定是要出国的，从来没有怀疑。（江川，男，日本）

对中国未来发展前景的乐观判断

当提及为什么选择中国作为留学目的国家时，几乎每一位留学生研究参与者都会提及中国经济的快速发展以及中国未来的发展前景。对中国未来发展形势的乐观判断俨然成为影响留学生留学中国动机产生的至关重要的因素。

> 我妈妈说中国是一个伟大的国家，现在的经济发展越来越好，而且离我们国家很近。（格里木，女，吉尔吉斯斯坦）
> 中国发展得特别快，如果学会这门语言也不会浪费。（查娜，女，哈萨克斯坦）
> 中国经济发展得这么好，以后中文也会越来越吃香。（安娜，女，西班牙）

日本留学生江川告诉我，他之所以没有选择去美国和欧洲而选择来到中国，是因为"中国同其他国家相比更有自己的特点。中国正经历着快速发展和改革"，在他看来，

> 这是亲身感受历史进程的绝好机会，可以在像心脏一般跳动的世界发展的最前沿学习和研究。（江川，男，日本）

> 大家都认识到中国的经济非常发展，说实话现在无论中国市场还是国外市场，许多东西都是 made in china。学好汉语后有很多机会，还是挺好的。我还记得有个阿姨，来这里参加广州交易会，那时候我去给她当翻译。她就跟我说，如果我的汉语能像她这么好的话，我一定会赚很多钱。（秋爱，女，越南）

此外，对国与国之间关系的乐观判断也是触动留学生产生来中国留学意念的因素。来自巴基斯坦的阿西夫对中巴关系的评价是"特别好"，他说正因为巴基斯坦和中国的关系特别好，所以学好了中文对他以后找工作是很有帮助的。

追寻"祖辈的家"

加拿大留学生玉梅出生在法国，生长在加拿大，父母都是华人。在多个地方多重居留，她很难确定哪一个地方是她真正的家，她常常有种身份焦虑和不安全感。由于平时使用英语和法语交流，她对中国和汉语的了解很有限。

> 我父母就是，呃……讲中国话，但是在家里没有讲得那么多，我们都是说法语。说法语我们的速度能说得快，我的小学还有中学都是用法语来教我们。（玉梅，女，加拿大）

加拿大当地人对她长着亚洲面孔却不会说汉语表示难以理解，

玉梅告诉我，

> 在加拿大因为有很多西方人也想学汉语，但是我不会说，
> 所以有一点尴尬。他们说，你是中国人为什么你不能说，这
> 样有一点批评的感觉，而且我特别不理解中国的文化，所以
> 他们问很多都是关于中国是怎么样啊？我说我还没去过，所
> 以有一点觉得，小缺乏，匮乏。因为匮乏一个东西，这是我
> 说要来中国的一个原因，是因为匮乏一个东西，是因为像中
> 国人但是没有……（玉梅，女，加拿大）

为了克服对身份的焦虑和"身份的迷失"，她试图通过留学
找寻身份中"失落的一角"。在来中国之前，虽然对亚洲文化和
中国文化没有进行深入的了解和"补课"，但她内心还是坚信与
中国在血缘上扯不断的维系将使她很快找到身份的"根源"。

> 如果当中国人，都应该学一点我们自己的母语。而且现
> 在，呃……中国越来越发展，所以，我……我来这里学，比
> 较方便。（玉梅，女，加拿大）

来自巴基斯坦的华侨学生阿西夫认为，"祖辈的家"是他无
论漂泊何处，总要经常回去看看，至少是在精神上回归的那个地
方。血缘的纽带作用是阿西夫选择到中国留学的重要原因。

> 我小时候，我的妈妈曾经说你长大是中国人。我1岁的
> 时候，我的爸爸让我来中国，他非常喜欢中国。我的妈妈和
> 爸爸他们是中国迷。我们的亲戚都在这。我的爷爷和我的爸
> 爸想法是同样的。我们在中国有很多亲戚，我爸爸不想和他
> 们分开。所以他想我来学中国的文化，跟我们的亲戚见面。
> 我要了解中国、中国的文化，因为我也是半个中国人。我们
> 去我们的国家……大概……大部分人说的是你们是中国人，

你们不是巴基斯坦人。是这样的问题。所以我来到中国大学，学了我们自己的文化，觉得很舒服的。（阿西夫，男，巴基斯坦）

一个"理性选择"过程

学生在进行是否留学的选择时会以"消费者"或"投资者"的心态考虑"性价比"或"回报率"问题，以最终做出留学选择的决定。无论是物质收益包括工具性的回报，诸如一份好的工作、财富、文凭，还是非物质收益的精神回报，诸如增加社会阅历、提升对文化和情感上的认同等，当个人判断留学中国能产生比较高的个人收益回报时，就会倾向于选择流动。从这个意义上来说，留学生教育已经成为个人投资的重要手段，人们试图通过获取优质的教育资源，提升个人竞争力。

参与本研究的许多留学生将出国学习视为增加就业砝码的途径，认为留学中国可以帮助他们实现学业和事业上的成功，有望在未来获得更高的经济收益。特别是对多掌握一门语言的评估，留学生认为多掌握一门外语可以提高就业竞争力。国际劳工组织发布 2014 年度全球就业趋势报告称，2013 年全球经济复苏缓慢，全球失业人口为 2.02 亿，较 2012 年增加 500 万人；到 2018 年，全球失业人口将达到 2.18 亿。[①] 这样冰冷的数字无疑给世界各地的青年人带来巨大就业压力。意大利留学生克里斯汀娜和马克都提到，如今在意大利即便是硕士毕业也很难找到工作，他们都打算"在中国毕业后不要再回到意大利了"，克里斯汀娜还告诉我，

---

① "International Labor Organization: Global Employment Trends 2014: The Risk of a Jobless Recovery" [EB/OL]. http://www.ilo.org/global/research/global-reports/global-employment-trends/2014/WCMS_233953/lang--en/index.htm.

她有一些留学生朋友，"宁可在中国留下来（当）家教也不想回去找工作"。

美国经济学家舒尔茨（Schultz）在其著作《论人力资本投资》中首次对人力资本概念做出系统阐述，提出人力资本投资是回报率最高的投资，[1] 而教育投资是人力资本投资的主要部分，人们通过获得学位、获取知识、掌握技能，相应地获得经济上和社会地位上的回报。从个人角度来说，人们将跨国流动接受跨国高等教育作为一种促进个人发展的长线教育投资，以提高其在劳动力市场上的竞争力。越南留学生秋爱向我介绍，如今中文在越南是第二大外语。

> 学会中文的话，尽管工资不高，但还是比较容易找到工作。如果一个越南人既懂英语又懂中文的话，很容易找工作，工资比较高。（秋爱，女，越南）

泰国留学生米拉也提到学好中文对未来寻找工作所带来的"好处"，如明显的语言优势和开阔的国际视野。

> 现在的中国跟以前不一样了，我会推荐泰国人来中国学习，因为泰国以后要靠中国了，不会多靠美国或者欧美国家那边。我决定来中国吧，第一个中文越来越重要，第二个中国越来越（强）大，越来越有钱，越来越发展，学汉语知道中国的文化，知道中国的情况，会对未来挺好的，对找工作肯定有好处的。（米拉，女，泰国）

天子出生在多哥后全家移民至加拿大，他的父亲有不少朋友在中国，因此他了解到中国经济发展很快。

---

[1] 〔美〕西奥多·W. 舒尔茨：《论人力资本投资》，吴珠华等译，北京经济学院出版社，1990。

加拿大有好多中国公司，当我学好中文回到加拿大找工作的时候，在中国的这个经历会有帮助。（天子，男，加拿大和多哥）

乌兹别克斯坦留学生里尔别克结合中国的发展趋势，坚信学好汉语将促进个人发展。

我想的是，我们那基本上所有的人都会说英文，英文不再流行了。然后我就开始想学哪个语言将来会比较好一些，然后就想到了中文。中文那时候对我们来说比较陌生，几乎没有人学习中文。但是现在呢，今年越来越多了，所以我就选择来学中文。（里尔别克，男，乌兹别克斯坦）

越南中文教师秋爱向我介绍了越南人选择出国留学的新动向，与中国很相似，越南的中产阶层家庭将美国、英国、澳大利亚作为孩子出国留学的第一选择。然而，近几年一些家庭开始将留学国首选投向了中国，秋爱将选择来中国留学的家庭视为"意识超前和眼光独特"。她说：

他们的眼光比较独到一点，意识比较超前一点。在我们越南现在有一些有钱的家庭，他们自己从外国毕业回来，他们就喜欢让孩子学汉语，除了英语以外学汉语。他们觉得把汉语学好了，未来会有很多发展的机会。（秋爱，女，越南）

其他留学生也从未来就业和经济角度谈及留学中国的收益。

我觉得学好中文的话，未来可以做的事情特别多，比如说可以当老师，也可以当翻译。（安娜，女，西班牙）

一些留学生是通过比较和权衡来华留学与其他可能的选择而做出判断的。来自哈萨克斯坦的崔奥力加向我介绍在哈萨克斯坦也有类似于中国的高考，而且并不轻松。高考时需要考察五门课，四门是固定内容，另一门可以自行选择，她当时打算选择英语。然而考虑到"考英语的话，即便拿到很高分，也不会获得公费的学习机会，都得是自费的"。

> 而且在哈萨克斯坦的学费价格同在中国的价格差不多，甚至可能比在中国留学学费还高。我就衡量了一下，如果是上哈萨克斯坦的大学，学费说不定比中国还高，那还不如来中国学一门新的语言。（崔奥力加，女，哈萨克斯坦）

除了学费的考虑，她也认为在中国学习的环境更好。

> 在这里有更好的环境，周围都是中国人，而在哈萨克斯坦只有一个老师，他只生活在哈萨克斯坦，他只知道怎么讲课，我们上课的时候才会说汉语，而且出门在家里都用俄语。（崔奥力加，女，哈萨克斯坦）

她通过比较在哈萨克斯坦读大学和在中国留学这两者的成本与收益，觉得两种选择的成本是一样的，都需要花去一定费用，但后一种选择收益明显更大，因为留学将增加她的出国阅历，同时还可以多掌握一门外语；考虑到在中国学的中文比在母国学的中文更为"地道"和"原汁原味"，于是选择放弃哈萨克斯坦的高考，在高中毕业后开始学习汉语为来中国留学做准备。通过分析崔奥力加的行动逻辑，发现她有明确的行动目标，通过权衡各方利弊，从而做出符合利益最大化的行动选择，来中国留学从而避免本国低教育回报问题。

来自土耳其的阿斯兰同样有着可供选择的两个机会，她已通过土耳其的大学入学考试并且考上了土耳其的一所大学，同时也有来中国留学的选择。在这二者间阿斯兰通过对未来继续留在土耳其读大学的生活的"展望"，觉得留在国内读"生活很单调""不想跟其他同学一样"。由于其对"新生活的渴望"、对独特和有个性的崇尚，以及学习语言"非常有用"的判断，她选择出国留学到中国的 B 市学习。

> 高中毕业以后我考上了大学在土耳其。我爸爸常常来中国，所以他在这儿的朋友圈比较大。他以前就给我说要不你去国外留学吧，你有两个选择，在土耳其上大学还去中国上学。那我想了想，因为在土耳其我有好多上大学的朋友，我看他们的生活没有什么呃……发展，比如说他们从高中考上大学以后一直一样，我觉得他们的生活很单调，我不喜欢跟他们一样，然后我还觉得学习语言是非常有用的一个事情，所以我就说好我去吧，然后我就来了，到了中国，到 B 市学了呃。（阿斯兰，女，土耳其）

来自巴基斯坦的留学生阿西夫提及巴基斯坦"人多机会少""好学校少竞争非常激烈"，本国（巴基斯坦）的教育质量、学历的认可度等条件无法满足，于是他选择流动到教育资源相对发达的国家接受高等教育。

> 如果在巴基斯坦，我们没有那么多接受好的教育的机会，人特别多。我们的巴基斯坦人特别多，虽然我们人比中国少一点，但是地方也小。平时上大学不容易，竞争很激烈。在巴基斯坦很重视学历，读到本科还不行，还要读研究生，然后竞争还很激烈。中国最好的就是有机会。中国给我们机会，而且中国的条件比巴基斯坦好很多。（阿西夫，男，巴基斯坦）

留学生在产生了留学的意念并做出行动选择之前，会理性地比较行动的成本和收益，做出个体或家庭利益最大化的选择。这种选择预期扣除成本后有"净收益"，更确切地说，他们权衡后认为，来华留学所带来的净收益更高及其发生的概率更大。基于此，他们的来华留学行动是经过对成本和收益权衡，是在各项利益的比较中选择自我利益最大化的理性的行动。

留学生的行动原则是最大限度地获取收益，但这种收益不只是局限于狭窄的经济收益的考虑，或者换种说法，这种收益不仅仅局限于经济层面，还包括情感和文化层面的因素。

从以上的分析可以看出，留学生来华留学是有目的的行动，其行动原则在于最大限度地获取收益，可能是经济收益，也可能是情感收益或文化收益。留学生除了来华留学的行动方案，可能还有其他方案，比如留在其母国攻读学位，或者去其他国家留学或者继续工作。留学生对不同的方案会做出偏好排列，判断出不同行动方案的预期结果，比较各自的优劣从而做出选择。

上述讨论的动机只是停留在"显意识"或"潜意识"层面，有不少有着同样留学意念的学生，然而只有其中一部分学生将意念变成了行动。那么，除了有留学的动机外，真正落到行动中还需要有哪些条件的推动，成为值得探究的问题。

作为一种稀缺资源与"资本"的推动作用

来华留学行动之所以从意念成为实际的行动，还需要有个体与资本或个体与结构相结合的促成，留学行动才能够得以实现，这是由留学资源的稀缺性所决定的。如果说高等教育是一种稀缺资源，那么到海外接受高等教育是更为稀缺的资源。即便是高等教育国际化程度最高的欧美国家，能够为留学生开放的就读机会也极其有限。有限的名额、国际学位的"较高含金量"、昂贵的学费等都使得留学成为一小部分人可以获得的机会。因此，对来华留学行动实现条件的探讨也是对获取稀缺资源的途径方式的探讨。

家庭经济资本

不同的留学生有不同的留学资源获取途径。拥有多种资源的留学生，其留学行动更容易实现。在众多资源中，家庭所拥有的经济资本无疑是极其重要的途径。

韩国留学生金的父母在韩国和中国做生意，由于有长年做生意的资本积累，其父母可以承担其在华学习的所有开销。家庭经济资本的推动促成了金将出国留学的想法变成了现实。经济资本主要体现在家庭有充足的经济实力支持子女深造、游学，甚至是海外游学。经济资本的运用，增加了"向更高更远处"行动的概率和自由度。经济资本的运用是一种投资行动，是为了将资本转化成发展的机会和平台。

但是，也应看到，家庭经济资本的作用范围是有限的，对于优质的留学高等教育资源，比如排名前列的院校和专业并不以经济资本的充足程度来判断，更为重要的是，它还要充分结合学生的学习成绩和发展潜力。

家庭社会资本

留学生的留学渠道和有关留学的信息往往是通过亲朋好友的推荐而获得的。他们认为这种通过个人关系网而获得的留学资讯具备较高的信息安全性和准确性。特别是如果有亲朋好友在中国工作、学习，这种来中国后"有所依靠"的留学行动能够减少留学生就读初期的陌生感，降低风险成本，较快得到熟人的帮助而

获得安全感。

> 我的一个哥哥给我推荐了，他在 W 市有认识的朋友，他在跟 W 市贸易公司合作，也是他帮我联系这边的学校还有奖学金的一些情况。（里尔别克，男，乌兹别克斯坦）

当留学生的家庭有可动员使用的留学关系资源，或者其人际关系网中有在留学国工作和生活的"熟人"时，这样的关系资源或者熟人就成为一种社会资本，起着传递留学讯息、降低留学成本、减少留学风险和增加留学收益的作用。

米拉的父亲在当地教育局工作，父亲的工作背景使得她对留学的方式和途径更为熟知，米拉家庭带给她的"社会资本"促成她较为顺利地获取了中国奖学金申请的方式、中国院校的信息以及中国院校质量评价排名资讯。

> 我家都是做教育的，我爸妈以前也做过老师，我爸爸现在也在教育部工作，所以我知道 B 大学第一名，因为我爸的背景，我们家对这边学校情况都知道的。我爸也帮我打听到很详细奖学金申请方式，然后就帮我找推荐的老师。（米拉，女，泰国）

但是，家庭的经济资本和社会资本不是实现留学既定目标的唯一方式，对于留学生们来说，家庭缺乏经济资本和社会资本的情况下，若有较为充足的学习能力，可以通过"发展力资本"与奖学金或其他资助形式进行交换从而获得留学机会。

可转换成奖学金或政策性支持资源的个人"发展力资本"

参与本研究的留学生中公费留学生占绝大比例。目前针对在华留学生所设立的奖学金种类较多，如中国政府奖学金是根据中国政府与有关国家（地区）政府、学校及国际组织等机构签订的教育交流协议或达成的谅解备忘录而对外提供的奖学金,包括国别双边项目、中国高校自主招生项目以及与联合国教科文组织、欧盟、东盟、太平洋岛国论坛、世界气象组织等所签订的合作协议。除了中国政府奖学金外,还有孔子学院奖学金、省市政府奖学金、外国政府奖学金、高校奖学金和企业奖学金。[①]

奖学金作为一种资源,由政府、高校等组织机构所控制,通过制定标准、设置选拔条件将资源按照一定的规则转向申请者,是一种社会精英的选择机制。大多数奖学金所设立的选拔条件对留学生的学习能力、语言水平等都有明确的要求,在竞争极其激烈的情况下,那些学习能力强、语言水平高的学生往往更容易获得奖学金。那些有较强的学习能力,特别是具有令奖学金资助组织能够预见的发展潜力的学生,更容易获得奖学金的资助。这种较强的学习能力和可以预见的发展潜力,可以视作个体的"发展力资本"。奖学金资助组织相信,个体发展力的价值往往在数年后才能够凸显,但是,价值是可以预见到的而且对资助组织也将是获益的。基于这样的认识,他们愿意为其投资。比如,我在大四时获得了法国埃菲尔奖学金资助我赴法国攻读硕士,奖学金细则中明确写到,"埃菲尔奖学金的培养人才将是未来候选人所在国发展的中流砥柱,奖学金候选者将会是对法国具有感情,对发展中法友好关系具有巨大潜在影响力的合作伙伴"。对于个体来说,个体的"发展力资本"是一种可交换的资源,在交换过程中,将个人的发展潜力转换成了留学机会、被认可的荣誉和资助其生活与学习的货币。

对于申请者来说,奖学金是使其获利的资源。奖学金的价值体现在,一是其作为荣誉符号,象征着个体的能力或者某方面的

---

① 参考留学中国网,http://www.csc.edu.cn/Laihua/scholarshipdetail.aspx? cid =
93&id =2058。

经验得到价值系统的认可；二是奖学金以定期发放货币为运行方式，可以支持学生的在校学习和日常生活。其经济意义对于那些家庭经济资本欠充足的学生尤为重要。留学本身即是一种稀缺资源，与留学相比，奖学金更是一种极其稀缺的资源，在全球范围内流动的留学生群体中能够获得奖学金的必定是少数。因此，一旦有机会获得这样的稀缺资源，留学生往往会倾向于争取奖学金实现留学的想法。

> 我本科读的汉语专业，本科时来中国学习一直是梦想，因为我大二的时候，我看到了好多我的同学都走了，他们都去国外学习了，可是他们都是自费生，他们必须要交钱。然后我心情特别不好，家里知道了，他们说我们也可以给你钱，你也可以去，我说不行，我跟他们说我必须要获得奖学金。我一直在等待奖学金机会，因为这是我的梦想，我必须要去。然后，我拿到了中国的奖学金，终于我的梦想实现了。（格里木，女，吉尔吉斯斯坦）

塔吉克斯坦留学生拉扎比高中毕业后考入塔吉克斯坦的斯拉夫大学，由于其突出的学习成绩和表现，他获得了由学校选派去国外留学的机会。他所在的斯拉夫大学与四个国家签订了政府间合作协议，这四个国家分别是俄罗斯、乌克兰、白俄罗斯和中国。

> 我选择了中国。因为觉得中国对我们来说是一个陌生的国家，来中国应该会比较有意思。（拉扎比，男，塔吉克斯坦）

对于那些产生了留学动机、经过权衡认为留学是一个获益的理性选择，但是既没有家庭经济资本、社会资本，也没有个体发展力资本以获得奖学金和政府协议资助的学生来说，留学只能成为现阶段可望而不可即的一个梦想。

本章小结

本章提出了留学动机形成和行动实现理论。当个体对职业、学业、自我发展等有内在诉求，或者受到重要他人的影响，或者对一国未来发展的判断乐观时，即在"内生成长力""他人影响力""国家发展力"这三大动力的推动作用下，他们会产生来华留学的动机。与此同时，他们会对留学收益进行评估、权衡和理性选择，当判断留学中国能产生比较高的个人收益，诸如经济、情感、文化等收益时，他便倾向于到华留学。在此条件下，假如家庭有较为充足的经济资本的支持，或者社会资本的推动，或者拥有可转换成奖学金及政策性支持资源的个人"发展力资本"，那么留学行动得以实现，如图3-1所示。

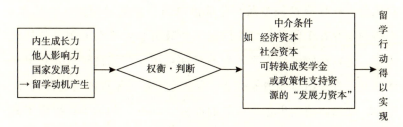

图3-1 留学行动得以实现的模型示意

首先，此理论将"留学动机"和"留学行动得以实现"这两个不同层面的概念区分开来。具有"留学动机"并不一定实现留学行动，"留学动机"只是留学行动得以实现的充分条件，具备留学动机相当于产生了留学的意念。留学生在产生留学意念后，会通过权衡进行理性选择。留学行动最终得以实现还需要有"家庭经济资本""家庭社会资本""可转换成奖学金及政策性支持资源的个人发展力资本"的必要条件的促成。

其次，本章提出了"内生成长力""他人影响力""国家发展力"三大动力，是促使留学生产生来华学习的动机。

本章所提出的留学动机形成、行动选择和实现理论是建立在本研究访谈资料的分析、编码基础之上的，比照以往有关留学生留学动因的研究，本研究从本土资料中得出的结论有一些值得进一步探讨。

推拉理论（"Push-pull" theory）是已有文献中解释留学动机最为经典的理论。其最早作为阐释移民动机的理论，将影响移民流动的因素归为"推力"和"拉力"两大类。"推力"，即原居地（或国家）不利于生存和发展的种种排斥力；"拉力"，即移入地（或国家）所具有的吸引力。之后推拉理论又被作为分析学生跨国流动的框架，"推力"是指存在于留学生输出国家中促使学生外流的不利的驱动因素，"推"的因素包括缺乏高质量的高等教育机会、教育质量较差及一些政治原因和经济原因等。"拉力"则指的是存在于留学生接收国国家中吸引学生流动的积极的拉动因素，包括接收国高水平教育质量和声望、可能被录取并获得经济资助、提高语言能力的机会、生活环境好、先进的研究设备等。比如，文献将留学生选择留学的原因（动机）归纳为：探索不同的文化，学习新的思考和行为的方式，结交新的朋友，提高跨文化知识和技能。① 通过留学可以开阔眼界、增加自尊和自信，在异文化下独立生活的经验会促使其成熟。② 促使台湾学生去美国留学

---

① Andrade, M. S., "International Students in English-Speaking Universities: Adjustment Factors" [J]. *Journal of Research in International Education*, 2006 (2) 131 – 154; McClure, J. W., "International Graduates' Cross-Cultural Adjustment: Experience, Coping Strategies, and Suggested Programmatic Responses" [J]. *Teaching in Higher Education*, 2007 (2), 199 – 217.

② Mark, S. et al., "International Students: a Vulnerable Student Population" [J]. *Higher Education*, 2010 (1): 33 – 46.

的动机，包括受媒体传播影响而构筑的"美国梦"、台湾社会对获得美国教育文凭的尊重、对美国教育质量的崇拜、潜在的留在美国工作的机会的吸引。[1]

可以看出，以上对留学动机的研究发现是从微观个体层面着手的，然而，这类研究却忽视了宏观的结构性、制度性因素的制约作用。留学生选择来中国留学不仅仅是个人追求利益最大化的理性选择，也不只是制度性安排或结构的推动，更恰当地说，是个体与结构相互作用的结果。

有学者注意到结构性和制度性因素的制约作用，并对来华留学生来华学习的动机进行了探究。陈奕容通过对问卷调查所得数据进行统计分析，将来华留学生来华分为内外型、中国联系型、选择型、主观偏好型、客观需要型，结合个案访谈资料，建立了来华留学生来华动机二维坐标的多重动因结构。[2] 李梅基于阿尔特巴赫和田玲等人的研究结论，对传统的推拉因素模型进行了扩展和修订，她强调内部因素与外在因素同为产生国际学生流动的重要决定因素，外因是指接受国和来源国的推拉因素，内因是学生自身和家庭的因素，包括能力层面的客观条件与愿望、观念等主观因素。[3] 在此基础上，李梅将推拉理论的框架发展为内外因结合的推拉理论模型，提出"内外因素互动模式"。

以上部分的结论与本研究的研究发现有某些相近之处。然而，以往对留学生动机的研究基本处于静态研究，研究者认为是某一个因素或几个因素导致了留学行动的发生。以往对留学生留学动

---

① Lu, J. F., "The Psychological Adjustment of Taiwanese Students in the United States" [J]. *America Monthly*, 1999 (8), 115 – 119.

② 陈奕容：《多重动因结构：华裔留学生来华学习影响因素分析——兼与非华裔留学生对比》，厦门大学硕士学位论文，2007。

③ 李梅：《高等教育国际市场——中国学生的全球流动》，上海教育出版社，2008。

机的研究不仅是静态的，而且是一个多层次因素杂糅在一起的笼统分析。事实上，以往研究将"留学生留学意念的产生，即产生动机"和"留学行动得以实现"这两个有时间先后顺序、一个为心理过程另一个为需要中介条件得以推动才能发生的两个概念和过程混杂在了一起，并且并没有涉及留学生权衡和判断的理性选择的过程。本研究发现留学生动机只是留学行动得以实现的必要条件，留学行动之所以能够实现还需要经过个体权衡和判断的理性选择的过程，以及个人发展人力资本转换成奖学金或政策性支持资源或家庭经济资本、社会资本的推动。本研究展现出从留学动机产生到权衡留学利弊和收益以及留学行动得以实现的动态的、系统的全过程。具体过程如图 3-2 所示，这也正是本研究与以往研究对于留学生留学得以实现全过程的最显著的不同之处。

图 3-2　留学动机产生及行动实现的动态过程示意

此外，本研究发现留学生母国与中国社会、经济发展水平的差异并不是留学生来华学习的推拉因素。相对于推拉理论所得出的吸引留学生到西方学习的是"较高的教育质量"，而吸引留学生来中国学习更为显著的因素是"中国的迅速发展及未来前景"、"异文化体验"以及"奖学金"的驱动力。中国正在经历的崛起、"中国代表了世界的未来"以及未来中国有着无限可能的发展空间，正拨动着世界各地青年以及他们家庭的心弦，成为吸引他们来到中国留学至关重要的因素。本研究还发现，来自发达国家的学生留学中国的动机多为提升中文水平、感知中国文化、获得不一样的体验，而不是受到高质量教育吸引。他们中的大多数来到中国是为了从事与中国相关的学位学习或者非学位的汉语学习。

而来自亚洲和非洲国家的学生留学中国的动机多为与学位相关的目标，希望在中国获得较优质的教育以增加未来就业机会，一些学生表示向中国学习，以便日后能够为他们祖国的发展做出贡献。这个研究结果与学者们在墨西哥、南非、土耳其等新兴国家所开展的吸引留学生动机研究结论相一致。值得注意的是，中国的高速发展、"中国代表了世界的未来"成为留学生到中国留学至关重要的因素。此外，奖学金不仅对欠发达国家的学生有吸引力，也是激励发达国家学生留学中国的因素。研究还发现，越来越多的华人华侨学生选择回到中国寻求他们的文化身份。

以往研究中对留学生的融入和同化的关注占据相当大比例，取得了丰硕的研究成果，在本书第二章有较为翔实的回顾。然而，本研究发现，在留学意念产生和留学行动实现的过程中，留学生并没有明确、强烈的同化动机，更多的留学生抱着游学体验的心理来到中国学习，没有完全融入中国社会和被其同化的强烈意愿。从职业发展来看，更多的留学生将职业发展定位在回国工作，大多选择或与中国相关的事务，或与中文相关的工作。如果有奖学金的资助，他们会尽可能延续在中国的学习深造期限。因此，尽管留学生在中国学习期限可能会较长，但是由于其并没有在中国长期就业和工作的计划，因此期望在中国"扎根"的欲望并不强烈。

在访谈过程中，有留学生在讲述其来华学习原因时，提到"我可能没有条件去美国"，那么，来华留学是否为其留学欧美无法实现后的"替代性选择"？由于在我的访谈中仅有个别留学生对此有所提及，并没有发现更多的样本，因此有待后续进一步探索。此外，在我的研究参与者样本中，绝大多数留学生表示无论是否受到"重要他人影响"，来华留学都是他们接受的"主动选择"。只有一个样本，即韩国留学生金是特例。他告诉我来中国学习已经不简单地是受到父母的影响，而完全是父母的意志和强行安排，他并没有产生来华留学的动机，是被动地由父母安排来到中国留学。但由于整个研究过程中只有金这一位留学生是没有产生留学动机而实现留学行动的"被动"案例，这样稀少的案例对本章理论不构成过多的影响。也许在今后研究中会遇到类似于金的案例，能否生成稠密的理论有待于今后进一步研究。

第四章
跨越国界与认知感受

  "奇石"是中国人观赏的那种奇怪的石头，你把它看成什么，想成什么，都是可以的。中国就像是块奇石，每个人都能看出不同的样子。

  ——〔美〕何伟（Peter Hassler）《奇石——来自东西方的报道》

留学生进入留学国学习，会对留学国与其发生作用的载体形成感知和做出评价。研究表明留学生决定选择留学国，第一关注教育质量，第二关注留学国是否存在歧视。歧视会影响人的心理。当学生受到歧视时不愿学习投入，歧视通过学习投入影响学习结果。萨莫（Sumer）等指出，受欢迎的大学环境和社区环境是留学生精神健康的一个重要因素。[1]

留学生在讲述其在中国学习经历时，经常会用"我觉得""感觉""发现"等来对在中国的学习和生活予以评价，比如"非常好""特别棒""接受不了"等。随着访谈的不断深入，我倍感困惑，为什么对同一座城市或同一所院校或同一项制度安排，留学生会有着截然不同的感知？究竟是什么因素影响着他们感知的差异，是什么促使他们获得积极感知，或获得消极感知？这样的感知是一成不变的吗？若是变化的，那么积极感知和消极感知在何种情况下会发生转化？感知对留学生会产生什么样的影响？

三个世界的比较

"我们国家""在我们那""在中国""我原以为""跟我想象

---

① Sumer, S. , Poyrzli, S. , & Grahame, K. , " Predictors of Depression and Anxiety Among International Students" [J]. *Journal of Counseling & Development*, 2008 (4): 429 –437.

的不一样"等是留学生经常使用的语句,在编码过程中我将这些高频度出现的语句归为三个核心类属,分别定义为"母国世界"、"留学国世界"和"想象世界"。

母国世界是指被跨国行动者所建构的过去与其发生作用的载体,既包括对其来自的国家、过去所居住的城市、当地社会和居民、之前就读院校的建构,也包括对来自国家的制度、文化、结构、情景等要素的建构。

留学国世界是指被跨国行动者所建构的在留学期间与其发生作用的载体,既包括对所在留学国家、留学所在城市、留学当地社会和当地人、留学就读院校、留学所在院校的教师与同学的建构,也包括对留学院校的制度安排、留学所在院校的学习氛围等的建构。

需要说明的是,母国世界和留学国世界都不是简单的外在于人的客观的环境,而是被跨国行动者"建构"过的环境。既然是建构的,就蕴含主体的主观性认识,是留学生"心境"中一个国家和其内部载体的形象。

想象世界是被跨国行动者虚拟的主观世界。想象世界源于他们进入留学国世界之前的梦想、期待以及他们听到、看到留学归来的亲朋好友,或受媒体影响后形成的对留学生活的憧憬,是一个虚拟的主观世界。

通过对访谈资料的分析和编码,本研究认为留学生是通过不断地将"留学国世界"与"母国世界"做比较、将"留学国世界"与"想象世界"做比较、将"留学国世界"不同的内部结构做比较从而获得各自或积极或消极的感知。

在留学国世界与母国世界的比较中获得感知

土耳其留学生阿斯兰认为中国社会在推进男女平等的实践上比土耳其做得好。

在土耳其我们说男士和女士都是平等的，但是我来中国以后，我不相信土耳其男的和女的是平等的，因为在我们国家，一个女的工作她不会做很痛苦、很辛苦的工作，但是在这，嗯……女士们不管多么难都可以工作，什么事情都可以干。（阿斯兰，女，土耳其）

她还很欣赏中国人热爱生活的积极态度和习惯。

我看这里的老年人，他们真的非常爱生活，每天锻炼身体啊什么的，跟我的国家相比的话，真的要学习这……这样的习惯。比如说，我现在回国以后我看我们国家的人们一到 50 岁他们就觉得非常老了，不行了，应该坐在家休息了；但是我看这里的叔叔们阿姨们他们都很……嗯……怎么说，看起来很健康，什么事情都可以干，这个我很佩服。（阿斯兰，女，土耳其）

她在中国看到了一种健康和充满年轻活力的生活方式，她对中国人的生活方式"很敬佩"，她更想回国后将在中国感受到的年轻有活力的生活方式分享给家人朋友们。

我早上有时候去锻炼身体看到中国人，他们一边锻炼身体一边学习，在土耳其没有这样的习惯，所以我要学这样的习惯，然后回国以后给大家说一说，让他们也……呃……怎么说，养成这个习惯，这是我觉得应该的。（阿斯兰，女，土耳其）

哈萨克斯坦留学生崔奥力加感受到不同于她所在的国家，中国人可以互相帮助。

在思维上，我觉得中国和哈萨克斯坦相比，中国人比我们国家人更敞亮，因为在我们国家我不能随便问人让他们给我帮助，但在这里我可以随便请人帮助。（崔奥力加，女，哈萨克斯坦）

类似地，吉尔吉斯斯坦留学生格里木感受到中国与她所在的国家的不同之处。

> 中国人很热情，在我们那不是的，这边的中国警察对我们特别好，在我们国家警察对外国人不好，尤其是对中国人。他们每次在街上看到他们，会去查他们的护照，他们把自己的护照拿出来，警察又会问劳动卡，中国人把劳动卡拿出来，警察还是会问他们再要别的。（格里木，女，吉尔吉斯斯坦）

来自巴基斯坦的留学生阿西夫在对中国和巴基斯坦的比较中获得了积极的感知，他认为巴基斯坦"人多机会少地方小""竞争激烈"，此外"学校条件不是那么好"。相比巴基斯坦，中国有着更多的"机会"。

> 如果在巴基斯坦，他们不给我们那么多机会，我们没有那么多机会，人特别多。我们的巴基斯坦人特别多，虽然我们人比中国少一点，但是地方也小。上大学不容易，竞争很激烈。在巴基斯坦很重视学历，读到本科还不行，还要读研究生，然后竞争还很激烈。中国最好的就是有机会。中国给我们机会，我们想什么就可以做。不是坏事情的，是好事情的那个，学习的那个。巴基斯坦学校的条件不是那么好。所以巴基斯坦的学生来到这以后，他们肯定可以变成一个好学生。（阿西夫，男，巴基斯坦）

他特别提到在中国"很安全"，在中国的生活"很安静"，因为相比较，在巴基斯坦有很多"安全问题"，有可能"出门就因为安全问题再也回不来"。

> 还有安全的问题。经常看电视就会有巴基斯坦这个事情发生了那个事情发生了，所以这个问题打扰我们的学习。大

部分学生可以正常学习，但是他们没有机会。因为有的人的
家里有一个人死了，有的人的家里有什么事情，有的人的家
里没有钱，这样那样的问题。有的人家里不会给学费，那怎
么办？还有我们去外边，我们的妈妈，怎么说，就很担心，
会说马上回来。这什么意思，她不确信我们能回来还是不能
回来。有这样的问题发生的时候，学生肯定不学习。在中国，
我觉得这里的生活很安静。怎么说……就是在这里有很多安
全，在巴基斯坦没有那么多安全。（阿西夫，男，巴基斯坦）

除了相比巴基斯坦而言，中国有更多的"机会"和"安全"，
中国的环境"安静"外，阿西夫认为中国的"环境很好"，院校
还有"很好的条件"。他说：

> 我们在巴基斯坦，嗯……怎么说，我们的家和四合院一
> 样，同你们的那个四合院差不多，没有那么多路。所以我和
> 他们说中国这里的环境特别好，高楼大厦很繁华，我以为我
> 是来到美国了。（阿西夫，男，巴基斯坦）

此外，阿西夫告诉我巴基斯坦年轻人面临的"最大的困难"
是结婚前不能恋爱、不能看电影和散步的社会习俗，而相比而言，
在中国的氛围让他感到轻松。

> 在巴基斯坦，结婚以前不能谈恋爱。如果父母喜欢那个
> 女孩，我没有办法，只有说对。但是现在年轻人越来越改变。
> 在巴基斯坦，你不能跟女孩散步，连跟女孩看电影都不行。
> 如果你跟某个女孩一起散步，被那个女孩的亲戚遇到，会很
> 麻烦，那是一个最大的困难。（阿西夫，男，巴基斯坦）

也有留学生在比较中获得了对中国的消极感知。有不少留学
生访谈者提及对中国社会的公共服务和当地人的态度时感到"不

舒服”“很吃惊”，他们讲述在他们的国家“很少有这样的问题”。

我受不了服务方面的问题。比如说，我举个例子吧，我去银行，比如是办什么事，银行人员的态度不太好。我去银行存钱，那个职员很帅，我看他这么帅，然后跑到他那个窗口办事，可他很冷漠。我们越南人说话时就是非常有主语，你怎么样怎么样，但他好像没有主语，我很不习惯，办完之后把我的护照扔在一边，我觉得很吃惊。在我们越南这样的问题好像很少，反正是客户嘛，你应该受到尊重。还有第二个问题，坐公交车，有的年轻人就很不主动给老人让座，有时候觉得心里很不舒服的那种。（秋爱，女，越南）

加拿大留学生玉梅也有相似的看法，她在外面买东西时感受到工作人员对顾客的态度并不友好，而在她生活的国家工作人员的态度是友善的。

这里人员对客户的态度不是很好，可能是语言的原因，他们说话时候的语气有时候让我不舒服。我感觉的口气是很rude，他们可能习惯这样说，但是听起来感觉为什么这样对我？（玉梅，女，加拿大）

玉梅还提到她对人们在公共场所遵守公共秩序的感受。

还有这里人们排队意识不够，从地铁上没有出来，人都还没完全出来，门口的人已经往里面很凶地挤进来。所以在这个方面有点儿接受不了。也不习惯他们在街上吐痰。（玉梅，女，加拿大）

意大利留学生克里斯汀娜认为在公共场合应该保持相对的安静，她用“接受不了”“习惯不了”“很勉强”表达在中国饭店吃饭时的感受。她向我分享去素菜馆吃素斋的经历。

> 我和我的朋友去吃素斋，我们认为到那个吃素的地方应该是非常安静的，但是我来到那里非常吵，我就习惯不了那种。（克里斯汀娜，女，意大利）

她告诉我，在她的国家生活时，由于习惯了在公共场合保持安静，因此来到中国后感到"很勉强"。

> 欧洲国家在公共场所要安静，如果是咖啡厅就一定非常安静，在地铁上也是要安静的。（克里斯汀娜，女，意大利）

留学生对中国某些公共场所的"喧嚣"以及不遵守公共规则的消极感知，中国人早已意识到，也不乏细致地对这些行为背后的分析和解释。林语堂的《吾国与吾民》、柏杨的《丑陋的中国人》等对中国人的性格以及中国社会的现象也都进行了犀利的批判。上述对中国人的批评，主要是从道德层面和文化特征层面展开的。然而，似乎另外一种阐述更能解释中国人在公共场所的"自我"表现。社会学家埃利亚斯（Elisa）考察了 13 世纪至 18 世纪西欧出现的各种礼仪手册，这些手册揭示出举止礼仪对人体的调节越来越精细化。他认为在西方世界被视为文明的或道德的人，即对他人基于充分考虑的和尊重的人，是一系列身体规训的产物，尤其是通过习得礼仪举止而塑造出来的。在他看来，人们的习惯都是通过规训习得的，对身体进行规训从而变成这样的一种人：会话时不抢话头，倾听别人，表示尊重，己所不欲，勿施于人。若按历史和文明的悠久性来看，中国自古以来被称为礼仪之邦。早在儒家学派创立之时，便将"礼"作为国家政治制度、人伦道德秩序建设的基础。那么，如今中国人在公共场合遭受其他国家的人诟病的行为，是对埃利亚斯"文明是身体规训的产物，可以通过礼仪举止塑造"的观点的冲击，还是如今的中国人已经没有习得礼仪举止对身体进行规训这样的意识，值得我们深刻反思。

　　加拿大华裔留学生玉梅在中国做英语外教，却因"长得像中国人"而被"区别对待"，她认为"她拿到的报酬甚至比母语不是英语的人拿的还少是极其不公平的""中国人过于用外表对他人做评判"，相比而言，"在加拿大学历和技术才是判断人的主要标准"。在中国的这份兼职经历让她对中国人和中国社会产生了比较消极的评价和感知。

　　　　关于工作，有很多学生还是去教英语。但是，中间公司说我的工资应该比外国人少，因为我像中国人。我觉得不公平。因为他们的母语不一定是英语，也不比我好，我的母语是英语，为什么他的工资比我高？就因为我的外表吗？他跟我说因为你长得像中国人，所以不可以给你那么高，所以我……我觉得这是最伤心的，嗯，最不理解是这个，因为我们在加拿大都是习惯根据我们的学历或是根据我们的技术来决定。在加拿大看的是外语水平来决定，不是说看其他的因素。中国人为什么看外表，很不习惯。（玉梅，女，加拿大）

　　来自土耳其的阿斯兰发现她所看到的中国人"人人都在看手机""每个人都有一个苹果手机"，她认为这着实是一个"怪的事"。

　　　　在中国呢，人们不愿意交流，他们可能害怕，我也不知道，但是人们都看手机。比如说这在我刚来的时候最可笑，我见的最可笑的是每一个人都有一个像苹果一样的手机。在我们国家打扫卫生的人他们用的手机，不是这样苹果呀什么的，但是在这每一个人的手上有这样的手机，就是说呃……坐地铁每一个人看手机，没有人互相说话。比如说两个朋友在 X 市，在这里，两个小朋友可能是高中生，然后他们两个是朋友，他们一起上了车，他们的手里有手机，他们不说话一直看手机打游戏，然后下车的时候"哦我下了啊，再见。"

"再见。"继续打游戏。（阿斯兰，女，土耳其）

她告诉我，在她的国家人们聚会时愿意"互相交流""互相聊天""比如说我觉得我们国家的人呃……是这样的，吃饭在外面……我们去吃饭时利用那个环境我们很喜欢互相交流，互相聊天"。而在中国目睹到人们对手机的依赖使她"无法习惯"。她将人们过于依赖手机而疏于交流的现象归为"中国人之间感情不是很强"。

> 我觉得这个怎么说，不能习惯，在中国人们的感情不是很强，我觉得，这可能算是一个缺点，也不能说每一个人这样，但我看到大部分就是这样。（阿斯兰，女，土耳其）

加拿大和多哥双重国籍的留学生天子对中国人对其国籍和肤色过于"敏感"感到"难受"，他反复强调在他的国家加拿大"没有过这个问题"，但在中国他感受到跟加拿大有很大的不同，"在中国人们会说你看黑人"，他觉得在中国"很难融入中国人的生活里"，这样的感知也成为其留学过程中特别是"开始时候"的困惑。

> 皮肤方面，对，这样。我……我们平时会，遇到这个问题，所以开始的时候，我会难受。我在我家我没有遇到这个问题，我们都有白人，但是到中国会有，这个问题，有，对，有的地方你一去他们会说啊，你看黑人。我觉得是想法不一样。在我们国家（加拿大）有外国朋友我们都很接受，热情欢迎，我们不管你是哪国人。但是我到中国，我对这个问题很……我可以讲很敏感，对，他们说你是哪国人？对，你是哪国人？而且特别是比如说这人是黑人。（天子，男，加拿大和多哥）

在中国被首先提问是哪国人以及被关注是黑人的经历令天子很难受，因为在他的国家人与人初次接触不会即刻被问国籍或过于关注肤色。

> 在加拿大我们第一次见面不会问是哪国人。要交朋友你是哪个国家不重要，在我们那边你到一个地方，他们 integration 会简单一些，因为你是来自不同文化，有一个大的差距，所以他们要帮你接受这个地方。但是我们觉得……嗯……在中国不是这样的。就是很难融入中国人的生活里。（天子，男，加拿大和多哥）

但是，他后来也补充道，他所提及的并不代表所有中国人的思维方式。

> 不是中国人所有的人，因为我有……有的朋友中国人，他们不是这么想，有的出国读书回来他们习惯了跟外国人在一起，所以我觉得不是嗯……我经常说不是所有的人，有的对，有的不会有，所以……（天子，男，加拿大和多哥）

来自中亚的里尔别克讲述了他刚到中国最令他惊讶的事情，有一天他出门，想在外面找些东西吃，看到一个餐厅，餐厅牌子上赫然写着"驴肉"两个字，他很吃惊，认为怎么可能有吃驴肉的地方。他说这次经历对他产生非常大的影响，因为他们从未想到驴肉可以吃。

> 我就是对中国那种感觉了，不想在这里生活，不想在这学习了，对人民的思想想法都不同了。然后就觉得所有的东西都会影响到我们的学习，就是对中国的看法和对中国的印象。（里尔别克，男，乌兹别克斯坦）

在一个社会被一般人视为理所当然的"事实"却被来自另一

个社会的人视为难以想象和不可思议的怪事。正如帕斯卡（Pascal）的著名论述，"在比利牛斯山的一边被视作真理的东西，在另一边就会被视作谬误"①。虽然中国人并不将驴肉可以被食用视为"真理的东西"，但大多人的反应不会像里尔别克那么激烈。

留学生对中国社会的消极感知往往是建立在与其母国世界的比较基础之上的。长期生活的母国世界是他们的根所在，母国世界中的价值观、文化习俗等无疑对他们产生了重要的影响，特别是在他们进入留学国世界后的初期阶段。在母国世界形成的思维模式、生活方式和行为模式已成为他们的"惯习"，具有一定的稳定性和难以动摇性。借用当代文化人类学家格尔茨（Geertz）的话说，在母国世界中形成的惯习其实是一种典型的"地方性知识"。在母国世界中形成的惯习并不容易改变，当他们发现对留学国世界很多方面如时间安排、饮食和生活习性等不适应，存在很大差异，并不如母国世界时，他们会产生消极的感知。

> 我不太喜欢……我知道中国人民特别喜欢劳动，但是我觉得有时候太过多。觉得中国人太累了，每天要工作，有时候星期六星期天也要工作，我觉得要休息。这一点我不太喜欢这里的生活方式。（查娜，女，哈萨克斯坦）
>
> 我不喜欢中国人吃饭的时候的吧唧嘴，特别不喜欢，他们经常去吃饭，他们一边抽烟一边吃饭。我们国家人吃饭不会出声，喝汤也不会发出声音。我觉得中国人真的应该注意一下这个问题。（克里斯汀娜，女，意大利）

有不少接受访谈的留学生都提到中国人饮食食材的"令人费解"。来自美国的留学生汤姆认为他所在城市的人们"吃的东西

---

① 转引自〔美〕彼得·伯格、〔美〕托马斯·卢克曼《现实的社会构建》，汪涌译，北京大学出版社，2009，第5页。

非常的奇怪"。他认为不只是他一人觉得中国人吃的食物奇怪。

> 每个留学生都说这个，对我们来说他们吃的东西非常奇怪。你知道我们怎么说吗，你去中国生活过一段时间，你再在别的地方看到什么奇怪的东西，对你来说就一点不奇怪了。
> （汤姆，男，美国）

几位留学生都提到了中国人饮食食材、不遵守公共秩序等令人难以接受。这些现象已经超出了他们在母国世界生活经验的惯常范围，甚至给他们带来一种"非常规的困境"。日常生活可以分成许多部分，其中一部分是常规事物，对这些事物人们不会觉得有什么不对劲的地方，但是其余部分就会使人们产生困扰。[①]倘若以图来说明，如图 4 - 1 所示，留学生的母国世界以区域 A 代替，留学生留学国世界以区域 B 代替。由于长期浸没其中，区域 A 范围内的事物对于留学生来说是符合常规的现实。当留学生从区域 A 移动至 B 时，可能会遇到在区域 A 没有经历过甚至从未想到的事物，即超越常规的"现实"，从而面临超越常规的困境。区域 A 和区域 B 相重合的阴影部分是区域 A 和区域 B 普遍认同、

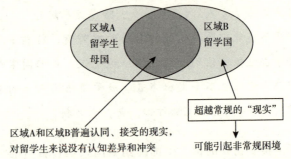

图 4 - 1　进入留学国后可能面临的"非常规困境"示意

---

① 〔美〕彼得·伯格、〔美〕托马斯·卢克曼：《现实的社会构建》，汪涌译，北京大学出版社，2009，第 21 页。

接受的现实，对留学生来说没有认知差异和冲突。B 区域中除去与 A 交织重合的阴影部分，则是可能引起留学生产生不解和惊讶的部分，可能令其惊叹大千世界的神奇与美妙，也可能使其陷入困境感到难以接受。究其原因，现实是由个体所在的社会构建而成。不同的社会文化、宗教、历史、制度不尽相同，受此影响，每个个体所接受的现实也不尽相同。

土耳其华侨留学生阿斯兰认为她在中国先后学习的两个城市 B 市和 X 市的环境"有点儿像农村一样"，都不如她在母国所居住的城市伊斯坦布尔，她感到"不能习惯"。

> 这里的环境比我们那的环境差一些。我在土耳其长大，出生的地方，伊斯坦布尔，也是非常发展的一个城市，那里也很大，但是 X 市与我的城市相比的时候我就觉得有点像农村一样，还有 B 市，也是有点像农村一样。然后我刚来这儿的时候，真的我觉得我不能习惯就在 X 市，虽然我的故乡是 X 市，但是我还是不太习惯。(阿斯兰，女，土耳其)

与阿斯兰和查娜在同一个城市留学的巴基斯坦留学生阿西夫，比较了留学所在的城市与其母国所居住的城市，对目前留学所在的这个城市的感知"特别好"，因为"比我们国家我以前的城市好太多"。

教师对帮助留学生减轻因跨国学习而出现的不适和压力起着重要的作用。教师对留学生所做的及时反馈、对留学生参与活动所做的指导，对于进入新环境中的留学生来说极为珍贵。许多接受访谈的留学生在对中国教师和在其母国学习时接触到的教师进行比照后，对中国教师的教学方法"特别认可"，在比较中获得了良好的感知。格里木提到了中国老师耐心细致的教学方式。

> 这边的老师他们教得好。他们的主要任务就像对小孩一

样，比如说他们给我们讲一个生词，你不明白，老师在黑板上给你画。我喜欢这种方式。在我们家那里问老师这是什么意思，老师不会说，你自己去猜，自己想。(格里木，女，吉尔吉斯斯坦)

阿西夫告诉我，在他的国家巴基斯坦的老师们的方法不是特别好：

> 我们的巴基斯坦上课方法是这样的，如果有人不知道那个词，而大部分知道，大部分学生知道这是什么意思，就剩下两个三个学生，其他人都知道，老师们是不管的。(阿西夫，男，巴基斯坦)

到中国学习后，他发现中国老师"绝对保证我们听懂""老师上课的方法特别棒""比起我们巴基斯坦，特别好"。对中国教师的感知由于有了母国教师的参照，阿西夫在对比中感到中国老师"特别好"。

很多留学生对中国教师的负责态度认可，并表达了感激之情。接受访谈的留学生都提到了中国老师对待学生"像朋友一般，不仅关心学习而且为学生的生活考虑"。在他们的国家，一般来说，"教师只负责学生的学习问题，至于生活上的以及思想上的问题，老师都不会花时间和精力去帮助学生解决"。

阿西夫告诉我，巴基斯坦的老师只负责课堂上课时间对学生的管理，但至于学生是否来听课老师并没有特别的关心。

> 巴基斯坦的老师，他们的方法是这样的，你们来上课，他们一定会教你。但是他不管你来不来上课，也不管你是怎么样的人。但是，在我们留学生班上，老师们都会管我们。我们也希望老师管我们。但在巴基斯坦没有那样……就是你爱不爱上课无所谓，你不来上课我也不会叫你。(阿西夫，

男，巴基斯坦）

相比巴基斯坦的老师，中国的老师不仅在上课时间用心传授知识，而且会关心学生们的个人情况。

> 在这里，如果我们不来上课的时候，他们到宿舍叫我们，让我们去上课，努力学习。他们很帮我们。我们留学生班上的老师是这样的，上课期间他是我们的老师，除了上课以外，他是我们的朋友。不一样的。在我们遇到困难的时候他会帮助我们。（阿西夫，男，巴基斯坦）

阿西夫还提到在巴基斯坦老师"可以打学生"，他在中国不仅没有被老师教训的经历，反而备感老师对他的爱护和关心。

> 在巴基斯坦，你知道吗，老师可以打你。这里没有这样。在巴基斯坦，如果你不写作业的时候就打你。我们从小时候就习惯了。如果你不听话的时候，她肯定是打你。如果我们跟父母说我们的老师打我们，我们的父母是这样说的：老师的地位是特别高的。我们的老师，一个人教你一个词，他就跟你的爸爸一样的，从那天以后，他就是你的爸爸一样，所以他打你你就得认，没有办法。（阿西夫，男，巴基斯坦）

阿斯兰也向我提及中国老师的负责态度。她认可中国教师管理学生的方法。

> 在我现在这个学校……嗯……老师们管学生的方法，我也觉得很有用。比如说如果学生不去上课一定要给老师说，如果学生不说老师自己去他宿舍找他，我觉得特别好。（阿斯兰，女，土耳其）

她说在她的国家，老师只负责管理学生的学习事务，至于生活上的事务以及是家庭原因还是个人原因未来上课老师则不关心。

> 我们国家老师管学生，但是他管的只是学习方面，就是比如说一个学生没来上课，就他没来上课，不管出了什么事情就是不管；但在这里，如果你不去上课你应该有一个原因，如果你没有原因你不能不去上课，就是这个。（阿斯兰，女，土耳其）

阿斯兰刚到中国时常常迟到，她在 B 城市学习时，"我不去上课老师不是很管我"，因此她并没有重视迟到问题，后来在 X 市学习时依旧"常常迟到"，在她看来迟到似乎已成为她的一个很难改正的"顽疾"，按照阿斯兰的说法，"这是我的毛病，我一直也改不了"。但是，即便如此，如今她已经不再迟到，她将发生在自己身上的变化归功于她在 X 市学习的班主任杜老师。

> 杜老师，是非常棒的一位老师，去年在她的班的时候我每一天都迟到，每一天都迟到，她拼命地告诉我，一直告诉我，她说你不可以这样、不可以这样过每一天，她有一次给我好好说了。我说好，对不起，我又迟到。我也不想迟到，但是不知道为什么一到上课时间我就迟到，然后她一直给我说这个说说说。现在嗯……我每天早上去上课的时候跟以前不一样，现在不迟到了，这是老师的功劳，我要感谢她。这边老师真的很负责，我很感激这里的老师。（阿斯兰，女，土耳其）

在留学生看来，他们母国世界的教师与学生的交往只是在学业上提供支持，不具有超出学业范围之外的其他交往功能。然而，在中国，他们发现教师对学生提供更多的支持，如对学生生活上的关心、照顾，对学生情感困惑上的开导。天子来中国后发现，老师普遍都会关心学生的生活，并且会给学生提出个人发展的建议，这不仅仅局限在学习方面，还包括生活方面。

> 我们有什么问题可以跟老师说，在学习方面，对对，而且他们会经常给我们呃……advice，比如我们要放假，他们会告诉我们要注意安全，要去有人的地方。我们加拿大的老师会有关心学生，但不是所有的老师，对，只有学习关系，你有什么不懂的问题可以问我，但是生活什么问题不跟老师说。在中国觉得老师可以关心我们学生的生活。（天子，男，加拿大和多哥）

崔奥力加很喜欢中国的老师，她形容中国的老师就"好像朋友一样"，特别是留学生不在父母身边，老师们对她们的照顾就显得特别温暖。

> 我非常喜欢我现在的班主任，我们跟朋友一样可以聊天什么的，因为我们在这儿没有爸爸妈妈，老师们就要管我们照顾我们，在生活中，他们一直呃……给我们说，有什么困难就可以直接给他们说，这个我觉得很好。
>
> 在我们国家学生跟老师的关系，不那么好。其实现在我也不应该这样说，因为每个老师肯定不一样，但是我在高中上学的时候呢，我和我老师之间的关系非常冷淡。比如说，我们上课的时候……他是给我们上课，下课的时候我不能跟他随便说一个话题，我不能跟他说这样……生活的一个问题。我的老师们是这样，但是肯定有其他的老师不是这样的，所以不能说每个人。（崔奥力加，女，哈萨克斯坦）

加拿大华裔留学生玉梅对宿舍环境以及在学校里生活的不方便感到"生活比较难"，在与其在加拿大院校中的条件和环境的比较中产生了落差和失落感。玉梅告诉我，她在加拿大时"没有什么兴趣了解中国"，因而对亚洲的国家几乎"一无所知"，仅有的一点了解也是来自朋友或者父母的介绍。当她亲身来到中国后，她对所在的这个地方感到惊讶。

> 真的，中国竟然是这样？所以，呃……适应这个生活比较难。一方面，房间。呃……因为我们在加拿大很干净，属于我们的感觉。来到这个宿舍，一来到这里，墙就很脏，而且，我的同屋还没来，所以我一个人在这里，啊，是这样，感觉很孤独，觉得房间不是很欢迎我们……房间都是很普通的，没有什么颜色还是什么特别，所以，啊……一年要在这里……（玉梅，女，加拿大）

除了对居住条件感到惊讶外，她感到在行动上也遇到了困难。

> 另外一个方面比较难我觉得是，因为一到 B 市，我说不了汉语，不懂他们说什么，而且不理解这里的管理，办公室在哪儿，办公室是什么，我都不懂。而且上网也不可以查，上网很麻烦。（玉梅，女，加拿大）

留学所在院校的学习氛围也是很多留学生多次谈到的高频率焦点话题。相比母国世界中院校的学习氛围，他们感知到留学所在院校的学习氛围浓厚，"每个人都很努力"。阿西夫在巴基斯坦时只有上午上课，下午的时间则由学生自行安排。因此，阿西夫告诉我，"许多人下午回家就去外边玩，见朋友。大部分人都是这样的。我们那边，明天要不要上课都是不确定的，都是临时再看吧。"来到中国后，他感受到学校优质的环境和浓厚的学习氛围。

> 在中国，这里的环境特别的好，X 大学的环境特别的好。这里我们有学习气氛，我们把全部精力用在学校里，我们全心投入让我们很有成就感。我们从早上九点到晚上八点，就要做一个事情，就是学习。还有我们每个人都努力，我们之间有汉

语比赛。对，我们都很努力。（阿西夫，男，巴基斯坦）

俊扬注意到中国的学生非常地努力，她曾参观过中国学生的宿舍，她很诧异中国学生并不介意如此狭小的空间和拥挤的环境，依然保持对学习的热情和用功程度，这样的学习态度令她尤为"敬佩"。

> 我看这里比如说本地人们住的宿舍啊什么的，她们的宿舍条件不是跟我们的一样，我们的比她们好很多，但是她们还是非常地努力。我去过她们的宿舍，呃……她们的房间非常小，特别小，她们在一个房间嗯……8个人一起住，我觉得8个人住在一起特别麻烦，那个不算生活，但是她们还是找到地方来学习，这个我觉得是应该佩服的事情。（俊扬，女，韩国）

拉扎比认为正是在中国院校忙碌的学习进程促使他"变得很努力"，他越来越喜欢这种"从早到晚"学习的感觉。

> 从早上一直到晚上，这种模式我觉得非常好，对于我来说，非常好。因为可以帮我努力。因为学校不给我们时间去外边。在这里，我们，说实话，我们的父母不管我们，老师如果也不那么管的话，如果他们每次不来你的房间检查你的话，那我们想做什么就可以做什么，其实不好的。他们让我们学习，那个时间我们不出去做坏的事情，所以我们忙忙忙，都忙在学习，就这样子我们觉得好。这样从早到晚学，我变得很努力。（拉扎比，男，塔吉克斯坦）

在留学国世界与想象世界的比较中获得感知

进入留学国之前的"想象世界"是他们在已获得信息基础上

对留学国和未来留学生活的构想，在传媒信息业高度发达的今天，在他们到留学国之前，他们已经形成一个对留学国世界的轮廓和对未来留学生活的憧憬。想象世界的概念和图景包括对留学生生活的想象，以及对中国的想象，主要来自大众传媒，诸如书籍、报纸、电视剧、电影。这些大众传媒中呈现的留学生生活多以欧美国家的留学生生活为背景，一些受访的来华留学生认为这就是他们来到中国后的留学生生活。亲朋好友的介绍也是引发其想象的"源泉"。进入留学国后，当留学生发现留学国的生活远没有想象中那般美好则会产生消极感知；若发现留学国生活跟想象中差不多或者更好时，会产生积极感知。

留学生在来中国之前，受到大众传媒、他人介绍以及各自知识体系的影响，已形成了一个对中国和对在中国生活的认知轮廓。进入留学国后，当留学生发现留学国的生活不是期待中的模样时会产生消极感知。来中国前，查娜对社会主义国家中国的想象来自对苏联社会主义国家的认识。

> 以前我觉得，中国作为一个社会主义国家嘛，我们以前苏联的时候是社会主义嘛，我觉得中国和苏联的社会主义是一样的，一个人说话其他人都要听他的。苏联那时如果你有什么问题你跟领导去反映，他们会帮你解决，去医院看病都是免费的，你找不到路时会给你免费送回去，给你帮个忙，就是这样的。但是来到这里，我觉得不是这样的。不是我想象的那个社会主义，中国跟我想象的不一样。（查娜，女，哈萨克斯坦）

蒙古留学生谷兰不习惯学校的饭菜，但她来中国前"没想到吃饭会成问题"。

> 我的理想中的，同现在真实的不一样。比如在吃饭的方

面，只能去学校的食堂吃饭，我觉得那里的饭我不适应，真的，只有米饭和菜，我们在自己的国家习惯喝汤吃肉，大部分都吃肉。我来中国前没想到吃饭会成问题。（谷兰，女，蒙古）

谷兰在母国本科阶段就读中文专业，已有了较好的中文水平，她来中国希望中文能有所提高，"来这里之前我想象的留学生活是我会发展，那时候以为我汉语会说得越来越好"。在来中国留学前，她对中文水平得到提高有很高的期待，然而在中国学习后才发现"汉语反而退步了""现在觉得没有发展，实际还没有以前好"。她告诉我"汉语反而退步"的原因。

> 以前在我们国家，我去中国公司实习，汉语一直在说、在用。现在来到这边学习，汉语倒是退步了。比如说我的朋友，他们在欧洲嘛，他们就一边学习一边工作，我觉得特别好。但是在这里，老师说你们是学生嘛，不应去工作。其实在外面，我们在课堂上学30%的东西，其他的就是70%，我们在外面学得比较快一点。因为人与人之间会交流嘛，交流过程中……（谷兰，女，蒙古）

秋爱来中国学习前通过与在越南的中国留学生的互动以及当地老师对中国的介绍已对中国的情况有所了解，所以当开始她在中国的留学生活时，她并没有特别的认知差异或认知冲突。

> 我觉得跟我想的是一样的。在越南，我们以前的老师都在中国进修过，或者是在中国毕业，他们给我们讲过很多的。而且在我们越南也有很多中国留学生，就互相帮助互相学习那种，来中国之前比较了解中国的情况。（秋爱，女，越南）

一些留学生发现中国以及在中国的生活比想象中还要好，这种"意外的收获"使他们获得了积极感知。汤姆在美国时对中国的印

象是"没有自由，没有民主，生活不好"，然而来到中国后才意识到之前对中国的认识是有偏差的，而且中国不仅不是之前想象的那样，他还发现了"很多有意思令人感到惊讶"的新鲜事物。

> 之前有听说中国不好，是个不好的国家，没有 freedom，说话的 freedom，没有 democracy，而且生活不是很好。但是我到的时候我觉得……嗯……并不是之前听说的那样不好，我们只是生活的文化不一样。我觉得我回去的时候要跟他们说真的不是这样，不是我之前想的那样。中国挺好的，来了中国真的要学好多。比如现在六月份，我两个朋友又要来玩，我回去的时候跟他们说中国有，你可以学好多，对，你来，你会学好多，有好多 amazing，对对，你会学得到。（汤姆，男，美国）

米拉讲述了她对中国认识的转变。她没到中国之前，一直很向往去欧美国家，也跟随父母游历过欧美国家。在她看来，欧美国家实力强大、国际化程度高。

> 来之前我觉得中国是一般般的国家，没什么厉害的；比较欣赏欧美这些国家，因为我去过了看过了，我从小到大爸爸妈妈说去欧美欧美欧美，别人一说欧美，它们都比中国厉害，比中国国际化。（米拉，女，泰国）

后来她有一次短期在中国交换的学习机会，当她来到中国亲眼看见中国的发展，逐渐理解中国文化后，她发现真实的中国跟她想象的完全不一样。她越来越喜欢中国，她用"自己越来越中国"来表达对中国的热爱和欣赏。

> 后来学了中文理解了中国，理解了中国的发展，理解了中国的变化，就觉得中国发展得比较好，中国发展得比较快，中国的发展在所有方面可以说都比欧美那边好，华为做得比

iPhone 好了很多，教育也有很多方面做得比欧美厉害，比如说中国 PISA 比赛是第一名，其他国家欧美什么都是在第四，所以来了中国我就觉得中国现在都比欧美那边厉害。（米拉，女，泰国）

如同留学生汤姆和米拉留学前接触到的中国负面的评价，在美籍华裔学者杨美惠的研究中，也有类似的表述。她提到 1988 年的电视系列片《河殇》，引用西方学者魏克曼（Wakeman）的描述，"在《河殇》里，中国文化最神圣的象征——黄河、龙、长城被指责为强加在无助的人民身上的暴力，专制独裁和保守的孤立主义。"她认为，在最后一集的一个航拍镜头中，浑浊而滞缓的黄河流过中国大地，汇入开阔、汹涌、奔放的蔚蓝色大海，大海代表着现代西方，这是对中国文化的贬低。[①]《河殇》是中国知识分子对中国文化的自我批评，类似地，来自西方对中国的批评则更是不胜枚举。本人在欧洲留学时曾注意到，欧洲的电视、网络、广播媒体对中国的报道往往集中于对中国的负面评价，甚至将图片"张冠李戴"到对中国的新闻报道中。这对于从未到过中国、对中国并没有了解的人来说，很难辨别报道的真实可靠性。

来中国之前，虽然对亚洲文化和中国文化没有进行深入的了解和"补课"，但加拿大华裔留学生玉梅内心还是坚信与中国在血缘上扯不断的维系将使她很快找到身份的"根源"，并被中国人所接纳。然而，她没有预料到，当她来到这片土地上，她并没有被当地人民视为"我们中的一部分"。来自当地社会的反馈，使得她处于一种身份的空白之中，当她发现自己从其他成员那里反馈到的"实际自我"与"应该自我"存在差距时，焦虑感油然而生，引起了"对身份的焦虑"。

① 〔美〕杨美惠：《礼物、关系学与国家：中国人际关系与主体性建构》，赵旭东等译，江苏人民出版社，2009，第 32 页。

　　我虽然是加拿大人，但我也一直觉得不属于加拿大，因为我在加拿大的时候，他们说啊都能看得出来我不是加拿大人，他们说你是亚洲人还是中国人，一直说出来，直接说，直接说出来。所以我一直认为我是中国人的，没有问题，没有疑问的。但是来到这里我发现他们都不认为我是中国人，发现我不属于中国，因为他们听得出来或是看得出来，我的行为还是我用的词还是我的发音，嗯，不标准，不像中国人，所以嗯……所以开始的时候，也不属于中国，我突然意识到……生存的问题，我不属于加拿大也不属于中国。我从来没有想到中国人也不接受我是中国人。（玉梅，女，加拿大）

　　每个留学生都有其各自的与教师互动的经验，受到个人思维模式惯习的影响，其对留学国教师的"预期"也会保持一定的"惯性"，即对留学生教师的预期大致与其之前接触到的教师保持一致性。然而，让许多留学生"完全没有想到"的是"中国的老师能够这么负责，这么好"。韩国留学生金感受到中国老师对待学生非常有耐心。

　　我觉得这边的中国老师特别认真，你不懂不明白或者什么，比如说你需要一个小时的时间，他们会用一个小时的时间给你讲一讲。（金，男，韩国）

　　秋爱的导师担任学院副院长，平时除了教学、科研、指导学生外，还承担了大量的行政工作，秋爱告诉我导师"事情很多"但是还能够"立即给她回复邮件"予以指导，她表达了对她的导师的敬佩。

　　我的导师除了那个科研方面的严谨以外，对学生非常负责，我特别喜欢导师这一点。他是学院的副院长，他事情很多。如果你一发给他邮件问他什么事情，他会今天晚上给你回复或者是第二天马上给你回复。然后他就认真帮你改作业。
我觉得非常好非常负责。（秋爱，女，越南）

几位来自中亚的留学生都认为中国老师关心学生的程度完全
超乎他们的想象。崔奥力加说，在哈萨克斯坦的大学，即便是令
大家非常尊敬爱戴的老师，她也不能跟老师轻松地自由地说话，
而且"不能求助老师"。来到中国后她发现学生有问题，哪怕是
在课外也可以向中国的老师请教。

我真的没想到，没想到在中国，你如果有什么问题，不
仅是课内，而且是课外的问题，你就随便跟老师说，他一定
会帮我，在这方面我放心。（崔奥力加，女，哈萨克斯坦）

塔吉克斯坦留学生拉扎比也有相似的感受。

我来到这以后，老师们就跟父母一样跟我们聊天，事情
出来以后他会跟我说哪个是好事情哪个是坏事情，你应该要
做什么，这时候，所以我想跟家里一样，很温暖。一些老师，
我真的很佩服他们。比如说，其实他们给我的教材一个半小
时之内就完成，剩下的半个小时老师自己在课外还准备一些
课文让我们读，让我们学习，我觉得这样特别好。（拉扎比，
男，塔吉克斯坦）

有关学习氛围，受到大众媒体的影响，乌兹别克斯坦留学生
里尔别克认为在中国的留学生活应该跟电视剧里面所演的在欧美
的留学生活是一样的。

我想象中的留学生活，我想象的是，我来了之后会遇到
很多非常爱学习的那种感觉。电视剧里看到的那些留学生所
有人都非常爱学习，我想找到那种环境。（里尔别克，男，乌
兹别克斯坦）

当他发现来中国后的留学生活跟他想象和期待的留学学习环境并不一样时，里尔别克感到很沮丧。

> 我就是说嘛我来错了，在 X 市没有那种环境，我们学校有那么多留学生，几乎没有留学生非常努力地学习。我看那些西方国家的留学生，比如在美国留学生非常努力地学习，到图书馆学习，环境非常重要。如果你旁边的人也学得非常好，有竞争的话才会有发展。没有竞争你怎么能发展。但是在我们学校，实话实说我们这就没有人好好学习，基本上是来自中亚国家，他们非常懒，不太喜欢学习。
>
> 反正我也搞不清楚什么原因，反正他们就是不太喜欢学习。我们班很明显的就是，分为喜欢学习的人和其他的人。我感到沮丧，我们班十个人，除了我跟其他一两个人，其他留学生都不学习。（里尔别克，男，乌兹别克斯坦）

有留学生原以为来到中国可以增加说汉语的机会提高汉语水平，但是没有想到在学校里俄语成为更广泛使用的语言。

> 在这个学校，呃……在这儿嗯……可以说所有的人都可以说俄语，然后他们一直说俄语，所以没有办法说汉语，他们一直说俄语，以后呃……汉语就不好学了，可以说这样。就是在上课，老师给我们说一个话题，他让我们讨论，然后我们要讨论的时候，其他同学都开始说俄语，然后我就在那里不知道做什么，呃……我就要提醒他们你们说汉语，我听不懂，就这样。（阿斯兰，女，土耳其）

现实中的留学生活与想象中的留学生活的不一致导致的认知差异令留学生获得消极感知。拉扎比告诉我几年前在他刚到中国时：

> 基本上没有留学生，里面基本上没有，只有七八十个吧，可能最多一百多个，当时就是我们，学校都是自费的，当时成员比较少。（拉扎比，男，塔吉克斯坦）

后来他逐渐感受到他所在的留学院校留学生数量增长得飞快，而且很多都是来自中亚国家的学生。这些留学生基本都会俄语，彼此之间沟通多用俄语进行，汉语的使用率极其低。在这样的环境中学习，他认为汉语"进步很慢"。

> 中亚国家的人在这个学校太多了，而且他们互相都说的是当地的语言。比如说我，我们基本上说的是我们国家的语言或者俄语。所以这个环境有很大的一个局限。对于大部分学生来说的话，就是刚来的时候我们听不懂汉语的话，我们就天天说当地的语言，那个进步很慢。但是，都是，所以学习进步很小。（拉扎比，男，塔吉克斯坦）

格里木想象的在中国留学不仅会有很多机会与中国学生交往，而且能够与欧美学生居住在一起学习和生活，她来中国前对国际化的氛围甚为期待。

> 我之前想象的来中国留学是跟中国人住在一起或者跟欧美学生住在一起。我想跟她们一起住。因为可以跟她们说汉语嘛。然而实际来到后才发现，基本都是留学生甚至是中亚国家的学生在一起，中国学生一直没有时间。（格里木，女，吉尔吉斯斯坦）

不同留学生对院校的制度安排有着不同的感知。塔吉克斯坦留学生拉扎比非常认可他留学所在院校制定的晚自习制度，认为这种做法"是他没想到的"，他感受到院校对留学生的重视。

> 在这里对留学生条件是最好的，对比了很多大学，全中

国没有一个学校制定晚自习，就我们 X 大学有晚自习，我没想到学校对我们，嗯，这么重视。这是这方面，每个班在晚自习的时候都在帮学生忙帮助学习啊什么的，帮忙解决一些他们的问题，全中国一个学校都没有，我们老师说我们学校的做法是全国唯一的。（拉扎比，男，塔吉克斯坦）

也有一些留学生对晚自习制度很"陌生"，由于在其母国学习时下午两三点便是放学时间，"没有想到还有晚自习这样的安排"，他们对晚自习表示"不太喜欢"。

晚自习不太喜欢，没想到还有晚自习这样的安排，我从小到大都没有上过晚自习。我们那也没有这个，就是下午就放学回家了。这个呃……现在在这边，每天我们 9：20 来早读，一起床就马上来上课可能有点烦；晚自习呢，我没有这种习惯。很多人在一起我就不能写作业，这个，嗯，怎么说呢，不能集中（精力）。所以比如说我每次来晚自习，但是我不做什么，两个小时就坐在那。（查娜，女，哈萨克斯坦）

在留学国世界内部结构间的比较中获得感知

有几位接受访谈的留学生对留学国是认可的，但对留学城市并不认可。他们利用旅游或者参加比赛的契机，曾经去过留学国的其他城市。当他们发现留学所在的城市跟之前去旅游的城市一样好或者更好时，感知积极。但若认为留学所在城市并不如留学国其他城市时，感知消极。查娜曾去过中国的其他城市，后来她获得奖学金在 X 市攻读硕士学位。她会将 X 市与其他城市比较。

我去过其他城市嘛，旅游，我看了。好多人都说 X 市没有发展，X 市落后的，我觉得如果看那些建筑什么方面，所

有的城市都是一样的，形状都是一样的，可能跟人的素质有关。我觉得在这里，只有这个差别。（查娜，女，哈萨克斯坦）

里尔别克也将自己留学所在的城市与其他城市进行比较，他认为"相对于中国东部城市，X 市落后"。

如果我对中国了解的话我一定不会选择 X 市。因为 X 市是比较落后的，相对于中国东部，如果有机会肯定会选择北京啊，大一点的城市。一开始没有人给我说这里比较落后，我没有考虑到中国那么大，因为我们国家本来就这么小，所有地方都差不多水平。我没有想到会发生这种情况，一个国家不同地区都不一样。第一年我去东部旅游，我就发现非常大的区别，人民的生活习惯、他的思想。（里尔别克，男，乌兹别克斯坦）

他还给我列举了一次经历以向我证明他的看法是有依据的。

西部算是发展中，东部算是发达，有很大的区别。我给你举个例子，我参加的一个活动是在华留学生流动中国阳光运动。我们代表我们学校到西安参加比赛，然后到青岛参加全国赛，有从全国 28 个高校来的留学生。我们的表演有很大的区别，留学生水平啊有非常大的区别，我们的老师他自己说我们确实太落后了，有很大区别，那些东部城市学校所表演的节目我们也没想到。这是一个很小的例子，还有很多。（里尔别克，男，乌兹别克斯坦）

在里尔别克看来，选择留学城市应该选择那些与自己原文化有差异的地方，"不应该找文化相似的地方。"

我觉得留学不应该找文化相似的地方，因为我们来的目

标不是学习少数民族的文化或语言，我觉得应该找非常中国人的，汉族文化思想比较多的地方。如果让我现在选择的话，我肯定会选择西安或者北京，西安是我觉得最有那个中国思想的城市。我最喜欢的就是西安，北京就是首都嘛，哪的首都都好。北京的学校教育也挺好的。我们学校跟他们完全比不了。（里尔别克，男，乌兹别克斯坦）

同样是在 X 市留学，阿斯兰对 X 市的感受与查娜和里尔别克相比则有很大差异。阿斯兰在 X 市读学位前曾经在 B 城市读语言课程。在 B 城市期间她吃饭遇到了不小的困难，相比而言，在 X 市吃饭没有任何问题。通过将 X 城市与 B 城市的比较，她对 X 城市的感受不错。

在 X 市人们吃的不是那么的奇怪。吃的东西吃得惯，但是在其他的城市他们吃的真的吃不惯。比如说我在 B 城市时我在那里真的很麻烦，因为我是穆斯林人，所以应该要到清真餐馆，但是那里比较少，然后吃的方面我刚来的时候有点儿困难，痛苦？就是这样，但是现在习惯了，在 X 市这个吃的方面没什么问题。（阿斯兰，女，土耳其）

土耳其的留学生阿斯兰认为目前所在的 X 市的院校的老师更为负责，帮助她纠正了迟到的问题，而她之前在其他留学城市就读院校的老师没有这么负责。通过这样的比较，她更为认可目前就读院校的老师。

迟到这是我的毛病，我一直也改不了，我在北京学习我不去上课老师不是很管我。但我来这边后老师就一直一直管我，现在不迟到，是这里老师的功劳，我要感谢他。（阿斯兰，女，土耳其）

由于对所属的留学生学院（作者注：统一管理留学生事务的学院）感知消极，因此将其与就读专业所在的院系相比后，对就读专业所在的院系评价较高。我从里尔别克的表达中可以感受到相比他所在的负责留学生事务的留学生学院，里尔别克对就读专业所在院系有更强的认同感。

> 我觉得我们商学院老师的水平挺高的，他们很懂自己的专业，非常能够鼓励我们、支持我们。他们是专门研究中亚国家的，我因为刚第一年嘛，他们跟我说如果你需要什么资料，中亚和中国的经贸关系的资料，我们肯定会支持你，我们会给你提供资料和建议。（里尔别克，男，乌兹别克斯坦）

哈萨克斯坦留学生查娜曾在 B 市的 S 大学有过短期学习经历。当她在讲述她的留学过程时，总会不经意间将目前所在的留学城市同北京做比较，将目前所在院校的老师与 S 大学的老师做比较，表达出对目前所在城市、所在院校以及部分老师的消极态度。

> 因为我以前学过英语嘛，我们学英语当中，我们学了好多好多世界上的知识，政治方面、经济方面，还有怎么说……反正就是很多。但是来到这里，大部分老师，我不是说所有老师，你问那个老师世界上发生什么大事，他们不知道，他们除了自己的课之外，而且是我们学的那种（其他的都不知道）。比如说差不多先生，我们可能三年一直学那个课文。我觉得没有那么大的提高，我自己发现。而且我们去过 B 市嘛，B 市 S 大学也去过。在那边老师们给我的感觉就特别好，一个小时之内你能学会很多很多知识。（查娜，女，哈萨克斯坦）

在几次的访谈中，我明显感受到查娜对在 X 城市留学的消极感知和对此的消极评价。她将 X 城市与 B 城市对比，将 X 城市的

老师与 B 城市的老师对比；此外，也将 X 城市就读院校的制度性安排与 B 城市她曾学习过院校的制度进行比较。

老师们说你不来我就扣你的奖学金，这一点我就觉得，就不要给那么多奖学金，没必要。哪怕说不要给 200 个人，就给 20 个人，为了真正的学习，也不要这样的给他们为了控制他们。有一次我就跟那个老师说了，老师，这是中国政府的奖学金，这是中国政府人们的纳税钱，不是从你的口袋里拿出来的，你毕竟是老师，应该是国际性的水平，该说的要说不该说的不要说，有些人会真的心里不舒服。反正我觉得发生的这些事情，如果发生在 B 市，老师们不会说哦你不来我就扣你的奖学金，你不做那个我就扣你的奖学金，我觉得这个是没有办法的办法。真的给我一个奖学金却没有让我们认可，没有让我们发自内心认同。这样对留学生对中国政府都不好。（查娜，女，哈萨克斯坦）

感知不是一成不变的

留学生对留学国的感知在 t_1 时间点上是消极的，然而在 t_2 时间点上则可能变成积极的。或者留学生对留学国的感知在 t_1 时间点上是积极的，然而在 t_2 时间点上则可能变成消极的了。这是因为，在两个时间点的间隔中，语言水平得到了提高或者出现了某些关键事件。

时间和语言水平影响感知的转化

留学生在进入留学国初期，留学国新的生活方式对留学生在母国世界"惯习"的冲击导致其不适应，或者因为语言水平较低带来沟通和生活上的问题，由此产生自信心不足。然而，随着在留学国学习时间上的延续，以及语言水平的提高，那种不适和自信心不足的消极感知将随着他们对在留学国生活的适应而有所转变，之前的消极感知有可能转变为对留学国世界的积极感知。

> 刚开始感到非常不习惯，哪哪都感觉不好。我觉得所有人都一样，你也应该一样，刚来时非常不习惯，非常陌生非常想回家，半年时间，一直想回家。为什么来到中国，在家不是好好的嘛，慢慢地习惯以后，语言学好后，觉得有意思了，因为能了解别人的想法，跟别人交流后，感受中国人的思想，开始有意思了。现在觉得挺习惯了。（安娜，女，西班牙）

在 2014 年 3 月第一次与加拿大留学生玉梅进行访谈时，她用些许蹩脚的汉语向我描述她的留学生活，听起来着实费劲。她告诉我刚来中国时情况更"严重"，由于汉语水平的限制她很难与他人沟通，甚至连校园里的留学生办公室都找不到，平时出门找地铁站都是大问题。

> 我一到北京的时候志愿者来接我们，所以我们不需要呃……了解北京的交通。第一天，因为这里的学生他们来接我们，志愿者来接我们，所以我觉得一点幸福，因为他们来。不需要坐哪一个公共汽车还是搭的，不需要这个，放松一点。呃……但是他们的英语没有那么好，一直说汉语汉语，啊……不懂，就感觉有一点害怕，我们沟通不是那么容易。所以，那么半路关于呃……来到 S 大学的时候，跟老师还是跟管理的人，啊，怎么说，很多词都不认识，有一点啊……不舒服的感觉。因为……未来我怎么办？……（玉梅，女，加拿大）

半年后，当我第二次见到玉梅时，我对她的变化感到惊讶，她充满着自信，散发着第一次访谈时没有过的光芒。在与她交流中，得知她刚刚结束了一个人独自在中国的"背包游"，用她的话说是"感到妙极了""越来越爱中国""一路上遇到了那么多好人"。我明显感觉到她中文水平的进步。在我们第一次见面到第二次见面的这半年期间，随着时间的延续，她语言水平获得很大程度的提高。她对在中国留学的感知越来越好，逐渐从刚来中国时生活和心情的"阴霾"走出来，并且开始享受在中国的留学生活。

在《现实的社会构建》一书中，作者提出语言具有超越此时此刻的能力，能在日常生活现实中跨越不同的场域，并将其整合成一个有意义的整体。作者提出了语言可以突破时间、空间和社会三个层面的界限。"通过语言，我能突破我自己可以操控的和他人可以操控的界限；我能让自己的人生时间序列与他人的保持同步；我能与不与我处在面对面情境中的人谈论一些个体与集体的事情。语言的超越能力带来的一个结果就是，它可以把在时间、空间、社会的远离当下的各种对象呈现出来。"① 本研究认为，语言还有第四维的超越能力，即可以突破感知层面的界限。语言水平影响自我表达和被他人理解，当语言水平有限导致无法用恰当的语句表达出内心所想时，留学生往往显得很无助，词不达意也容易引起他人的误解从而造成表达者的苦闷，所有这些都是留学生消极感知的产生源之一。当语言水平有所突破时，留学生不仅能够使用更为丰富的语句表达自己，同时使用词语的恰当性也使对方能够开始了解和理解自己，这样的转变是积极感知的起始。

关键事件影响感知的转化

激活留学生感知转换的关键事件并不一定是诸如升学、就业、

---

① 〔美〕彼得·伯格、〔美〕托马斯·卢克曼：《现实的社会构建》，汪涌译，北京大学出版社，2009，第 34 页。

恋爱等重要的生命事件。关键事件是指那些与个体先前思维模式、认知方式发生冲突或不一致的某些事件。由于是个体对事件的建构，因此同样一个事件的发生对某些个体构成挑战，对其他个体可能并不构成挑战。关键事件影响着留学生的感知，可能会使原有对留学国世界的积极感知转变为消极感知，也有可能会使消极感知转化为积极感知。

与加拿大留学生玉梅第二次访谈时，玉梅向我讲述了她利用暑假独自在中国背包旅行的经历。通过走出校门外出旅游的方式，她开辟了新的行动空间，创造了观察、了解留学国和当地人的机会，也收获了属于自己和留学国的故事。

在独自旅游过程中，原有的在校园中隐含着的空间界限模糊了，从而使她与中国人之间的隔膜开始朦胧化。通过空间的移动，她拓展了新的空间，同周围世界发生着密切的互动作用，在独自旅游的过程中她将旅游中遇到的人和事，更重要的是对自我的重新认识和发现与留学的意义焊接在一起，自我探索和世界观在此过程中涌现出来。

消极感知的"蔓延效应"和"连锁效应"

留学生对教师的态度和语言非常敏感。参与本研究的大多数留学生对中国教师的教学以及管理留学生事务的负责态度感到"很认可""很欣赏"。然而，正是由于留学生在跨国环境下学习，他们对留学国世界的敏感度超过了任何人，他们对留学国世界中获得他人的反馈十分看重。在这样的条件下，也许他者不经意的行为或态度会牵动留学生的"神经"和"心弦"，并将他者的行动或回应"放大化"甚至是"蔓延化"。

留学生就读感知或直接或间接对留学生行动产生影响。积极感知会增加留学生对组织和组织成员的情感依恋，促进其积极投入；而消极感知则会导致留学生的情感分离或疏远，有可能会影响其学习投入行为。韩国留学生金听到中国学生对韩国学生的评价"素质低，又是抽烟，又是光脚来上课"后，认为这种看法非常影响他在中国的学习，他表示自此以后，他对中国的感知已偏离到极端消极，在对其他留学经验进行描述时，很多方面他会自我归因到此次"事件"上。在后续的访谈中，金通过言语上对中国人的"污名化"作为对这次"情感冲突事件"的"回击"，如"我自己觉得我们国家的人比中国人素质高，民族荣誉感强"。在表达不满情绪后，里尔别克向我谈到了他对奖学金管理制度的看法。

塔吉克斯坦留学生拉扎比和乌兹别克斯坦留学生里尔别克提到来自个别教师直接的言语攻击，某教师在课堂上对留学生来自的国家或文化消极评价这样的事件让他们觉得"有被伤害到"。师生间一方的言语使另一方认为其受到伤害而产生的对立活动，促使他们与教师之间发生"情感冲突"。

> 有一个老师有时候是这样子，这六年之内就一个这样的老师。不是我一个人不喜欢，所有的学生都不喜欢。中国人有一个说法自以为是嘛，怎么说。他把他们的想法强加给你们，可是他的想法是错误的。我们已经跟他讲反对，我坐第一排经常跟他吵。他说到一些不该说的事情。一些国家什么它的政治体制不好呀，那个学习不好呀什么的，不只是这样子。他说的这些国家就是中亚国家，有两次是这样子摩擦，这样子。不管怎么样，他不应该说这样子。一个国家不管怎么样，你不应该在外国人面前说。比如说你在法国读过书，如果你的老师直接说中国什么不好，中国这样子中国那样子，你也会很生气。或者他说东方，中国也是东方，所以在东方里边，他会很生气。每个人都是爱国的，所以有点生气。（拉

扎比，男，塔吉克斯坦）

里尔别克提到了一件令他"接受不了，被伤害到了"的事件。他曾经听到学院里一位老师说：

> 中亚学生应该扣他们的钱，因为钱对他们非常重要，一旦扣钱他们就不敢不来学习了。但是呢，对来自西方欧洲国家的学生，他们不在乎钱，你一定要对他们的态度不一样。你要对他们说你是来自欧洲哪个国家，你如果不好好学习的话，你对那个国家影响不好，那他们一定就会好好学习。（里尔别克，男，乌兹别克斯坦）

里尔别克认为老师"不太尊重他们"，他感觉到被学院的老师认为"中亚国家非常落后非常重视钱"，而形成鲜明对比的是，老师认为"欧美国家的学生很爱国很骄傲，打考勤扣钱对他们没有用"，里尔别克"感觉非常地接受不了，被伤害到了"。而正是这次亲耳听到的事件，影响了他对在中国留学的感知。

> 中国人也有素质非常高的也有素质非常低的，不能说全国素质非常高或者非常低，所以我说他们的想法就不太好，这个非常影响我在这边的感受。我现在对这边的看法一下子变了。说实话他们让我今天来接受采访的时候，我不愿意来。我承认我们中亚的学生非常懒，学校里就必须让我们奖学金学生打考勤呀什么的，学院说如果迟到要扣你们的奖学金。可是不想学习的人，你怎么让他学，他都不会学习。让我非常生气的事情，但毕竟不是我的国家，我没有办法。我觉得他们看不上我，给我的感觉是他们觉得中亚的学生水平比较低，欧美学生水平比我们高。（里尔别克，男，乌兹别克斯坦）

尤为值得一提的是，在与里尔别克的访谈中，我着实感受到了他所说的"这个非常影响我在这边的感受。我现在对这边的看法一下子变了"并不是一句轻飘飘仅仅表达消极情绪的抱怨。相反，由于上述事件的发生，他对留学国的感知已偏离到极端的消极，在对其他留学经验的描述时，很多方面他会自我归因到此次"事件"上。

> 我们留学生都是年轻人，他们一定要考虑到年轻人的特点，我们学校很多招来的留学生就是想玩的人，如果学校想改变的话，他们一定要好好选，不能随便谁来给他们掏钱就能来。如果真想给奖学金的话就不要乱给人，随便什么人都可以获得奖学金。我也不知道，怎么是什么人都可以申请到，不想学习不爱学习爱玩爱喝酒什么人都可以申请到。他们如果真的想，给奖学金的时候一定要考虑到所有方面，不要乱给奖学金，不要遇到问题就说我们留学生不好好学习什么的，我们班里有不想学习的人，然后他们老师就说你们不喜欢学习，你们给你们自己的国家丢脸，不能说所有的人啊。一个人不好好学你不能说所有的人啊，我有被伤害的感觉。（里尔别克，男，乌兹别克斯坦）

本章小结

本章提出了留学生对留学国世界感知的比较理论。"对留学国世界的感知"是指留学生留学期间形成并伴随于整个留学过程的感受、认知和评价，是留学生对留学期间与其发生作用的载体的情绪基调。留学生对留学国世界的感知源于对三个世界的比较，分别是"母国世界"、"想象世界"和"留学国世界"。"母国世界"是指被留学生所建构的留学前与其发生作用的载体。"留学国世界"是指被留学生所建构的在留学期间与其发生作用的载体。与其发生作用的载体，既包括国家、所居住的城市、社会和居民、就读院校，也包括制度、文化、结构、情景等要素。"想象世界"是留学生虚拟的主观世界。想象世界源于他们进入留学国世界之前的梦想、期待以及他们听到、看到留学归来的亲朋好友，或受媒体影响后形成的对留学生活的憧憬，是一个虚拟的主观世界。

对"母国世界"与"留学国世界"的比较、"想象世界"与"留学国世界"以及"留学国世界"内部结构间的比较构成了留学生对"留学国世界"的感知。当留学生对"留学国世界"的评价不如"母国世界"，或者"留学国世界"不如"想象世界"时，或者当对"留学国世界"内部结构间比较后，认为与个体直接发生作用的结构不如其他结构时，其感知消极。当留学生对"留学国世界"的评价高于"母国世界"，或者"留学国世界"比"想象世界"更美好时，或者认为与个体直接发生作用的结构比其他结构更优时，其感知积极。

但是，留学生就读经验感知不是一成不变的，是动态变化且可以发生转变的。语言水平的提高，可能使消极感知转化为积极感知。某些"事件"的发生，积极感知可能会转化为消极感知，消极感知也可能转化为积极感知，如图4-2所示。

尽管感知是个体对客观事物的主观建构和主观反应，每个留学者对留学国世界的感知可能不尽相同；但是，基于感知所具有的特征和性质，了解留学生对留学国世界的感知具有重要意义。

其一，留学生对留学国世界的感知具有"蔓延效应"和"消极连锁效应"。对留学世界的感知或直接或间接对留学生行动产生影响。积极感知会增加留学生对组织和组织成员的情感依恋，促进其积极投入；而消极感知则会导致留学生的情感分离或疏远，有可能会影响其学习投入行为。

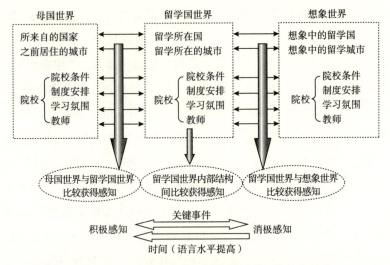

图 4-2 在对三个世界的比较中获得感知的框架示意

其二，留学生对留学国世界的感知具有"情绪感染性"特征。留学者对留学国世界的感知来自比较，通过留学国世界与母国世界的比较、留学国世界与想象世界的比较、留学国世界内部结构的比较产生或积极或消极的感知。尽管"比较"是个体的认知行为，不能推广到群体的共性和同质性；但是，作为"留学国形象掷地有声的发射体""留学国印象的传导体"，留学生可通过话语载体将对留学国世界的感知和印象传递给其他人。

留学生的感知是表层的、变化的、部分的，然而一旦上升为价值观层面或者信念层面，则成为内隐的、系统的、深层的和稳定的了。来华留学生既是中国形象的直接接触者，也是中国形象的直接构建者和传播者。留学生作为"留学国国家形象有力的传播者"，可将留学国国家形象的相关信息主动作用于其他人。对于那些没有获得亲自到中国旅游或生活机会的人们来说，他们大多通过不同形式的媒体或者到过中国的"他人的介绍"了解中国，传媒和"他人的介绍"一定程度上左右着人们对中国的感知和评价。基于这样的信息获得和传播渠道的事实，某些信息生产者和

传播者，会有选择地制造出对中国产生负面效应的信息。留学生
"传导体"的话语俨然成为极具穿透力的反映着对留学国形象的
标记物，通过留学生的分享和传播，出口至留学生所在的国家乃
至更多的其他国家。"北京共识"的提出者雷默（Ramo），曾指
出："国家形象直接关系国家在国际社会的'声誉资本'，而'声
誉资本'的缺乏则会增大改革的风险。中国的国家形象是中国最
大的战略威胁之一，其他国家如何看待中国，将在某种意义上决
定中国改革发展的前途和命运。"[1] 因此，及时了解留学生的感知
并对消极感知影响因素进行一定的干预，以防止消极感知上升成
为固化的稳定的观念，对提升中国国家形象至关重要。

其三，留学生对留学国世界的感知具有"可转化性"。感知
并不是一成不变的，感知受到语言水平和关键事件的影响，可以
实现消极感知与积极感知之间的转化。对个体感知进行深入了解，
特别是研究感知的生成条件，从而了解到哪些因素影响到留学者
的感知，一定程度上可以映射出事物的形态和发展特征，从而进
行积极地干预，在可以控制的层面提高留学生的感知，朝着促进
积极感知的方向发展，帮助留学生获得高质量的就读经验。[2]

本章所提出的留学生对留学国世界感知的比较理论，是建立
在本研究访谈资料的分析、编码基础之上的，比照以往有关留学
生感知的研究，本研究从本土资料中得出的结论有一些值得进一
步探讨。

第一，国际文献中有不少关于留学生在欧美发达国家就读感
知的研究，我们可以从文献中了解到留学生教育中存在的问题。
以暴力事件为例，针对留学生的袭击和暴力事件时有发生，有关

---

① 〔美〕乔舒亚·库珀·雷默等:《中国形象:外国学者眼里的中国》,沈晓雷
译,社会科学文献出版社,2008,第8页。

② 马佳妮:《来华留学生就读感知形成路径及积极感知提升策略》,《中国高教研
究》2017年第2期,第37~41页。

留学生人身安全遭受威胁的报道显见于世界各大媒体。根据媒体报道，乌克兰曾发生针对留学生的严重暴力事件①。在澳大利亚的印度留学生频遭抢劫和暴力袭击，仅 2009 年就有超过 150 起在澳的印度留学生遭受攻击的案件。由于一系列袭击事件，2009 年约4000 名印度学生取消留学澳洲的计划。② 倘若留学生在留学期间遭遇不幸，则令留学生家人最为悲痛。2008 年一位在澳大利亚的中国女留学生被强奸致死，其母亲到悉尼参加女儿的葬礼，随后这位母亲宣布在澳大利亚建立一个留学生支持基金，以指导新来的留学生关注和保障人身安全。这位母亲告知媒体，"之所以这样做，是因为希望所有留学生和公众能够知道留学生安全问题是非常、非常重要的，对每个家庭都是非常重要的"③。

在本研究中，尽管有留学生提到与个别老师的"情感冲突"事件，但没有留学生明确地表达在国外文献较为普遍提及的受到歧视或者受到责难的经历。

第二，本研究发现留学生自身面临的"两难问题"。一方面留学生形容中国教师"像父亲母亲一样"，关心他们的学习和生活，能够敏锐地捕捉到留学生面临的问题，给予关心和帮助并及时解决他们的问题，他们感到在中国师生关系很紧密。这与其母

---

① MacWilliams, B., "Foreign Students Attacked in Ukraine" [N]. *The Chronicle of Higher Education*, 2004 (36), A45.

② "Racial Attacks Trouble Indian Students in Australia" [EB/OL]. http://content. time. com/time/world/article/0, 8599, 1903038, 00. html, 2016 – 01 – 30; "Indian Students Stage Violent Protest over Attacks in Australia" [EB/OL]. http://www. telegraph. co. uk/news/worldnews/australiaandthepacific/australia/5486102/Indian-students-stage-violent-protest-over-attacks-in-Australia. html, 2016 – 01 – 30.

③ Marcus, C. 'Our family has been thrown into a deep abyss'. Nov, 9. 2008 [EB/OL]. https://www. smh. com. au/national/our – family – has – been – thrown – into – a – deep – abyss – 20081109 – gdt253. html.

国世界的师生关系模式有所不同。另一方面长期浸没和习惯于母国师生关系中的留学生，其母国世界中所提倡和形成的是"自我引导和个人自治"，留学生觉得置身于中国家长式的师生关系中，中国的教师对其悉心管理限制了自由活动的疆域。置身于中国式的师生关系氛围时，既显得很"温暖"也觉得"受限制"。

第三，本研究认为提供奖学金是吸引一些留学生来华留学的极其重要的因素。但是，物质利益的给予并不能提高其对中国的感知，也并不能促进其在中国的学习投入，相反还有可能导致其消极投入。此结论与叶淑兰的研究结论基本一致。叶淑兰通过对561份问卷和48个深度访谈案例的分析发现，获得中国的奖学金，有助于提升留学生在华就读的自信。然而，物质利益因素对于主观层面的留学生中国观的提升并没有什么效果。中国提供的经济支持，反而可能使他们产生"经济收买"或是要求"知恩图报"等警惕性心理。面对中国人与自己同胞时有可能存在一定的心理压力，产生心理抗拒。[1]

---

① 叶淑兰：《外国留学生的中国观：基于对上海高校的调查》，《外交评论》（外交学院学报）2013 第 6 期，第 87 ~ 107 页。

第五章
互动网络及其再生产

没有什么自我孤悬一屿,个个都存在于关系构造中,现在的复杂程度更是前所未有。无论长幼、男女、贫富,人总归处在特定沟通渠道的"节点"上,不管这些节点可能多么不起眼。或者更准确地说,人始终处在往来聚散各种邮件的邮局里。

———〔法〕弗朗索瓦·利奥塔
（Jean Francois Lyotard）《后现代状况》

　　如果我有一个非常令人激动的事，我想要跟别人分享时，我一定会找留学生分享，我不会去找中国人说的。因为留学生他们能接受，能够理解我，我们是一个范围的。我们是收音机一个调频，他们会非常重视我说的话，觉得挺有意思的。但对中国人来说，我讲的不太有意思，我们和中国人不在一个频道上。（里尔别克，男，乌兹别克斯坦）

　　自留学国世界大门向留学生打开之日起，他们的互动网络也随之得到了扩展。除了国内的社会网络，留学生的圈子还加入了来自不同文化的其他国家的留学生朋友、中国学生、教师以及其他有交往的人。

　　家庭关系包含着互相理解以及情感的支持，这一亲密性及共同享有特殊记忆的历史和难以割断的亲情纽带中包含着信任，即便不在共同的物理空间，彼此之间的信念和情感也不会消失，特别是当离开家庭所在的物理空间，人们依然会产生强烈的依赖感。与亲人独有的亲密关系是在异国求学的留学生重要情感支持的来源。当生活或学习出现困惑、不安、怀疑、孤独及焦虑时，留学生往往会向母国的亲人寻求心理安慰和感情补偿。

　　加拿大和多哥留学生天子之前没有过与家人长期分别的经历，远离家人在中国学习对他是一个不小的挑战。

　　开始的时候我觉得，因为我一个人所以我觉得难受。我没，我跟家人没在很长时间这样分开过。特别是嗯……我们

Christmas，Christmas 跟 New year，对，我，我们，我那个时候在中国，所以对，我一个人有点儿难受，嗯对。那个时候，学校还没放假，如果早放假我应该回家，但是还没放假，我要等到 1 月份，1 月再回家，所以那个时候有点难受。（天子，男，加拿大和多哥）

家人既是他在异国求学的情感牵挂，也是其获得鼓励、安慰和情感支持的来源。

当时就是我家人父母给我打电话，跟他们聊聊，跟家人多……我们视频，我们聊以后呢，我就感觉好很多了。我妈妈说现在通信这么方便，视频跟见面一样。（天子，男，加拿大和多哥）

然而，母国家人的情感支持功能会随着留学生在留学国生活和学习时间的变化而发生变化。随着留学生留学时间延长，他们"考虑到家人听了会担心""那么远也帮不上什么忙"，因此会有选择性地与家人分享信息，这些信息都是留学生筛过滤过之后的信息。

秋爱在中国读博士，除了一个人在异国他乡必然经历的孤独外，她还承受着来自博士学业和论文的压力。

心烦的时候，遇到学习方面的困难生活方面的困难，考虑到家里人如果听到会担心，而且他在国内也不能帮你什么忙，大部分找这里的朋友谈谈，如果能自己解决就自己解决吧。（秋爱，女，越南）

汤姆也是抱着"自己能解决的就不给家人压力"想法，因此有选择地与家人分享自己的留学信息。

有些事情我不会跟父母说，我自己比如要什么不能什么我自己会想办法解决，对，不要跟父母说。我不想他们担心，我一个人他们担心，我不想再给他们压力，我一个人，对，我自己会想办法解决。（汤姆，男，美国）

韩国留学生俊扬的想法与秋爱和汤姆一致。

遇到了什么困难。因为他们在别的国家，他们就很担心。我不想让他们担心，所以就少少的问题和他们说。就是都让他们放心。（俊扬，女，韩国）

刚开始向家里人寻求情感支持，逐渐地与家人交流的信息是"经过筛选过的信息"，留学生转而向留学国所在的同伴寻求情感支持。

刚来那会儿，就给家里打电话，一直在哭，妈妈一直在安慰我。后来我在这儿交了几个朋友，他们也是从哈萨克斯坦来的，而且我们一起在培训班学习。我们一起来到，我的两个最好的朋友，他们一直帮我解决所有的困难。这一年我的弟弟来了，我的表弟也来了，所以现在有了新的帮助。（崔奥力加，女，哈萨克斯坦）

"共同身份"：成为彼此的"情绪安全阀"

与有着共同点的个体的交往往往更趋于发展成为更为密切的关系，使用同样的语言或有着共同的教育背景，对某项活动有着相同的爱好，往往关系更为密切。作为同是在异乡求学的留学生来说，共有的"留学生身份"成为创造和连接留学生之间互动联系的"桥梁"，正是由于留学生身份特征，留学生之间更易于形成密切的关系。与其他留学生所建立起来的人际

互动网络是留学生在异国获得归属感的亚社会结构。留学生因共同的身份和较近的居住距离彼此产生互动，在互动后当发现彼此间有很多共同点、共同的感知，甚至是共同的记忆时，那么彼此间的关系基础更为坚固，成为彼此在异国的"重要的他人"。参与本研究的几位留学生将他们的留学生朋友形容为"好姐妹"，或"无话不谈"的亲密关系。格里木向我谈及她与舍友的关系。

> 我们就像亲姐妹那样，甚至比亲姐妹还要亲昵。我们都是留学生嘛，我们彼此都相互支持，无话不谈。关键是我们都在留学，我们同样经历着这样的过程，我们有着共同的经历。（格里木，女，吉尔吉斯斯坦）

由于共同的留学经历和留学生身份，留学生也成为其他留学生尽快获得信息和资源的重要桥梁。

> 我们都是留学生，学校里有哪些学习上的信息，怎么更快地了解到这里的资源，都是通过问其他留学生获得的。（克里斯汀娜，女，意大利）

来自中亚的留学生里尔别克则提到受到前苏联的影响，因此他对来自前苏联国家的留学生有特别的亲切感。

> 前苏联国家或者俄罗斯对我们的影响很深，呵呵，应该很深，我们觉得我们之间，还是有那种特别的感觉的。毕竟以前一个家嘛，感觉好像是兄弟嘛，分开了一样的感觉。因为你在国内，在我们自己的国内没有想过这个问题；但是我们出国了，中国不算前苏联嘛，所以是完全别的国家，跟苏联没有关系的，然后我们才觉得互相很近，才觉得，好像怎么说呢，比较接近，好像我们呢呃……一个国家的人一样。

就是还挺怀念，或者说……虽然现在苏联解体了，但是呢影响还是有的。（里尔别克，男，乌兹别克斯坦）

"相似"产生人际吸引力。强化理论认为，他人表现出与自己的相似性特征或者相似的态度，对个体来说是一种社会性支持，这种支持产生出相当高的强化力量，从而引发彼此间的吸引力。[1]相同的经历、相似的处境、共同的话题，使留学生在交往中取得了彼此的信任，建立了较好的伙伴关系，共同留学身份的纽带将素不相识的个体连接在了一起，在群体互动间满足彼此情感支持的需要。这样，留学生之间逐步形成了面临共同问题、有共同需求的群体，他们在一起通过互动满足彼此的需要、处理共同的问题，并逐渐形成留学生群体亚文化圈。

> 我们彼此都相互依赖吧，嗯，也特别在意在这里的与我们国家学生之间的关系。我们都是一起去行动，一起去上课、一起去外面玩。感觉大家在一起特别舒服，就不会特别想家了。很谢谢我的韩国朋友，要不然的话我真的不知道怎么在这里度过这么漫长的日子。有他们在，跟他们一起活动，就不是特别难过。（俊扬，女，韩国）

韩国留学生俊扬对与本国学生交往依赖的表述，与以往相关研究结论一致。美国密西根大学心理学系尼斯贝特等（Nisbett et al.）的比较研究发现：与西方相比，以中国、日本和韩国等为代表的东亚文化在思维方式上具有关系性、情境性和相互依赖性（relational, contextual, interdependent）等特点。[2] 当然，如果过于

---

[1] 周晓虹：《现代社会心理学：多维视野中的社会行为研究》，上海人民出版社，1997，第351页。

[2] Richard, E. Nisbett, *The Geography of Thought: How Asians and Westerners Think Differently and Why* [M]. New York: Free Press, 2003: 89-92.

强化对共同身份，无论是共同的留学生身份，还是共同的国籍、共同体、历史等符号特征，在获得必要的情感支持、陪伴支持和信息资源渠道的同时，也伴生着其他一些后果。其中一个后果就是减少了与其他个体和群体互动的机会。

与其他留学生的互动往往起到"情绪安全阀效应"，一定程度上可以缓解到陌生地方而产生的孤独和思乡。特别是与来自母国留学生的互动，可以及时排解因思念家乡或因跨环境而造成的不适应。与其他留学生的交流是留学生情感支持的重要来源，他们感到分享经历内心能够获得安慰和理解。

其他留学生朋友，特别是那些在中国居住时间相对较长的"过来人"，可以对留学生在刚抵达中国期间的失落、焦虑和担忧做出有效回应，在面临思乡或者情感问题的时候，其他留学生可以提供支持。居住地点的距离远近一定程度上影响了生活上的亲疏关系。几位留学生都谈到了与他们居住距离最近的重要他人——舍友的情感支持作用。玉梅的舍友是位韩国女生，自高中就来到中国学习，并且可以说流利的英语。玉梅很感激她的韩国舍友对她的帮助。

> 我很幸福因为我的同屋，她是韩国女生，她可以说英语，汉语也说得很好，她在这里学了呃……中学就是在这里，高中时就是在这里，所以她帮助我很多，因为其实去哪买哪个……公交卡，积水潭是哪儿我都不理解。还有比如说，学校给我们发的地铁的地图，我都不知道。好在我的同屋是过来人嘛，她真的帮我很多，所以即使因为一些事情感到很失落，但是有她帮助好多了。（玉梅，女，加拿大）

俊扬的舍友也是来自韩国的留学生。

> 我俩的关系很好，就跟姐妹一样，我有什么事跟她说，

她有什么事跟我说，比如我跟男朋友吵架了特别伤心，但我跟我的同屋聊完后就不难受了。（俊扬，女，韩国）

土耳其留学生阿斯兰希望在她所学习的留学国院校中能够有来自同一国家土耳其的留学生，她渴望与来自母国的学生用母语交流，以满足其在异国情感上的缺失。

现在在 X 大学，从土耳其来的就我一个人，呃……所以我现在我的最好的朋友是，就是哈萨克斯坦人。这是我没有这样分，最好朋友还是嗯……一般的朋友，我跟每一个人算是朋友，在这个学校。我跟每个人可以一起吃饭，可以跟他们一起聊天，是这样，嗯……但是我一直在心里想，如果在这个学校还有一个土耳其人的话我觉得会更好，因为我想念自己的母语，这个时候，哎，真有点难过。我在这呃……除了汉语以外还学会了哈萨克语，因为在这儿哈萨克人比较多，然后我的朋友们他们刚来这儿还不会说汉语，我跟他们说汉语他们也听不懂，然后他们一直说哈萨克语。（阿斯兰，女，土耳其）

尽管留学生来中国学习的主要动机之一是能够提高汉语水平，但是在中国学习期间，他们互动时所使用的语言往往还是其母语。拉扎比将频繁用母语归结于其所在院校留学生"中亚国家的人太多了"，留学生来源国家和地区比例失衡使得留学生间不需要使用汉语便可以用母语或者俄语实现无障碍沟通。

中亚国家的人在这个学校太多了，而且他们互相都说的是（本国）当地的语言。比如说我，我们基本上说的是我们国家的语言或者俄语。（拉扎比，男，塔吉克斯坦）

美国留学生汤姆所在的院校没有很多中亚学生，但类似地，

他所在的院校有很多来自欧美国家的留学生，他们之间可以用英语轻松交流，"跟欧美的同学说英语，就是因为英语说起来比较容易，方便。"他认为如果用汉语跟其他欧美的留学生交流，对方"汉语不好"，沟通起来会"尴尬和辛苦"。

> 汉语用起来还是不舒服，因为我们聊过，汉语不好，每一次都要找我们的话题说说，所以有一点尴尬，还是，为什么我们要那么辛苦？就是因为一句话都说不了，啊，还是我认识一个很复杂的字我说出来他不懂，哈哈，所以，有一点互相矛盾。(汤姆，男，美国)

当他说一些"复杂的中文"时，对方也"听不懂"。

> 如果我说复杂的字，他的汉语水平比我高可以懂，我会和他说汉语。但是，他说复杂的词我不懂，我说复杂的词他不懂，所以，这是……呃……好，不说了。(汤姆，男，美国)

使用汉语可能导致双方沟通不畅，因此汤姆与其他欧美留学生使用英语交流。

吉尔吉斯斯坦留学生格里木本科在吉尔吉斯斯坦大学就读中文专业，自大三起便在当地的中国企业实习，工作语言是中文。她认为到中国后"自己的汉语反而退步了"，她平时多会用母语吉尔吉斯语以及俄语交流。在与本国留学生沟通中她会使用母语，她说"没有习惯用汉语"。由此可见，大多数人的惰性也是影响留学生更愿意跟本国人相处的一个重要因素。

> 退步，肯定是我自己不努力，这是第一；第二是没有这么大的压力，因为工作的时候你必须清清楚楚地给他们翻译，如果他们不知道的话会批评你。嘴又不是甜的。因为这边老师的态度很好，老师不会批评我们，所以说退步

了；而且这里全部都是学生，可以用英语、俄语、母语跟他们聊天。宿舍的舍友我们两个一个是吉尔吉斯斯坦的，一个是蒙古的，一般用汉语交流。但我跟我那个朋友吉尔吉斯斯坦的，就是我们两个人在宿舍，就用母语。我跟她没有习惯用汉语。你是中国人，你遇到中国人的时候，你肯定用汉语聊天是吧？当有蒙古同学进来的时候，为了照顾她，哎，蒙古同学不会说俄语，就用汉语。（格里木，女，吉尔吉斯斯坦）

"他们都很忙，没有时间"：与中国学生的互动

"找到聊天的话题并不容易"：与中国学生互动时的话题困扰

留学生认为与中国学生交流除了有语言上的障碍外，还有不知道如何选择交流的话题。汤姆希望能跟中国学生互动往来，但是他发现：

> 大部分同学都比较害羞，也没什么共同话题，最多就只能说说上课的事情。（汤姆，男，美国）

几位留学生向我介绍了他们与中国学生互动时交流的话题和内容。秋爱认为留学生与中国学生交流的话题很狭窄，主要集中在学习方面。

> 我们也就是聊聊科研和上课的一些问题，或者问他们有关语法方面的问题。（秋爱，女，越南）
>
> 跟中国朋友就是聊天嘛，一般就是谈谈学习，他们会问我加拿大生活怎么样，他们想了解我们那边的生活，问有什

么办法可以到我们那边生活。（天子，男，加拿大和多哥）

　　与人交流并不是难事，但与中国学生聊天时找个话题就挺难。（克里斯汀娜，女，意大利）

里尔别克认为与中国学生聊天"没有意思"，他将与中国学生互动的"没意思"归为是民族间文化的差异。他向我讲述了一次与中国学生的互动经历，他发现他认为"非常好笑的事情"，中国学生并没有积极回应。

　　有一次，我给他们开了一个玩笑。我跟我一个同学说"哎，你旁边的女孩挺漂亮的嘛，能跟她要个电话吗，我想当她的男朋友。她有没有男朋友啊？"我那个同学就非常敏感地说，"哦，她有男朋友。她觉得你不靠谱，你没有安全感"。我觉得她们太认真了，她们俩都是中国人。然后我就再也不想跟她们开玩笑了。我就不会想再跟她们聊天了，我觉得自己讲得很有意思，但她们就接受不了，她们觉得一点都不好笑。她们看待这个问题非常敏感。实际上我只是开了一个玩笑，这在我们国家非常普遍呀。可能这个例子不是很好，还有很多别的例子。（里尔别克，男，乌兹别克斯坦）

他说，"每次讲完我都觉得自己好丢脸啊，在情感这方面好像不能跟他们开玩笑的，或者中国人自己非常喜欢说我们有点保守啊，可能这对中国人的思想还是有一些影响的"。逐渐地，里尔别克遇到困难时绝对不会去找中国同学了。

　　因为我们想法不一样。每次我都跟我的中国同学说，跟你们聊天没有意思。比如说这个杯子，我是这么看的，但是他们的看法是不一样的。每个国家每个民族都有自己不同的思想方法。

　　比如说和中国人聊天，他们会提到，"我们跟你们太不一

样了，如果喜欢上一个女孩，要慢慢地去追她，不能一下子
就表白，你们一下子就表白这是我们接受不了的。"虽然我是
开玩笑地说，但这个想法让我觉得很搞不清楚，我就跟她讨
论你们为什么接受不了，我喜欢上一个人有什么不好的嘛？
为什么要隐藏自己的情绪，要等好久才说出口呢？（里尔别
克，男，乌兹别克斯坦）

里尔别克基于过去在母国的互动经验与中国学生开玩笑，有
一个自己期待的比较水平，也就是当事人认为在与他人交往中应
该得到的价值（即价值预期），期待对方能够予以积极响应或者
有共同感受，然而他发现实际结果远非他所期待的。里尔别克与
中国学生交流感觉"没有意思"，从而逐渐降低了与中国学生交
流的意愿。这样的结果低于比较水平，他感到失望。于是他会降
低与中国学生的互动机会，转向可以得到更好的、更为满意的替
代对象。

我现在一般找哈萨克斯坦的女孩聊天，我们不是男女朋
友那种关系。我就是觉得跟她交流挺好的，挺有意思的。每
次我去找她分享自己的想法。为什么我不愿去跟中国人分享
自己的想法呢？因为没有意思，他们不会说，哦，你说得太
有意思了，他们不会真正地去表达自己。对我很有意思的事
可能对中国人没有那么大的意思，同样对中国人非常有意思
的事情可能我觉得没意思。（里尔别克，男，乌兹别克斯坦）

"当中国学生需要帮助的时候才会找我"：中国学生
与留学生互动的功利性特征

留学生认为中国学生在需要留学生帮助时，尤其是语言翻译
上或者语言学习上的帮助时才会主动与留学生联系。

　　大部分中国的朋友都是短期的不是长期的。好像一段时间需要什么帮助，你帮助他解决了自己的问题，之后当你再找他时，他就可能跟你说我现在很忙，回头再和你联系。（玉梅，女，加拿大）

留学生所说的"互相帮助"，主要指的是语言学习上的帮助。

　　一般来说就是写论文的时候还有学俄语的时候。他们一般都不会找我们做朋友的，不找我们玩；但当他们想学俄语需要我们的时候，或者用俄语翻译的时候会找到我们。需要我们帮助的时候会先和我们一起吃个饭，然后当论文弄完了后他们就说他们很忙，就不再联系了。（格里木，女，吉尔吉斯斯坦）

"很难谈心事"：与中国学生互动的亲密程度评价

当与中国学生互动后对互动质量并不满意时，前一次互动结果会成为下一次互动行动的条件。留学生对这样的互动体验感到困惑，也直接影响了之后与中国学生的进一步互动。俊扬告诉我，留学生普遍认为，很难与中国同学成为"亲密的朋友"。

　　如果是需要中国学生帮助的话，他还是帮助你，但不是那种非常亲密的感觉。之后我觉得跟中国学生交往是一件挺复杂的事。（俊扬，女，韩国）

与中国学生互动后，越南留学生秋爱认为中国学生过于谨慎，不知是"谦虚"还是"自我防卫"，当只是简单问及中国学生论文写作进度时，往往得到的是"还可以"的答复，秋爱说"即便中国学生已经写完"，他们也更喜爱说"没写完"，这样的回应让秋爱感觉"中国学生对他们有所保留"。她困惑的是这种方式是中国人谦虚的体现，还是刻意地"保密和自我防卫"；如果是自我防卫，秋爱不解的是"留学生不在中国找工作，为何还需要保密？"

> 是不是我太敏感了，还是怎么样。怎么说呢，我有个同学也是外国人，他的同门是中国人，然后他也说，反正我们外国人也没有跟中国学生有什么竞争，我们毕业后也回国嘛，我们也有工作嘛。学习方面，论文，还有分数方面，中国学生还有一些保留。我觉得很不明白，我就问你的论文写得怎么样呢？他们就喜欢说还可以，对吧。或者他已经写完了，但他还是说哦没写完，这样子。我们外国人就不一样，如果我写完了，但是老师正在看还要修改，我觉得这样的差别吧。可能是你们的文化方面或者习惯方面，我不太理解。这可能是自己的理解吧。这个还可能是一种谦虚，但是也可能是一种自我防卫的那种，不让别人知道。我的朋友、我自己也感受到了。为什么要保密？我们题目也不一样，我们也不在中国找工作。（秋爱，女，越南）

留学生通过与中国学生的互动，更好地了解了中国人和中国文化。崔奥力加去年认识了两个中国朋友，一位教她学习武术动作，另一位则希望能跟她学俄语，直到现在依然保持着联系。

> 我觉得跟他们交流拓宽了我的世界观，我能够更好地了解中国人，比如王文祥，他一直跟我说他生活中发生的事情，他是怎么上大学，他的大学有什么规定，中国学生是什么样子的，这个挺好的。（崔奥力加，女，哈萨克斯坦）

"他们都很忙没有时间"：与中国学生互动的自我归因

留学生普遍感到约中国学生见面是一件并不容易的事，他们

无法确定与中国学生互动关系的坐标位置，只好猜测中国学生"压力大""天天要学习"或者"没有时间"，因此"不好意思打扰他们"。格里木曾经试图与她认识的中国同学打电话约着见面。

> 可是这些中国学生一直没有时间，他们就说我要考试之类的，或者说我要写论文，我要准备开题报告。他们一直没有时间，所以我也就不好意思每次打扰他们。（格里木，女，吉尔吉斯斯坦）

问及与中国学生的互动，谷兰也显得比较无奈。

> 跟中国学生见面主要是在课堂上，偶尔一起吃个饭。因为他们天天上自习，所以我也不敢打扰他们，因为怎么说，中国学生要天天学习。（谷兰，女，蒙古）

留学生们普遍认为，中国人的弦"绷得很紧"，中国学生"总是特别忙"。

> 我也没有怪他们，我觉得他们就是很忙。真的没办法，就是生活方式，而且我觉得他们不是特别针对我们才这样的吧，我想中国人之间也是这样的。需要什么帮助时会和你说一说请求帮一帮，然后他们要继续工作。他们真的特别忙，我知道几个中国学生就是特别忙。（阿斯兰，女，土耳其）

正在读博士的越南留学生秋爱，曾在中国获得硕士学位。她认为与中国学生互动存在阶段性差异。她很"怀念"硕士期间与班上中国同学的交往，然而进入博士学习阶段，她基本上没有与博士同学有过频繁的互动和交流。秋爱对此的解释是博士阶段的同学年纪增长后关心的方面有所不同、找工作压力大，每个人的目标和方向也有差异。

　　说实话，读博士期间没有跟同班同学有多少交往。读硕士是非常快乐的事情，互相帮助，包括中国学生的那个小组，然后他们可以跟我看，现在我觉得，论文帮忙，还是请读硕士的同学帮忙。我说心里话，你不会介意吧，我读硕士时跟中国朋友的关系还挺好的。但是读博士之后，可能是每个博士的关心点不一样了吧，中国学生找工作压力也大。而且现在年龄也大了，每个人的目标也不一样，所以很难跟我的中国同学们谈心事了。我感觉我硕士期间与中国同学的交往和博士期间与中国同学的交往很不一样，是不是阶段变了，每个人的压力也不同了？我和我的朋友也谈过这个问题嘛，但也没有找到合理的解释。（秋爱，女，越南）

　　留学生在与中国学生互动时感受到中国学生没有强烈意愿与其交流，留学生将其解释为中国学生忙于学业无暇顾及其他。通过与中国学生的互动反馈，留学生调适了自己的行为，减少了与中国学生的再次互动。

"亦师亦友亦父母"：对教师的角色感知

　　留学生对中国老师的评价是既是老师，又是朋友，不仅关注他们的学习，在生活上也提供细心的帮助。几位参与本研究的留学生都提到了中国的老师是他们在中国的"父亲""母亲"。

　　我们的老师和朋友一样，他们总说如果你们遇到了什么困难，一定要第一时间给我打电话，因为我是你们的班主任。我们的父母不在这里，所以他就跟我们的父母一样。有的学生的习惯不好，比如我抽烟的时候，他就会说你们的爸爸妈妈不在这，我是你们的爸爸。如果我看到你们抽烟，我肯定

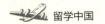

会说你。（阿西夫，男，巴基斯坦）

此外，在留学生看来，中国老师不仅做到传道授业，还在生活上照顾他们，特别是叮嘱他们外出注意安全等。

> 我们有什么问题都可以跟老师说的。在学习方面，他们会经常给我们建议；在生活上，因为我们是外国人，当放假的时候，他们会告诉我们要注意安全，去人多的地方要看好东西之类的。（天子，男，加拿大和多哥）

"友好地差别化对待"：与教师互动的特征

有些留学生感知到老师对留学生和对中国学生的态度和方式方法都有所不同，对留学生更为友好和包容。

> 中国老师对我们留学生的态度跟对中国学生的态度不一样。我们上课的时候，有的留学生会迟到，有的会出去抽烟，但老师们也不太会说留学生。我们学习比较放松，有些事情中国学生不可以做，做了之后会受到批评；但我们做了之后老师也不会说我们。有的时候我会跟我同学说你们这样做不好，他们呃……我觉得有时候老师也没有办法说他们，我就跟他们说，如果这是在你的国家，你肯定不能这样做，但你在外国这样，对，老师也不好意思说。（阿斯兰，女，土耳其）

但是这样的"友好的差别化对待"在对他们的留学生身份强化的同时，也让他们感受到符号边界的加重。米拉对自己的评价是"汉语水平不好，平时懒，写得不好"，她却获得了老师极度的赞扬"夸来夸去"。相反，在她看来，中国学生写得好而且努力，却被老师"骂来骂去"，这样的认知和结果的反差令她感到困惑。

　　就像老师或者同学他们知道我是留学生，他们对我很客气；虽然，比如说在开题的时候，我那天做了开题报告，我知道我的汉语水平不好，我知道我平时懒，所以写得不好，但是老师对我夸来夸去的。我觉得他们并不是因为我做得好而真的夸我，我觉得是因为我留学生的身份。上周一的时候给老师看我的论文，老师说我的论文内容没有很大的问题，所以你就按这个继续写吧；但是我觉得我的老师对中国学生比较严格，骂来骂去的，对我也太和蔼了。我到现在我也不知道老师到底对我的想法究竟是怎么样的，为什么他对中国学生这么严格，对我这么放松，而且对我也比较客气，可能是因为我是留学生才这样夸来夸去的吧。我真是搞不清楚。或者可能是因为老师有留学的经验，比较懂该怎么对待留学生，所以老师更理解我们留学生才对我这样。而且，并不只是我的导师对我这样，我所接触的老师基本都是这样。（米拉，女，泰国）

　　正如许多留学生所感受到的来自中国老师的对其学习和生活上的关心与照顾，这与中国传统和谐、融洽的家长式的师生关系保持一致。然而，中国老师也需要以对国内学生一样的标准严格要求留学生，如果有意降低对留学生学习上的要求，不仅不会收到老师们期望的良好效果，还有可能使得留学生有某种距离感和被排斥感。更为重要的是，由于留学生的外国人身份因而降低对其学业标准，将影响我国留学生教育质量，并不利于留学生事业的发展。西方国家的大学实行宽进严出政策，若要顺利毕业需要经历严格考验，对留学生和本国学生的要求"一视同仁"，即便如此，也依然吸引来自全世界的优秀人才。因此，提升教育质量、促进学生个体发展才是更为重要的目标。

"问题解决者"：与教师互动的功能

学生们通过与老师的互动，他们所面临的问题基本能够得到解决。秋爱告诉我，她每次跟导师面谈以后，所遇到的问题就都能够得到解决。里尔别克在遇到感情挫折时长期消沉不振，导师的开导对他有不小的启发。

> 我有什么问题、什么心里话都可以跟他说，他非常支持我。那会我分手时我非常难过，连想死的心都有了，我什么都不愿意干了。当时他鼓励我，他说的一句话让我觉得特别受用，他说有时候跟你在一起的人不一定是你爱的人，跟你最终结婚的人也不一定是你爱的人。他的开导对我帮助挺大的。（里尔别克，男，乌兹别克斯坦）

老师们传递的话语"当你们有任何问题时，一定要第一时间联系我"也让留学生不仅感受到的是温暖，更获得了一种高度信赖感。

> 我觉得跟老师们交流最好了，跟比你水平高的人（交流）你会接触到很多。跟老师们聊天比跟找中国朋友聊天有意思有用多了。比如我们学院的王老师，我非常喜欢他。我把他当成父亲一样。我曾经给自己起过一个名字，我说你叫王大伟，我叫王小伟。（马克，男，意大利）

> 老师们真是特别帮助我们，他们会告诉我们在什么地方、在哪个时间段买什么东西最省钱的。这是我们来之后面临的很重要的问题，比如说我要去医院，我很疼，老师就会跟我一起去，这个我就知道。比如说我问老师，老师你能不能为我解释医学这些词语，我不太懂，他一定会帮我。老师对每个同学都是这样的。（阿西夫，男，巴基斯坦）

但现实中师生互动的情况并不乐观，这一部分与教师缺乏积极性有关，但更重要的是与教育环境对师生互动的鼓励和支持不足有关。比如教师在教学之外往往承担科研和社会服务的工作，能够分配在师生互动上的精力有限；多校区的设置使教师奔波于几个校区之间，课后与学生交流的时间有限。"找不到老师"是很多学生面临的师生交往困境。

留学生反映他们与当地人并没有太多"交集"，他们接触的中国人主要集中于学校范围内的同学和老师。与学校外的中国人互动，主要是因为做翻译、做家教的工作机会。

> 有做生意的一些朋友，我上次发了名片，当翻译嘛，有时没事干的时候可以在他们公司当翻译。然后一些朋友就在这认识，就当，去他们公司当翻译啊，有时他们请我们吃饭，跟一些中国人。（拉扎比，男，塔吉克斯坦）

泰国留学生米拉谈及她的中国男友对她的情感支持和帮助。她从男友那里学到了与中国人交流的方式，了解到中国人的生活方式以及中国历史和文化。

> 中国男朋友，我遇到了困难，或者有问题，我就跟他交流，为什么中国是这样的，为什么。他就帮我解释解释，然后我就自己想起来应该怎么对待他们。他对我帮助很大的，说实话我在中国三年，我谈过两次恋爱，第一次恋爱是他让我了解中国人的生活方式比较多，我可以从他那边问为什么中国人是这样，为什么中国的生活方式是这样。然后第二个，我也从他那里了解更多，比如说怎么在淘宝买东西，怎么去吃海底捞，怎么吃饭，怎么写好一篇论文，怎么跟老师或者同学打交道，怎么了解中国历史，其实在我生活中男朋友影响比较大。（米拉，女，泰国）

从与参与本研究留学生的交流以及上述分析中可以发现，来华留学生的互动网络主要包括与母国家人的互动、与其他留学生的互动、与中国学生的互动、与教师的互动以及与留学国其他人的互动。留学生的互动网络结构，尽管每个人是有差异的，但总体呈规模小、紧密度高、趋同性强、异质性低的特征。组合形态多为留学生之间的互动组合。

人际互动网络中留学生与每一个面向的群体互动的特征各有不同。

从互动动机上看：当遇到某些不愉快的事件或由不同原因产生沮丧、失落情绪，需要获得精神安慰和寻求情感支持时，留学生在留学开始阶段往往会选择与母国的亲人交流。在遇到重大事项或犹豫不决需要选择时，当遇到学习上的困难或生活中的困难时，会向老师寻求帮助和建议。当需要学习上的支持和帮助时，留学生会与中国学生发生互动，与其班上的中国同学借阅学习资料、询问与上课和考试相关事宜、询问学校活动信息等，寻求与其学习和发展相关的信息支持，以逐渐熟悉校园环境和中国社会。当需要娱乐支持时，留学生多选择与来自同一国家的留学生或者其他国家的留学生"结伴"吃饭、进行娱乐活动、外出游览、共度周末等。值得一提的是，对互动对象的选择动机并不是静止不变的，随着留学生留学时间和情境的变化，他们所需要的社会支持的类型和资源也会随之变化。随着留学时间的延续，考虑到"不想让家人担心"以及"家人离那么远也帮不上什么忙"，留学生转而向周围的其他留学生倾诉以获取精神安慰和帮助。

按照不同动机所发生的互动，也产生了不同的功能。每个互动类型都有其各自的功能。在留学开始阶段，与母国家人的交流起到了情绪缓冲和释放的作用。通过与中国同学和老师的互动，可以学到一系列与当地文化相关的技巧以此促进学术上的成功。与来自同一留学国的同学在一起交流可以保持原有文化的行为和价值观。与其他国家的留学生可以相互支持，享受娱乐活动，交流起来也舒适轻松。

表 5 - 1 留学生互动网络矩阵

互动关系	互动动机	频率	使用语言	互动话题	维持时间	功 能	维系机制	依赖程度	对互动质量的评价、归因
与母国家人	精神安慰（早期）	高	母语	留学生活	长期	情绪缓冲释放	情感支持	高	阶段性特征，留学后期过滤信息，筛选
与来自同国的留学生	情感支持	高	母语	学习生活感情	长期	保持原有文化和价值观	情感支持	高	交流很舒服，但汉语进步很慢
与其他国家留学生	情感支持	高	中文是不得已的选择	学习生活感情	长期	相互支持慰藉	情感支持	较高	共同的身份，彼此的情绪安全阀
与教师	求助和获得建议	较高	汉语	学习、生活	长期	获得发展建议	对专业和权威的信任	高	亦师亦友亦父母，问题解决者
与中国学生	寻求与学习相关的支持	较低	汉语	学习、语言语法	短期	学习中国文化、学习支持	利益交换	低	很难谈心事，很忙，都在学习，没时间、空间距离影响
与其他中国人	了解中国文化和生活方式	低	汉语	做翻译、做家教	视具体情况而定	了解当地生活	视具体情况而定	若是男女朋友则高，否则低	兼职时互动、中国男/女朋友

按照互动关系维持机制来看，在与家人、其他留学同学的互动网络中，关系维持的机制主要是情感支持，而与中国学生的互动网络中，关系维系的机制则更多的是利益交换。以情感支持为主要功能目标的互动关系中，依赖性高，关系可替代性低、持续的时间长；而在以利益获取为主要功能目标的互动关系中，依赖性低，关系可替代性高、持续的时间也不太持久，如表5-1所示。

"我们与他们"：互动网络的再生产

区分自我和他人是人类生活中的最重要的分类，也是一种重要的社会建构。在与留学生的访谈过程中，"我们""他们""自己人""外人"这样的表达反复出现。留学生在互动中表现出能够有效地识别自身和他人的群体所属的"能力"，留学生在留学体验中会有意识或无意识地对自我和他人进行归类或区分，从本质上看，这样的分类过程是对个体人际互动网络的再生产。

"是否有认同感"：我群体和他群体的分类

对我群体和他群体的分类体现在"我们"和一起生活的"他者"的区分，以及"我们"对"他者"的认识。留学生以是否有某种认同的归属感来划分"自己人"抑或"外人"。

来自先赋性关系

有的留学生对自己人的理解是那些来自先赋性关系中的个体。在里尔别克看来，自己人指的是与他说同一种语言的人。即便是地理距离遥远，但是"心里感觉很近"。他向我讲述他的乌兹别克斯坦朋友去海南旅游的经历。

自己人就是可以说乌兹别克斯坦语也可以说国家的东西，

因为我们都是一个语言嘛，我们都可以用，如果交流。还记得我跟你说我的一朋友去海南吧。突然来了一个乌克兰的人……他就立马跟那个……实际上乌兹别克斯坦跟乌克兰的距离非常远，但是呢，心里感觉那种很近，知道吗？乌克兰离中国，跟中国比的话就是，中国对我们比较近，但是呢，那个人对我们心里更近一些，因为我们是同一个语言嘛，我们的生活、所有的呃……习惯呀什么的都一样，国家什么的习惯都一样，所以交流得没有那么复杂。（里尔别克，男，乌兹别克斯坦）

在里尔别克和他的乌兹别克斯坦朋友看来，尽管乌兹别克斯坦与中国的地理距离较其与乌克兰更近，但是由于他们都可以用同一种语言——俄语交流，因此语言拉近了彼此的距离。更重要的是，生活习惯的相似使得他们认为相比中国人来说，乌克兰人是"自己人"。里尔别克还提到可以判断是否"自己人"的标准，比如看同一部电影，彼此是否对电影的喜感保持同样一致的节奏。

跟中国人的交流真的很复杂，因为很简单的一个例子就是说，我昨天看电影，就在电影院去看电影，呃看的中国电影，中国拍的电影，然后，它做什么动作所有人都在笑，说了一句话所有人都在笑，虽然我也懂得他在说什么但是我不觉得搞笑，就是那种情况。但是呢，我笑的时候呢别人不觉得搞笑，我们就是对中国的那个思想，有很大的差别。但是呢，如果前苏联的国家随便哪个国家我们看同样的电影，我们笑的地方都差不多，在一个地方笑，在一个情况下。（里尔别克，男，乌兹别克斯坦）

来自互动反馈

有的留学生认为，自己人是在互动以及在通过互动而获得的反馈中得以确立的。巴基斯坦华侨留学生阿西夫在与中国人互动时，发现中国人得知他的华侨身份后"一下子非常高兴"。

> 因为我们是华侨，中国人更喜欢我们。我们如果说我们是华侨，他们一下子就高兴，因为我们是半个中国人嘛，所以他们经常来看我们的表演。如果我只是巴基斯坦的学生，是没有什么区别的。但是我们是华侨，我们要代表华侨。（阿西夫，男，巴基斯坦）

阿西夫认为除了感受到中国人对华侨学生的喜爱之外，由于华侨身份彼此更容易打开话匣子，如此积极的回应使得阿西夫认为中国人把他当自己人。

> 我们来到这里的时候，如果我们经常和中国人聊天，说你的爸爸是中国人或者你的妈妈是中国人，这样子我觉得有一点好。如果我是从巴基斯坦来的，他就说你的汉语非常好，你的汉语不错。如果我说是华侨，他肯定问你的妈妈从哪来的，你的爸爸从哪来的，你的父母怎么结婚的？他们心里也很高兴，觉得你是半个中国人。（阿西夫，男，巴基斯坦）

"自己人"：群体成员资格的获得

划分自己人的过程也是"类型图示"（typificatory scheme）的过程，比如人们首先会将他人理解成"一个人""一个欧洲人""一个买主""一个快乐的人"等，所有这些类型都会不断地影响人与他人之间的互动。① 通过与留学生的交流发现，留学生对"我们"的群体成员资格的获得可以分为几大类。分类的尺度或

---

① 〔美〕彼得·伯格、〔美〕托马斯·卢克曼：《现实的社会构建》，汪涌译，北京大学出版社，2009，第27页。

标准，有的是先赋的，包括生物学意义的原初获得，如国籍、性别、年龄、肤色或族群，它们是个体生命历程中最先学会和领悟的范畴；有的是后致的，它们是社会语境中分布最广泛的也是最易被识别的线索，如具有特殊的历史 – 文化意义的，比如前苏联；有些是被后期赋予的共同"身份"，如留学生身份；有些是通过交流和互动被激活的，在互动交往的过程中产生，当个体认同群体，成为心理群体的一员时，自我与群体便建立了一种类别化的心理联系，从而获得"我们感"。

"自己人"身份的获得首先来自生物学意义的原初获得。那些来自同一国家的人理所当然被当成是自己人，是对其所在国家的认同和归属感。

> 肯定跟自己国家的朋友关系更好嘛，毕竟一个国家。虽然我也会说中亚国家的语言，我们沟通也没有问题，但是还是觉得自己的人好，虽然你会说他们的语言，但是还是，怎么说呢，不是一个国家的。（拉扎比，男，塔吉克斯坦）

"自己人"身份的获得还包括来自历史 – 文化意义的获得。如前苏联国家留学生共享其经历、历史、情感以及共有的文化生活，地缘关系、语言（俄语）、历史记忆、文化生活成为联系他们的有力纽带。对于前苏联的记忆很可能蛰伏在他们以及他们家人心中，在中国的留学世界中，这样的记忆被重新唤醒，集体记忆被留学世界重新建构。前苏联已然是他们心中深藏的"共同体"，当他们心中的"共同体"被唤起时，流露出的是一种亲切、温馨和宁静的感觉。当我在访谈中意识到前苏联国家留学生对前苏联的感情时，在之后的访谈中我都会有目的地涉及这样的问题，结果表明这种群体特定情感和群体情感基调弥漫在多次的访谈之中。

　　我们一般看到的资料都是俄罗斯的资料。知道吗，我们现在很少有资料，都是我们靠俄罗斯；所以说，虽然独立了但还是靠俄罗斯的资料，我们一直上俄罗斯的网，网站啊什么，看信息啊什么的，我在那看的。（格里木，女，吉尔吉斯斯坦）

拉扎比告诉我，当他遇到困难时他首先会想到"找自己的留学生聊天"。

　　我有非常好的中国朋友，非常好的中国朋友。但如果我遇到我们前苏联那边的人会说俄语的人，还是会选择找前苏联的去说。前苏联不是有十五个国家嘛，随便哪个国家我们都觉得聊天非常方便，因为毕竟想法都一样嘛，前苏联的教育思想都一样。（拉扎比，男，塔吉克斯坦）

但是，有一位留学生在访谈中，对前苏联的我群体又划分出了"我们"和"他们"。

　　比如塔吉克斯坦和吉尔吉斯斯坦，之前有一些那个就是不太好的小冲突呀。我们和哈萨克斯坦、乌兹别克斯坦是那个土耳其语系的，所以呢，我们语言都基本上差不多。但是塔吉克斯坦虽然是前苏联，但他们是波斯族的；所以他们的语言和我们不一样的，然后他们的性格感觉就是也不一样的。（里尔别克，乌兹别克斯坦）

在他看来，虽然塔吉克斯坦和哈萨克斯坦、吉尔吉斯斯坦等国家都属于前苏联国家，但由于所属的语系不同，导致"性格和感觉也是不一样的"。

在我去 X 市某大学访谈前夕，学校刚发生了一起塔吉克斯坦学生和吉尔吉斯斯坦学生之间的冲突。于是在与里尔别克的访谈

中，我想了解他对此事件的看法，他将冲突原因归为塔吉克族
"非常调皮""喜欢打架"的特点。

> 塔吉克族非常调皮，本来就是他们民族的那个特点，就
> 是这个，他们非常喜欢打架啊什么的，所以他们……因为我
> 觉得都是他们开始挑起的；然后，吉尔吉斯呢，都小孩嘛，
> 一开始想打架，对方想打架，他们也就开始打架。（里尔别
> 克，乌兹别克斯坦）

里尔别克在对中亚几个国家评价完后，也跟我谈起了他对母
国的看法。他认为一些文章中对乌兹别克斯坦的评价不是客观的，
他很肯定地说，"乌兹别克斯坦民族没有打架的事情，从来不打
架。留学生绝对不会打架。"里尔别克开始向我介绍他的母国乌兹
别克斯坦的情况"从来不打架"。

> 我们乌兹别克就是人口比较多嘛，乌兹别克斯坦人口比
> 较多，人口特别多，是中亚最多的。然后每个地方都不一样，
> 有的地方就是文化素质很高，就是大城市，有的地方很低。
> 但是呢，怎么说呢，我们的性格是这样，我们从来不打架，
> 从来没有这样什么打架啊什么的。我最近看到了一篇论文就
> 是关于我们，我们民族连我们那边呀也没有打架那种事情，
> 知道吗，从来不打架，很……只要平安就行了，平安就行了，
> 是这种性格的，所以很少，我很少，几乎没有见过乌兹别克
> 的人啊留学生啊打架，绝对不会打架的。（里尔别克，男，乌
> 兹别克斯坦）

从以上里尔别克对中亚国家的评述可以发现，他的很多看法
和观点都是由个体加工而形成的，其中不乏大量的刻板印象、偏
见和歧视，甚至是污名。"污名化"来自埃利亚斯（Elias）对内
局群体与外局群体的研究，意指一个群体能将人性的低劣强加在

另一个群体之上并加以维持。① 阿玛蒂亚·森（Amartya Sen）提出对群体身份的强烈认同感导致偏见甚至暴力，"身份认同可以杀人。一种强烈的——也是排他性的——群体归属感可以造就对其他群体的疏远与背离。群体内部的团结每每发展成群体间的不和"②。

"自己人"身份的获得还来自"被赋予的身份"。当留学生群体认同自身的"留学生"身份，或者自我身份被强化时，就会形成对该身份的认同，并形成与其他具有同样留学生身份学生的"我们"的概念，因此形成与该身份以外的人或其他类别的差别性。凡属于留学生的被其视为"我群体"，而其他非留学生的个体被称为"他群体"。通过寻求共同的身份并且以身份为准则与其他个体建立联系的心理过程，实现了"自我类别化"以及"我群体"的成员身份获得。拥有共同留学生身份标识的可以被划归为自己人，是对共有的留学生身份的归属感。克里斯汀娜大部分时间都是与留学生在一起。

> 我还是跟留学生更近一些吧。我们经常在一起的，你知道的，我和他们一起去图书馆，有意大利的，也有法国的，还有捷克的。我们都是留学生，都有共同的东西，很相似，大部分时间一起活动。周末可能会多一些留学生一起去酒吧。（克里斯汀娜，女，意大利）

然而，类别化的一个风险是，类别内部的类似性和类别之外的差异性往往易被夸大。而且，一旦类别化形成很难轻易改变。人们将不属于本类别的新个体和新经验视为特例进行排斥和隔离。

---

① 杨善华、谢立中主编《西方社会学理论》（下），北京大学出版社，2006，第210页。

② 〔印度〕阿玛蒂亚·森：《身份与暴力——命运的幻象》，李风华等译，中国人民大学出版社，2009，第2页。

虽然不具有先赋性关系，也不具有后致的历史文化和共同身份所赋予的意义，但是可以通过交流和互动而被接纳为自己人，群体成员的资格因此被"激活"。米拉通过与中国男友情感互动将彼此和彼此圈子里的成员视为"自己人"。

> 我男友是中国人嘛，跟他交往以后，我了解到很多中国人的生活，我们一起去见他的朋友，他的中国同学，就是一起爬山呀，聚会、吃饭之类的。我虽然是泰国人嘛，但是我觉得我也是他们那个群体，怎么说，圈子中的一员。（米拉，女，泰国）

"有堵墙在阻碍着我们"：文化距离还是心理距离的阻隔

若留学生对留学国文化有较强的认同，那么他可能会将留学国人民视为自己人。若无法实现对留学国文化的认同或认同较弱时，即便通过互动，也很难将留学国当地人转变为自己人。尽管与中国女生确立两性亲密关系，女友作为其有重要意义的他人，然而里尔别克认为两人之间仍存在着不可逾越的鸿沟。

> 我最难的一个经历，她就是中国人，她对我生活中的影响非常大，她对我的想法思想都有很大的影响。因为她教了我很多，对于这个世界用别的角度来看，我刚才所说的很多我接受不了的事情。我没有办法，我就是爱她，但是同时我们又有很多接受不了的东西。你非常爱一个人，但是那个人的身上还有很多接受不了的东西，文化思想上的，怎么办？她同时也接受不了我。这种情况怎么办，很难非常难，到现在分手一年多了，我还是每天每一分钟每一秒都想着她，我是真的爱她，但是没有办法跟她在一块。我一直后悔为什么跟她分手，接受不了她，但同时爱她，这两个感觉在我心里

互相在战斗。（里尔别克，男，乌兹别克斯坦）

天子很想参加中国人的聚会或活动，有较强烈的融入动机；但是几次互动感受都不好，感觉自己被挡在了中国学生圈子的外面，他提到"我要知道有什么墙在堵着我们、挡着我们"。

> 我每次都跟中国学生说，你们一旦有什么活动聚会我特别想看看，真的想融入那个环境里，看看他们到底在想什么。但是他们就是不叫我啊（笑）很少叫我。我就说我们可以去KTV唱唱歌呀或者一块去吃吃饭啊，可以啊没问题啊；但是一旦我过去，好像我一过去就打扰了他们的环境，他们互相聊天时就觉得不太有意思。他们好像觉得外人过来了，然后好像打扰了他们的互相聊天，他们在我旁边也肯定不会说自己的事情，觉得害怕我呀，不知道那种感觉。（天子，男，加拿大和多哥）

留学生把这堵挡着他们与中国学生融合的"墙"归因为文化和思想上的差异。在已有文献中，有"文化距离"的概念表述，文化距离是指由于多种原因促使自身意识到与其他群体的区别和差异，并把这样的区别和差异归于彼此文化的差异。文化距离看似是实在的不同文化间的差异，是客观存在的；但是通过与留学生访谈，我认为相对于"文化距离"，真正阻碍着留学生与中国学生融合的是留学生与中国学生个体之间的"心理距离"。心理距离的长短可能受到不同文化差异的影响，但更多的是对互动对象反馈的感知，或基于"手头库存知识"的评价，甚至是刻板印象。

"有个替代性选择也是不错的"：边界的情境性和可伸缩性

边界是否绝对不可打破？按照上文的分析，"心理距离"在其中起到关键性作用。在与其他接受访谈的留学生的交流中，我发现"情境"对边界的打破和伸缩具有一定作用。

> 所以跟中国人聊天时，如果有一个欧洲国家的人过来，我就不会和中国人聊天，自然地就会往自己人的那个方向走。挺有意思的就是，我有一个朋友一个同屋，就说这个事情。今年暑假他在山西的时候，去山西旅游待了一些时间，交了很多中国朋友，平时跟他们聊天没有办法，只能找中国人嘛。跟他们聊天时看到一个北欧人，他自然地就往那个方向跑了。我也是这样的，但如果我身边也没有留学生朋友，那么只好多与我的中国同学交流了。（克里斯汀娜，女，意大利）

来华留学生不是只具有某一种、两种身份，而是同时承载着多种范畴的身份。其抱着来华学习的动机，理所当然拥有"学习者"的身份，也就因此获得了同一所院校、同一所院系以及同一个班级的成员资格，通过这样的成员资格与其他中国学生联系在了一起。我继续问与中国学生交流，是否会将其视为自己人，克里斯汀娜犹豫了一下。

> 当欧洲同学或留学生朋友都在的时候，我更会把他们看作跟我更亲的自己人。但他们都不在的话，就我跟中国学生在一起上课或吃饭时，我也会把中国学生看作自己人，毕竟我们在一个班上嘛，我们都是同学。（克里斯汀娜，女，意大利）

由此可以看出，边界是具有一定通透性和伸缩性的。无论是外人还是自己人，都可能在不同的情境中从自己人变为外人，或者从外人变为自己人，如图 5-1 所示。

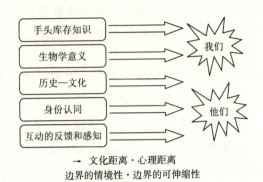

图 5 - 1 "我们"和"他们"分类的形成框架示意

时空的结构性条件：对人际互动网络的强化

空间已不再是一个地理学上的概念和物理空间实体，更成为现实生活中深刻而生动的"隐喻"。不少研究深入探讨了空间与权力、空间生产的逻辑、空间的社会意义等问题。齐美尔（Sim-mel）在《大都会与精神生活》中曾对空间以及个体通过空间而自我封闭进行阐述，让人们对空间的隔离作用不禁不寒而栗。事实上，时空结构的确对强化个体人际互动网络、对人际互动有着或促进性或制约性影响作用。

"我们和他们不住在一起"：留学生与中国学生住宿和学习空间分隔

学校空间包括教学楼、操场、食堂、宿舍等实体建筑物，但所有的这一切都是由社会建构而成的场所。空间的设计和运行发挥自己精确而特定的功能，体现的是空间设计者和空间管理者的逻辑。学校空间彰显了学校管理者管理院校的逻辑。然而，在学校空间内活动的主体并不仅仅是学校管理者，作为学习者的学生是学校空间场所的最大主体。在访谈过程中，有的学生对管理者的空间安排表示满意，有的则表现出对空间安排不认可。"留学生与本土学生学习生活空间分隔"是指院校出于学生管理方便以及为留学生创造更为舒适宽敞的环境的考虑，在空间形态上形成了住宿空间面积不同、布局相异、相互隔离的学习和生活空间体系。玉梅希望能够与中国学生住在一起，然而"学校不给我们安排，没有办法，我们留学生中没有跟中国人住在一起的"。

留学生可以表达其对住宿空间的偏爱，但他们的偏爱并不一定影响其最终的安置。玉梅认为留学生与中国学生接触匮乏主要是两点原因导致，一是空间在一定程度上阻碍了他们与中国学生的互动，二是中国学生与外国人交流"不自信"。相比中国学生对英语水平的不自信，玉梅认为留学生与中国学生宿舍空间距离是更为重要的影响因素。

> 跟中国人接触只有一点。偶然的，比如说在食堂，吃饭的时候，就是跟他说话。我觉得很难做很好的朋友。因为第一，我们住的地方不近，我在留学生第一公寓，他们都是在呃……小西门的附近，所以我们差不多方向相反，很远的距离，我们去的地方都不一样。嗯……还有看起来他们一开始说话有一点害羞，因为他们不敢说英语，他们这样对我说，但我没有觉得就是……我学友他们告诉我，因为他们对他们的英语没有自信力，所以不敢跟外国人说话。但是第一是我们距离太大，我们的教室都不是在他们的教室……一起学，比如说我们都是三层还是四层，但是没有中国人在这里，很少。（玉梅，女，加拿大）

在 X 市某大学就读的土耳其留学生阿斯兰也提到了留学生公寓与中国学生公寓分隔而导致彼此间缺乏交流的机会。与 B 市某大学有所不同的是，X 市某大学留学生的宿舍和上课地点集中于一栋高层楼里。如图 5－2、图 5－3 所示。如果说玉梅在去教学楼上课的途中还有可能与中国学生相遇的话，那么阿斯兰却因宿舍和上课地点的统一而失去了这样"交集"的机会。

> 跟中国人交往呃……不太多。因为我们在这儿是留学生，外国人都在一样的公寓，然后我们没有机会跟中国人一起过，我们一直在这儿，吃饭睡觉都在这，学习也一直在这，所以嗯……没有机会去跟他们交流。但是呢，有时候嗯……在这也有几位朋友是本地的，但是我跟他们的关系不是很好，不是每天跟他们见面呀这样。（阿斯兰，女，土耳其）

谷兰也有相同的看法。

> 学校都会把留学生单独安排在一个宿舍楼，这样我们在课后碰面的机会就更少。学校很多管理制度都是人为地把留学生和本国学生区分开，我觉得这样不好，我希望住在普通宿舍，能交几个中国朋友。（谷兰，女，蒙古）

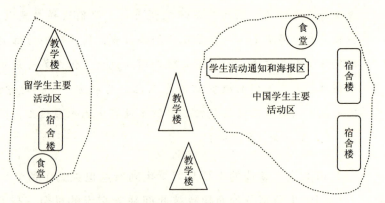

图 5－2　本研究部分参与者就读的 B 市某院校空间示意

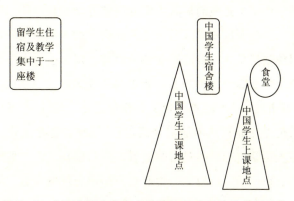

图 5 - 3　本研究部分参与者就读的 X 市某院校空间示意

事实上，如今许多中国高校对留学生的管理模式是特定历史时期对留学生管理"特殊照顾化"的部分延续。新中国成立之初，我国对欠发达的亚非拉国家进行教育援助，来华留学教育被我们视为履行"国际主义义务"，生活方面对留学生视若"外宾"予以特殊照顾，高校在学校条件极其有限的情况下专门设立与国内学生住宿和生活标准均呈巨大差异的留学生公寓和留学生食堂。[①] 可以说，对留学生的特殊照顾是特定历史时期国内外政治经济环境下的政策产物。然而，在当时特定历史时期出于国际主义义务的援助考虑的"物理空间的分离"安排沿用至今，却对留学生的心理空间产生了一定影响。这是因为，人们首先居于一定的物理空间之中，进而对自己所身处空间里的人际互动关系产生认同、依赖、喜爱、关照、归属感等相应情感，类似于哈维（Harvey）所提出的"地方感"，因此心理空间可以理解为基于所居住的物理空间而产生的情感空间。留学生与中国学生住宿和学习空间分隔，一定程度上对留学生对中国学生心理空间产生影响。

倘若空间能够被打破，将为更大的生活半径提供可能。在校园

---

① 李滔主编《中华留学教育史录：1949 年以后》，高等教育出版社，2000，第 831 ~ 832 页。

里结识的中国学生是他们极其重要的潜在互动对象群体，但如本章之前所述，受到制度安排（包括空间安排）的制约，他们在留学国的交往对象依然是具有很高同质性的群体。留学生与中国学生之间形成了两个近乎隔绝的世界，形相见却不相识。这与塞内特（Sennett）对城市做的一个经典的定义有相似之处，他说，"城市就是一个陌生人可能在此相遇的居民聚居地"。从交往深度上讲，大都市中的陌生人尽管进行着面对面的接触，但归根到底，这种接触属于非个人的、表面的、短暂的，因此也只是部分性的接触。从交往的持久性上讲，"陌生人的相遇是一件没有过去（a past）的事情，而且多半也是没有将来（a future）的事情"①。由于生活圈子、交往群体具有高同质性的特点，即使他们在留学国学习多年，他们并没有太多机会学到融入中国人的深层次规则里，特别是文化理念中去。

"我们想自己安排时间"：对留学生时间的制度性安排

有院校对留学生的学习时间安排做出了细致和明确的计划，学校希望通过这样的组织方式即留学生在固定的地点、固定的时间做固定的事情以获得较大的学习收获。因此，学习时间安排得较为紧密和有计划性，以促进留学生有规律地学习，从而在中国获得较大的学习收获。然而，接受访谈的一些留学生认为，学校这样的时间安排使其自身的生物时间和心理时间被占用，其自主性需求无法获得满足。

> 比如说下课一会儿我们想去一个地方，然后有晚自习要上，来得及来不及一直要上这个，如果迟到了会批评，还算旷课。刚来的时候有，因为我写作业就在晚自习写，在房间就不用做作业什么的。但是现在呢，不知道为什么，可能是

① 〔英〕齐格蒙特·鲍曼：《流动的现代性》，欧阳景根译，上海三联书店，2002，第148页。

天气变的原因，不太想一直两个小时坐在那。还有晚自习的时间就是刚好去外面玩的时间，因为晚自习会出去很晚，12点宿舍就要关门，所以你去哪儿都去不了；如果你去了回来的时间晚，这个时间在门口会出问题。然后晚自习之前去的话也可能来不及晚自习，这个很麻烦。每天学习的节奏实在是太快了，感觉挺累的。我们那边习惯做事情都比较慢节奏。

（格里木，女，吉尔吉斯斯坦）

生活在不同文化背景中的人们看待时间的方式是不同的，因为时间与人们的社会活动是紧密相连的，不同的社会活动形成多样的文化，表现出不同的看待时间的方式和计时模式。留学生对待时间的方式也会受到文化背景的影响。时间具有文化性，散漫还是紧凑似乎已被裹上了文化的外壳。"社会学家不能忽视每个社会、每个社会阶层，每个特定群体，每个层面都有在适合自身的时间中进行的趋势。"[1]

查娜认为中国老师经常临时性给她打电话安排事情是对她的时间的"不尊重"。她告诉我，在她们国家老师若通知学生做事，至少会提前一天告知学生。然而，到中国后，她发现学校里的临时性安排很频繁，这种"突然被告知"的做法让她觉得"不舒服"。查娜将时间看成自我的一部分，因此，她将学校临时性的安排看成对她个人的一种不尊重。

老师会突然给我打电话"来一下，今天有个什么事"，我会跟老师说"老师你们要尊重我们的时间"，经常会这样。我说你不尊重我们的时间，而且有什么通知要和我们说，提前说，最起码一天之前跟我们说，我可以安排好我自己的时

---

① 〔英〕芭芭拉·亚当：《时间与社会理论》，金梦兰译，北京师范大学出版社，2009，第145页。

间。或者老师比如说，我们国家这样，我们今天有课老师没来，那我们等15分钟，那就不要浪费时间在这上面，我们就走。如果老师没来这，他会通知你今天没有课，以后要补课，补课的事情也没有提前和你说什么时候，反正今天早上要补课给我们打电话或者直接发个短信，哦今天晚上四点钟有课。如果我自己四点钟有自己的安排，怎么办？在这一点上我觉得有点矛盾。每件事情都是小事情，但有时候会不舒服。（查娜，女，哈萨克斯坦）

一些留学生希望对时间进行重新"分区"，以此筹划出新的"空档期机遇"，或者压缩时间段提高时间使用效率，取消时间的大块"被安排"，形成一种新的时间结构。留学生对时间诉求的取向是针对自主性需求的，希望有自我控制其个人时间和空间"疆域"的权力。拉扎比希望自己的时间能够由自己掌握。

我特别喜欢把自己的时间自己掌握，但是来这之后，（学校）已经掌握了好多我们的时间，已经安排好了。我们现在北京时间10点钟上课，中间还有两个小时休息，如果我们不用这样的两个小时休息，直接就一直上课上到（下午）6点钟，6点钟之后剩下的时间（6点钟到12点钟）都是你的，如果这样就好了。但不是这样子的，现在就是中间休息一个小时，受不了。（拉扎比，男，塔吉克斯坦）

留学生还提到了对学校针对奖学金获得者打考勤做法的看法。查娜情绪较为激动地表达她对打考勤制度的不认可。

这个我觉得太……没有话说了。考勤这个事我觉得可能领导们讲的是对，为什么，因为是中国政府给的奖学金的钱，也不想浪费。但这样子给不学习的人，他们哪怕不要给那么多名额的奖学金。想学习的人你扣不扣她的奖学金他还是会学习，不想学习的人你用各种各样的方法他还是不想学习，他会这样子，来上课也不听，睡觉。这样的事，我在这里实习嘛，我们在后面也是听课嘛，记录，我觉得发现了很多。（查娜，女，哈萨克斯坦）

她认为政府在投放奖学金时应该严格把关。在她看来，奖学金是政府给予她们的资助，院校没有权力通过考勤制度等扣除她们的部分奖学金。

从与查娜的交流中可以看出，作为荣誉和奖励的奖学金资助不但没有成为拉近她与中国情谊的纽带，反而转变成了她消极认知和情感的"导火索"。从查娜的故事可以看出，奖学金吸引了她来中国留学，但奖学金的物质和荣誉奖励并没有提高中国在其心中的形象。

对我们留学生来说，为什么要扣我们的奖学金，这是我们的生活费，中国政府给我们的，为什么学校要扣？比如说我前几天身体不舒服去医院看病嘛，那时候如果不是星期六，如果是星期五，我去的话，还是会扣的。我知道会发生这样的事情，很多的，很多我的朋友，也哭了。他们比如说，在国外妈妈爸爸去世了。去学校他就说没事你回国吧，一个月的奖学金就没有了。就会给人一种不太好的感觉。而且他不会觉得这个学校当时为什么那样，反正大部分学生都不满意这样的一个……叫什么……惩罚。我觉得不要和学生说你为了1700块钱来到这里，心里也不舒服。（查娜，女，哈萨克斯坦）

也有接受访谈的留学生对学校紧密和计划性的时间安排表示认可。有留学生说：

　　我以前在我们国家上学时，每天两点就下课了，剩下的时间都是自己安排。我基本就是在家做家务，玩一玩就过去了。但是，在这里的学习我感觉特别有收获。我开始特别珍惜在这里的学习时间，我学习进步很快。（阿西夫，男，巴基斯坦）

不同学生对时间观念的认知存在差异。对于那些具有珍惜时间观念的留学生，就会自觉在学校教育生活中去争分夺秒地学习，自觉地放弃很多正常的活动时间。阿西夫对学校严格的时间安排表示很认同。

　　课程安排得密集这个都是为我们好，我觉得很有效率，每天很有成就。（阿西夫，男，巴基斯坦）

崔奥力加对学校的管理也表示理解。她来中国学习时并没有获得政府奖学金支持，是以自费留学生身份来中国学习，她认为学校已经给奖学金学生提供了优质的学习条件，如果奖学金学生不珍惜这样的机会对其他自费学生来说是"不公平的"。

　　学校给学生奖学金，我自己是认为不公平的。如果政府给你提供了那么多好的条件，是吧，你应该自己付出努力；而且有的学生上课的时候老睡觉，也不写作业，什么都不做，我还是觉得这个是不公平的，我觉得我们打考勤的情况很好。（崔奥力加，女，哈萨克斯坦）

拉扎比获得中国政府奖学金支持，他对学校考勤制度比较认可，认为考勤制度可以给学生"监督"作用。

　　打考勤这个做法很好，让他们好好学习，这是一个非常好的方法。看他的表现，如果表现得不好，扣奖学金是可以用。有些学生应该扣，因为来到这边以后不学习，这是应该，比如说，受到处罚也是应该的，哈哈。对他们就应该有个监督。然后处罚的一个作用，他一次扣奖学金，两次扣奖学金，第三次他们就不会了。晚自习对那些喜欢学习的学生是有好处的。（拉扎比，男，塔吉克斯坦）

格里木对留学院校的时间安排比较认可，她描述了一天的时间安排。

> 一天的大致安排是8点40起床，然后9点20必须要上早自习，9点20我们必须要到，我们还有一个打考勤。然后9点半开始上课。10点，11点钟下课。中间有40分钟休息的时间。我们可以回宿舍，喝茶喝咖啡，然后又必须要回来上三四节课。三四节课下课以后吃饭去。然后下午又4点钟上课，5点半下课。5点半下课以后，有的要去打太极拳，到市内的，有去打武术的。然后7点钟会在宿舍，去洗澡，然后上晚自习。晚自习上完以后，回宿舍，换衣服，散散步，买点水果，吃完回来睡觉。星期一到星期五就是这样子。我觉得这样可以学到很多东西，没有时间出去玩。（格里木，女，吉尔吉斯斯坦）

针对X市某大学留学生所提及的考勤制度和晚自习安排，参与本研究访谈的X市某大学留学生班级的几位老师向我分享了他们的看法。刘老师有着多年与留学生互动和管理的经验，她告诉我：

> 这些留学生年龄都挺小的，再加上学习自觉性也不高，这些中亚学生还是有比较明显的散漫的特点的，就是纪律意识比较淡，你如果不给他们规定，他们上课就会很随意。如果不用考勤啊晚自习呀来要求他们，那出勤肯定成问题。（刘老师，女，班主任）

李老师是某一个留学生班级的班主任，她向我分享了她管理留学生班级的经验。

> 我带的几个留学生班，我都会要求他们提前 10 分钟来教室；如果不这样规定，那么可能上课很久了他们才晃晃悠悠过来。其实学校对留学生有考勤这些规定真是挺有成效的，我就发现他们现在比刚来那会好多了。我们班上的同学就跟我说，他们以前在他们中亚国家，高中时就上半天课，一般上到下午两点就放学了，下午就是自由安排时间；来中国后时间不适应，但慢慢地发现自己也能紧张忙碌地学习。（李老师，女，班主任）

李老师说，"我们这些老师真是挺负责的，而且会想尽办法让他们来上课。有哪个学生没出现在课堂上，也没请假的话，我们就会打电话要么就直接上宿舍去叫。"当我问及对奖学金学生制定考勤制度会不会令他们感到不满时，李老师认为这是不得已的"无奈之举"。

> 不要求出勤的话，真是没办法保证他们都来。给你说个例子吧，你就可以发现打考勤是多么重要。我们曾有个女老师很柔和，脾气很好，就是很仁慈。留学生就发现她比较柔弱吧，就总是请假，而且请假的人越来越多，她好说话，刚开始都批准了。结果出勤率非常低。当她意识到要严格一些时，已经很难收回了。所以，没办法，还是要严格按照打考勤来。（李老师，女，班主任）

李老师认为，这些留学生，远离父母脱离父母的管教，再加之中亚相对散漫的文化，唯有通过制度性要求，才能促使其养成良好的出勤习惯，保证正常教学秩序的进行。李老师还告诉我，老师们除了通过考勤制度外，还苦思冥想了各种管理制度，比如，"我们每月按照考勤情况评选'全勤明星'，给予颁发奖励，把他们的照片贴在光荣榜上"。

对于奖学金学生可以通过考勤制度以保证出勤率，那么对于自费学生，学校是否有与奖学金学生一样的管理要求？负责短期语言生事务管理的吴老师向我介绍了对短期语言生班级的管理。

> 对这些短期来这里学语言的学生，我们也有考勤，但就不像对奖学金生那么严了。主要就靠各个班主任的能量了吧，还有学生自我管理自己的能力。不过学校制定了考勤率与班主任费挂钩规定，哪个班级出勤率高了，班主任也就能够工资高一点，算是一种激励吧。我们有个老师就在他们班上做了个考勤竞赛表，学生以他们来自的国家为单位进行竞争，看看哪个国家的学生出勤率高，效果还是不错的。（吴老师，女，班主任）

不论是否承认，自留学生进入留学院校的那一刻起，留学院校的制度、文化、氛围已在其身上刻下了痕迹。当他进入了学校空间，他已将自身融入了一个被加工改造的熔炉，留学院校时间上的安排为他学习的进步和收获起到了重要的作用。

管理者的逻辑和留学生个体的逻辑

留学生的时间不只是滴滴答答的钟表时间，留学生的空间也不再仅仅是满足其生活和学习的载体，留学生的时间和空间成为一种制度性的安排被固定下来。然而，"制度世界的客观性，不管它看上去对个体来说有多巨大，都是一个由人创造、构建的客体"[1]。留学生管理的制度性安排由学校管理者所创造，因而被融

---

[1] 〔美〕彼得·伯格、〔美〕托马斯·卢克曼：《现实的社会构建》，汪涌译，北京大学出版社，2009，第52页。

入了管理者的逻辑，留学生的时间和空间也被掺入了组织的意义的构建。

管理者的逻辑

居住区和教学区是留学生在华学习和生活的主要场所，也是其进行学习活动和互动的基本空间。管理者的逻辑，其一是，学校从方便管理出发对空间布局进行规划和安排。学校教育时间制度对维护学校教育的秩序、保障学校教育的正常运行具有重要功用。学校教育时间的"切分－嵌入"措施，以精确的方式对时间的切分和对活动嵌入性的安排是为了获得秩序，是为了消除学生自然要求和功能带来的混乱，通过时间塑造出留学生学习生活的秩序。不可否认，制度化的重要益处是可以使人与人之间的互动以及人的行为变得可以预期，制度化为人们的互动和行动提供一种稳定性。

其二，学校管理者确信这种结构性原则派生出来的程序和路径能够实现留学生个体安全和学习时间最高利用率，以获得最大化学业收获。管理者的逻辑是希望留学生在华的学习时间得到充分和最大效能地运用。由此可见，管理者在一定程度上主动承担起留学生在中国的"家长监督"角色。此外，也是考虑到留学生对住宿房间设施和条件的需求，为其安排更为宽敞的房间。

留学生个体的逻辑

大部分留学生对制度安排表示认可和理解，是基于对留学生身份的认识，学习是其需要完成的任务，"学习是学生的天职"，特别是那些有极其强烈的学习动机或诉求，以及对组织制度安排深刻理解的留学生。

那些对空间安排不认可的留学生的理由是，活动空间的局限，导致其互动对象的固定化和有限性，导致对与行动有关的资源获得的匮乏。他们需要通过拓展行动空间和区域来获得更多的互动机会和行动资源。留学生对空间诉求是一种对互动机会和行动资源的取向。学习和生活实体空间的分隔，使得互动交往空间也被分隔开来。可以说，空间上的分隔加剧了留学生与当地中国学生群体互动交往空间的闭合趋势。留学生与当地学生居住和上课空间分异，是指因管理原因等而导致的留学生的群体集中居住于某一地理区域，在某个特定的教学楼上课，从而影响到留学生群体与当地学生群体建立互动关系。他们认为，学校的某些做法并没有为留学生这个特殊群体提供与本国学生互动交流的有效机制，反而制定了某些人为的、组织的、有意安排的区隔政策。

对于学校紧凑而有计划性的时间安排，那些对此并不认可的留学生的逻辑是，为安全和学习最大收获而牺牲了自主是不值得的。首先，他们认为学校秩序的获得是以限制人的自由本性为代价的；其次，诸如晚自习等时间安排本身已经是从学生的日常生活中切割出来的时间段，在一定的程度上是与日常生活时间相分离的，是对其自主时间的占有和剥夺；再次，学习活动的主体——学生的社会和心理状态没有被充分考虑。

管理者的逻辑与留学生个体的逻辑的一致性、顺应与抵抗

对身体的时间化和活动范围的空间化安排，本质上是对时间和空间设定了界限。按照齐美尔（Simmel）的说法，"人方方面面的存在，时时刻刻的行为，都处在两个界限之间，这一点决定了人在世上的定位"[①]。特斯特（Tester）也对此做了解释，"界限

[①] 转自〔英〕基斯·特斯特《后现代性下的生命与多重时间》，李康译，北京大学出版社，2010，第 8 页。

为存在指引了方向，为存在确定了位置。若无界限，若无方向和定位，社会文化活动就会沦为漫无目标的胡乱折腾"①。倘若留学生能够理解到管理者制定制度的逻辑是为避免所谓漫无目标的胡乱折腾的话，即当管理者的逻辑与留学生个体的逻辑能够达成一致性时，双方能够实现对彼此的理解和认可时，那么结构性条件将成为促进个体发展的助推器。

然而，当个人的逻辑与学校组织的逻辑的一致性出现分歧，特别是当个体认为学校的制度安排限制其个人自由时，留学生将对制度安排产生冲突性认知，留学生陷入了某种困境，考虑是"硬着头皮"去顺应制度化安排，还是逃离或采取抗争性行动以摆脱此种延续例行化行动所带来的困境，用反规训战术竭力争取自己的自由时间。但是，在反复斟酌和掂量后，考虑到逃离例行化行动可能会因触犯到制度规范而受到处罚或者有其他风险的存在，他们还是会选择顺应制度化安排。

但是，如果留学生对结构性原则不支持，个人有强烈抵触情绪，当个体想要逃离或采取抗争性行动以摆脱此种延续例行化行动时，管理者需要慎重思考和特别关注。留学生不知道这些结构性原则对个人欲求的条条框框的限制出自何处，依据为何，他们认为学校应给与其合理充分的解释。若无有效沟通，长此以往，个别留学生积蓄不满，常常通过消极抵抗的方式表达，试图摆脱这种"延续常规所陷入的不适"，不想个体的生活诉求就这样被"抑制住"。他们在与我的交流中无形中透露出追求其自主性需求的诉求。

对于自由与秩序的讨论，从来都不会过时。"从社会的角度看，制度最直接的功能，并不是成就和增进个人自由，而是形成

---

① 〔英〕基斯·特斯特：《后现代性下的生命与多重时间》，李康译，北京大学出版社，2010，第10页。

和塑造社会秩序；而且，制度对个人自由的成就和增进，也只能以形成和塑造社会秩序的方式进行。无论是对社会，还是个人，社会秩序都具有功能上的优先性，虽然这种优先性只是工具性的。"[1]这段论述在我与阿西夫的访谈中获得了"共鸣"，他认为"学生有自由，那就不是学生了。学生来学习就是要放弃个人的舒适的自由"。

> 我们拿着中国政府的奖学金，老师要管我们是应该的。因为我们来自不同国家。在我们的班里有很多国家的学生，有土耳其的学生，日本的学生，他们的性格不一样。老师的工作是什么，都在一块，然后互相学习。所以，这对我们来说是一个好方法，因为我们每天来上课，父母让我们来中国学习，然后我们不学习的时候，就是浪费时间，浪费中国的钱。对这个事情来说，我知道什么方法特别好。老师们不让迟到和旷课，所以他们每次都敲你们的门，然后说来上课吧。课堂上老师不让我们睡觉，不让我们玩手机，上课就必须要上课。那你有没有觉得这样就没有自由了？学生就不应该要自由啦。如果学生有自由，那就不是学生了。既然是学生，来学习，就应该放弃个人的舒适的自由。（阿西夫，男，巴基斯坦）

本章小结

在本章第一部分，介绍了留学生互动网络及其特征。留学生与其他个体通过互动而形成互动网络。从对互动网络的密度、广度、趋同性或异质性（留学生互动网络成员之间的相异程度）、

---

① 邹吉忠：《自由与秩序》，北京师范大学出版社，2003，第196页。

属性的勾勒，可以以此确定留学生在互动网络中的位置。留学生的互动网络结构，每个人是有差异的，但总体呈规模小、紧密度高、趋同性强、异质性低的特征。组合形态多为留学生之间的互动组合。此外，人际互动网络中留学生与每一个面向的群体互动的动机、功能和关系维持机制都各不相同。

由于地域靠近、文化相似，同时共享的留学生身份，以及在居住空间距离上的"得天独厚"的便利，留学生与本国的留学生呈现出高度联合的互动关系网。基于共有的留学生身份，留学生也与其他国家的留学生具有一定的强度和频度的互动，形成了留学期间的强纽带关系。紧密的网络关系，在满足其日常交流需求的同时，也阻碍了他们与其他成员的互动。他们在中国接触的当地中国人比较单一，主要是同班的中国同学，且在课程结束后便中断了彼此间的联系，很难将中国学生和教师纳入自己密切和持久的网络关系中。留学生与中国学生处于弱纽带互动关系中。教师亦师亦友的角色成为留学生在留学期间有力的"问题解决者"，但是他们对教师"友好地差别化对待"感到困惑。留学生与母国亲人的互动呈现阶段化差异特征，亲人既是情感牵挂也是情感支持来源，但是随着留学时间的延长，留学生与亲人的交流变成有意识地信息过滤。

本章第二部分，介绍了留学生如何看待"我们"与"他们"，从而形成对人际互动我群体与他群体的再生产作用。已有文献中有不少关于中国人日常生活中对自己人和外人分类的研究，认为主要通过先赋性关系和交往性关系判断是否为"我们"，通过通婚、过继、拟血亲关系（例如结拜）等成为具有先赋性关系的自己人或者是通过交往而被接纳为自己人。[①] 当社会流动出现之后，

---

① 杨宜音：《关系化还是类别化：中国人"我们"概念形成的社会心理机制探讨》，《中国社会科学》2008 年第 4 期，第 148～159 页。

特别是在当前高等教育国际化方兴未艾的背景下，关于我们和他们的分类可能会有不同。同中国人对自己人和外人的分类相比，跨越国界的留学生对自己人和外人的分类则显得复杂得多。除了生物学意义上的先赋性关系因素，以及通过互动－交往获得的反馈之外，历史－文化意义、被赋予的身份也对判断自己人和外人起到至关重要的作用。此外，由于留学生个体身处异国他乡，留学国世界对他们来说是陌生的，远远超出他们在母国世界的熟知领域，无法驾轻就熟地进行判断；所以留学生多会利用已有有关留学国世界的"手头的库存知识"进行社会比较和社会评价，而这些手头知识很可能是刻板印象、偏见、歧视甚至是污名化了的知识。当留学生和本土学生不能充分获得令双方满意的知识量，仍然以"手头的库存知识"来理解彼此时，固化的、刻板的社会认知系统便很难改变。

本章第三部分，考察了时空的结构性条件对人际互动网络的强化功能。留学生与中国学生住宿和学习空间分隔以及对院校留学生时间的制度性安排体现的是学校管理者的逻辑。物理空间的分隔，产生了个体主观心理空间的隔阂，拉大了留学生群体与当地学生群体的心理距离。当内心产生自我隔离，同时互动的物理空间被限制和区隔后，这些留学生转而向内，在所处的限定的物理空间内构建其互动领域。由于其所处的物理空间都是留学生群体，因此留学生的互动领域也多为留学生同质群体。本研究认为，当管理者的逻辑与留学生个体的逻辑一致或者双方能够实现对彼此的理解和认可时，结构性条件将成为促进个体发展的助推器；当管理者的逻辑与留学生个体的逻辑出现较大分歧或者留学生对结构性条件产生冲突性认知时，特别是当个体想要逃离或采取抗争性行动以摆脱此种延续例行化行动时，尤为需要引起管理者关注，如图 5－4 所示。

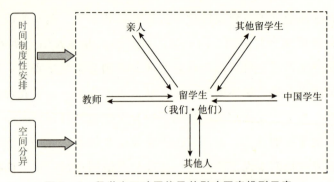

图 5 - 4   留学生互动网络及其影响因素模型示意

本章中的研究发现与以往研究可以展开某种对话。

第一，关于留学生与留学国世界当地学生的互动情况以及影响互动发生的因素，与以往西方有关留学生交往的文献有着相似的结论。以往研究也表明尽管与当地学生互动对留学生学习与适应有诸多好处，但是互动的程度很有限。已有文献表明大多数留学生报告说和东道国人的关系主要是工具性的，也就是说能够满足学术上的要求和获得语言上的帮助，来自其他国家的留学生主要是为其提供社会支持。阿沙瑞达等人（Al-Sharideh and Goe）提出概念"民族群体"（ethnic community），这里的民族（ethnic）指同种族、或同民族、或同国籍、或同文化的人组成的社会关系群体，如中国人的圈子，阿富汗人的圈子，作者指出这种文化圈子减少了与所在国文化接触、吸收的机会。民族群体的作用是作为一种社会支持，可以解决留学生遇到的一些问题。[①] 马克（Mark）等人通过对 121 位参与网络问卷的在美留学生的研究发现，留学生普遍反映美国当地的朋友数量很少，留学生的朋友圈主要来自同国以及其他国家的留学生。[②]

① Al-Sharideh, K. , Goe W. R. , "Ethnic Communities with the University: an Examination of Factors Influencing the Personal Adjustment of International Students" [J]. *Research in Higher Education*, 1998 (6): 699 - 725.

② Mark, S. et al. , "International Students: a Vulnerable Student Population" [J]. *Higher Education*, 2010 (1): 33 - 46.

　　研究发现，互动的积极与否对留学生收获和发展产生显著影响。① 留学生在新环境里所拥有的朋友数量是衡量其成功与否的一个重要因素。那些参与同伴项目以及投入更多非正式时间与当地学生互动的留学生被证明比不参加同伴项目和投入较少时间与当地学生互动的留学生有着更好的社会适应。此外，与当地学生建立友谊的学生在情感上受益多，对旅居生活更为满意。② 学生如果更多地投入校园团体中，特别是在与同伴或教师社会化互动中，有可能增加其积极的学术经验。祖尼加（Zuniga）等人的研究表明，与不同背景的学生进行互动的留学生在社会认知和平等主义结果上显现出较显著变化。③ 更具体地说，互动的质量对学生解决问题的能力以及复杂性思维能力产生影响。乌尔塔多（Hurtado）的研究表明，与多元化背景的学生进行积极的有意义的互动，与文化意识提高、对社会事务感兴趣、对建立个人力量能够改变社会压力的信念以及具有观察其他人的能力相关。④

　　然而，消极的互动将会阻碍学生获得发展的机会。研究表明，那些没有积极促进学生参与社会连接的院校降低了学生投入的机会，并且增加他们的社会隔离。⑤ 此外，在影响留学生互动的因素

---

① Engberg, M. E., "Educating the Workforce for the 21st Century: A Cross-Disciplinary Analysis of the Impact of the Undergraduate Experience on Students' Development of A Pluralistic Orientation" [J]. *Research in Higher Education*, 2007 (3): 283 –317.

② Rehrlich, B. F. and J. N. M., "Host Country and re-Entry Adjustment of Student Sojourners" [J]. *International Journal of Intercultural Relations*, 1991 (2): 163 –182.

③ Zuniga et al., "Action-Oriented Democratic Outcomes: The Impact of Student Involvement With Campus Diversity" [J]. *Journal of College Student Development*, 2005 (6): 660 – 678.

④ Hurtado, S., "The Next Generation of Diversity and Intergroup Relations Research" [J]. *Journal of Social Issues*, 2005 (3): 595 –610.

⑤ Rose-Redwood, C. R., "The Challenges of Fostering Cross-Cultural Interactions: A Case Study of International Graduate Students' Perceptions of Diversity Initiatives" [J]. *College Student Journal*, 2010 (2): 389 –399.

中，一个重要因素是交流的意愿（willingness to communicate）。交流的意愿是指在机会面前，个人愿意主动发起对话的可能性。① 卢等人（Lu and Hsu）的调查表明，除了动机，语言能力是影响交流意愿的因素之一。②

第二，以往有关中国人人情和关系的研究表明，在人际关系方面，西方更强调对等原则，中国则更强调一个人在一个关系网络中的位置和针对不同的人所应采取的不同态度和行为。③ 中国的人际关系由此呈现出一种"以己为中心"由近及远的"差序格局"。④

本研究中通过与留学生的访谈以及与中国学生的交流发现，中国学生与留学生互动似乎并没有"人伦"这样的义务约束。中国学生之间的交往，一种是出于真情的互动（情感互动），一种是迫于义务的互动（伦理互动），还有出于功利性的互动（功利互动）。对于第一种真情互动，彼此之间"谈得来"或情投意合，分享各自生活经验和互为情感支持。但是，并不是所有的互动都是发自真实的情感和认可，也存在其他属性的互动，如第二种迫于义务或伦理的互动，这样的义务压力来自所在群体的压力或者彼此朋友圈的压力。当其履行对同学、朋友的义务时，是对儒家传统和伦理道德的践行。倘若放弃承担交互的义务，他们会被班级集体中的其他同学以及老师视为不合群、影响"人品"，是极

① McCroskey, J. C., & Richmond, V. P., "Willingness to Communicate and Interpersonal Communication". In J. C. McCroskey & J. A. Daly (Eds.) *Personality and Interpersonal Communication*[M]. Beverly Hills, CA: Sage 1987: 129 – 156.

② Lu, Y. & Hsu, C., "Willingness to Communicate in Intercultural Interactions Between Chinese and Americans" [J]. *Journal of Intercultural Communication Research*, 2008 (2): 75 – 88.

③ 杨国枢:《中国人孝道的概念分析》，载杨国枢主编《中国人的心理》，桂冠图书股份有限公司，1988。

④ 费孝通在《乡土中国》中提出"以人伦为经，以亲疏为纬"的人际网络，参见庄耀嘉、杨国枢《角色规范的认知结构》，《本土心理学研究》1997 年第 7 期。

其丢面子的。更重要的是，由于其的不作为行为，会失去之后潜在的关系网和社会资源对其的支持。彼此间所拥有的共同朋友越多，这种伦理压力也就越大。可以说，中国学生在与中国学生及其教师的互动中，有一个隐形的义务之网罩着。除非个体不在意道德谴责和社会资源，否则任何个体都无法逃脱义务之网的约束。第三种中国学生之间的互动是功利性的，即个体为从另一方获取资源而有目的性地交往。

然而，当群体对象发生变化，即从面向中国人的群体转向外国人的群体时，交往的属性随之发生变化。第一种出于真挚情感的互动是存在的。当彼此对对方产生真情时，国家和民族的成分是可以被"悬置"的。对于第二种迫于义务的互动则不适合于中国学生与留学生间的互动。大多数中国学生可能会认为，留学生的"外国人身份"不必被纳入伦理道德规范的约束框架中，与留学生的互动没有这样的义务压力，即没有"捆绑性纽带"的联系，也就没有互动义务的约束。由于中国学生与留学生共同拥有的朋友较少，不存在一定的群体压力，没有太大的道德"枷锁"。中国传统文化中所提倡的责任、义务、信任等文化根源似乎在中国学生与留学生互动中被"淡化"。中国学生与留学生的互动更多地是以功利化的工具性互动形态发生。中国学生面对跨文化对象群体时的差别化，与费孝通先生有关差序格局下中国传统社会儒家伦理关系利他性"义务"优先于情感需求和工具需求是有差异的。中国学生会根据先赋性标识来判定是否"自己人"，若是自己人才会在人情范围内定夺。

根据与留学生访谈中他们对与中国人互动的描述，按照伦理、感情和功利性划分，本研究构建了中国人互动的"互动性质模型"，以此可以映射出中国人的人际交往特征主要取决于三个维度："人情"，即是否把对方视为自己人；"感情"，即是否与对方产生感情；"利益诉求"，如图5-2所示。

（1）强人情，强感情。把对方看作"自己人"且有感情纽带，发生互动且互动频繁。

（2）强人情，弱感情。把对方看作"自己人"，有这样的伦理纽带，但未产生感情，发生互动但互动不频繁。

（3）弱人情，强感情。对方可能不算作"自己人"，但与对方产生感情，如里尔别克与其中国女友发生互动且互动频繁，但由于存在将对方归类的差异特征，在互动中会产生相应的问题，从而影响互动质量。

（4）弱人情，弱感情。对对方有利益诉求，是一种功利性的互动。当利益诉求结束时，也意味着互动关系的结束。

（5）弱人情，弱感情。对对方无利益诉求，不发生互动。

表 5 - 2　中国人互动性质

互动关系		感情	
		强	弱
人情（是否判断为自己人）	强	自己人 互动频繁	自己人 互动不频繁
	弱	不是"自己人" 发生互动，有潜在问题	有利益诉求 无利益诉求　　功利性特征 不发生互动

第三，在对住宿空间的安排上，留学生的态度有一些矛盾点。

> 有想过跟中国的学生住，想过几次，但是中国学生好像六人一起住，是吧？这个学校好像没有这种政策，没有这种安排，而且条件比我们留学生的条件糟，没有淋浴。（阿斯兰，女，土耳其）

也有不住学生公寓而选择自己在校外租房的留学生。

> 我住的房子，是我自己租的房子，不是学校安排的，也

不是学生宿舍，那是我自己租的。租两年三年了吧。宿舍有时候太吵了，有时候就呃……说实话白天没有热水。（拉扎比，男，塔吉克斯坦）

一方面，留学生认为留学生与中国学生住宿空间和教学空间分异影响了其与中国学生的互动；另一方面他们又认为中国学生的住宿条件比较拥挤，不如留学生的宿舍舒适。所以，如何在二者之间找到平衡是对留学生事务管理者的挑战。

第四，本研究发现尽管留学生生活场发生了变化，但仍未跨越和改变其以地缘关系和共同"外国人"身份为纽带的边界。要冲破这样的固有边界，一方面需要从内心冲破封闭的藩篱，另一方面也需要各种与当地接触的外部制度的支持。

第五，本研究发现不同国家、不同文化模式对老师角色的理解和期待有很大差异。有关与中国老师的互动，以及对中国老师所体现的角色的认识，本研究中留学生参与者普遍感到与他们母国世界中的老师只负责学生的学习指导有所不同，中国老师亲切和蔼，不仅在学习上用心指导，而且在生活上关心学生，嘘寒问暖。他们对中国老师角色感知是"亦师亦友亦父母"，他们的父母不在中国，然而中国的老师就像是他们的父母一样照顾和关心着他们。他们还认为中国的老师是他们的"问题解决者"。不少留学生都对他们的中国老师非常认可。

国外也有不少文献涉及留学生与老师的互动以及对老师角色的感知。在英国就读的来自亚洲的留学生理想的导师形象是那些可以在研究课题初始阶段就能给予其指导，然而这样的理想导师在其留学生活中很难找到。① 大多数国外文献对中国留学生的印象是，他们认为好的老师拥有渊博的知识，对学生进行清晰地指导，

① Elsey, B., "Teaching and Learning", in: M. Kinnell (Ed.) *The Learning Experiences of Overseas Students* [M]. Buckingham, Open University Press, 1990: 55.

对学生有细致的关心，甚至是学生可以追随的道德典范。在这样的逻辑前提下，中国学生应该尊重老师、全盘接受而不是对老师的话提出质疑。但是，从英国教师角度看，好的教师应该是促进者和组织者，帮助学生发展创造力和独立性。学生应该被鼓励参加和投入对话中，而不是仅仅吸收老师所说的话。[1] Channell 对在英国攻读授课制和研究制的研究生留学生的研究发现，留学生先前的教育经验是以被控制和被指导为主的模式，因此当他们进入英国的教育系统后，感到迷失、不安全和没有方向性。[2] 一项对澳大利亚教师的调查发现，教师们对留学生的语言水平表示担忧，同时也反映出他们对留学生缺乏耐心。教师们批评留学生没有承担起学术进步的个人责任，缺乏批判性反思能力。此外，调查还发现，教师们对留学生感情和心理困境的关注不够，更没有意识到留学生们经历的文化适应上的困难，教师们错误地将学生的沉默理解为不感兴趣或能力不足。[3]

以上这些国外研究发现在欧美国家的留学生（不特指亚洲）对师生关系和师生互动不满意，他们希望教师能对他们给予清晰的指导、对学生有细致的关心，甚至是学生可以追随的道德典范。然而现实并不如其所愿，他们在那里找寻不到这样的"理想老师"。事实上，这样"理想的老师"在他们的母国世界中是真实存在着的，就是与他们之前发生过互动的老师。而本研究中，留

[1] Cortazzi, M., and Jin, L., "Communication for Learning Across Cultures". In D. McNamara and R. Harris (Ed.) *Overseas Students in Higher Education*, [M]. London: Routledge, 1997: 76 - 90.

[2] Channell, J., "The student-tutor Relationship", in M. Kinnell (Ed.) *The Learning Experiences of Overseas Students* [M]. Buckingham, Open University Press, 1990: 57.

[3] Robertson, M., Line, M., Jones, S. and Thomas, S., "International Students, Learning Environments and Perceptions: A Case Study Using The Delphitechnique" [J]. *Higher Education Research and Development*, 2000 (1): 89 - 102.

学生反馈的中国教师的特征与在国外文献中出现的当地留学生母国世界教师的角色感知保持一致。从以往研究和本研究中都可以看出，不同国家、不同文化模式对老师角色的理解和期待是有很大差异的。

第六章
教室里的跨文化学习者

当你全心全意梦想着什么的时候，整个宇宙都会协同起来，助你实现自己的心愿。

——〔巴西〕保罗·柯艾略（Paulo Coelho）《牧羊少年奇幻之旅》

留学生作为学生，在留学国肩负着学习的任务。阿斯汀（As-
tin）认为，学生投入学校生活的身心数量和质量与该学生的学习
成果具有紧密的正相关关系。① 目前大量研究都表明，学生投入和
成绩、学生投入和学生保留率、学生投入和综合能力的收获都呈
正相关。② 鉴于此，研究留学生在中国的学习投入行为具有重要意

① Astin, A. W. , *Achieving Educational Excellence* ［M］. San Francisco：Jossey-Bass,
1985：134, 135, 135 – 137.

② 有大量文献对学生投入做了细致的研究，比如 Kuh, G. D. , & Vesper, N.
A. , "Comparison of Student Experiences with Good Practices in Undergraduate Edu-
cation Between 1990 and 1994" ［J］. *Review of Higher Education*, 1997, 21：
43 – 61; Pascarella, E. T. , Whitt, E. J. , Nora, A. , Edison, M. , Hagedorn,
L. S. , & Terenzini, P. T. , "What Have We Learned from the First Year of the
National Study of Student Learning?" ［J］. *Journal of College Student Development*,
1996, 37：182 – 192; Pike, G. R. , "The Effects of Residential Learning Commu-
nities and Traditional Residential Living Arrangements on Educational Gains During
the First Year of College" ［J］. *Journal of College Student Development*, 1999, 40：
269 – 284; Terenzini, P. T. , Pascarella, E. T. , & Blimling, G. S. ,
"Students' Out-of-class Experiences and Their Influence on Learning and Cognitive
Development：A literature Review" ［J］. *Journal of College Student Development*,
1996, 37, 149 – 162; Astin, A. W. , *Four Critical Years Revisited* ［M］. San
Francisco：Jossey-Bass, 1993; Pike, G. R. , Schroeder, C. C. , & Berry, T.
R. , "Enhancing the Educational Impact of Residence Halls：The Relationship Be-
tween Residential Learning Communities and First-year College Experiences and Per-
sistence" ［J］. *Journal of College Student Development*, 1997, 38：609 – 621; As-
tin, A. W. , "Involvement：The Cornerstone of Excellence" ［J］. *Change*, 1985,
17 (4)：35 – 39.

义。留学生学习投入是指留学生于留学期间在课内和课外为与学习相关或与学校相关的学习活动所花费的时间、情感、精力。在同一学习行为上，不同留学生对此学习行为投入的动机、时间、频次、情感、归因等都有可能存在差异。相同的留学生在不同的学习行为中也会表现出不同的投入动机、时间、情感和归因。

课堂投入动机

"很想和中国学生一起上课"：对专业课程的期待

相比在留学生的班级里与留学生一起上课，美国留学生汤姆更愿意与中国学生在一起进行专业课的学习，以提高专业水平。

> 我觉得还是最好多跟中国学生一起上，因为这样才能体现出我们是在中国学习，有中国特点的，还有就是专业水平，专业的那个水平。如果我们自己上的话，老师的速度一直很慢，语速非常慢，就是他一直看着我们，语速很慢，这样的话我们没有办法提高。现在，就是特别想跟中国学生一起上课。（汤姆，男，美国）

"我来中国不是来睡觉和上网聊天的"：自费留学生的积极投入

哈萨克斯坦自费留学生崔奥力加在中国学习期间并没有获得政府奖学金的支持，她认为"来中国不是来宿舍睡觉和上网聊天的"，考虑到"父母赚钱不容易"，所以她"珍惜父母的辛苦"，"一直在学习"。正是因为她的积极投入，尽管来中国时并没有获得政府奖学金资助，但是通过在中国一年的学习，她获得了所在院校提供的丰厚的留学生奖学金。

父母要交钱，而且我不是来中国在宿舍睡觉的，我不会一直在网上聊天，我不是来中国弄这些东西，这些东西其实我就可以随便在哈萨克斯坦做了，而且都是免费的，是吧？现在我的父母也不是随便赚钱，所以我现在开始珍惜我父母的辛苦，就是一直在学习，一直在学习。（崔奥力加，女，哈萨克斯坦）

不投入行为的自我归因

"比不上中国学生"：个体的自我否定

社会学理论认为，个体的自我概念会影响个体日常生活中的行为与判断。自我概念、自我认知、自我同一性都非常重要。如果一个持消极自我同一性的留学生感觉自己语言水平不足，或者文化上存在较大差异，或者感到当地学生对自己态度不好而被排除在群体之外时，他们就会选取外围参与。

我们就比不上中国学生吧，在科研方面我自己觉得比不上。如果是在理科方面语言不是很重要，但是在文科上语言非常重要，我觉得我们比不上中国学生。所以跟他们一起上课，我也不太爱说话和发表意见吧。（秋爱，女，越南）

"我是留学生嘛"：主动"去竞争化"

留学生对自我定位的认识也影响着其投入。留学生对"留学生身份"的强化，使其主动地将个体与当地学生"差别化"，放弃同班级里中国学生的学习竞争。

我知道我跟他们的情况不一样，我是留学生，我总不会

跟他们比赛吧。我能感受到他们之间有竞争，但是我也不敢
把自己放在他们的竞争里面，他们竞争跟我没关系。我，好
像我本科的时候我也有竞争力，我也想当第一名，我也想知
道我同学说怎么样的；不过我在中国不一样，我根本不想知
道中国学生做了什么，他们的分数是多少怎么样怎么样，我
只知道，我现在做的我已经满意了。（米拉，女，泰国）

"说错了很丢人"：使用非母语的心理障碍

当留学生使用非母语交流时，语言似乎不能完全描述其思想。
留学生认为"本地的中国学生发言非常学术，而留学生发言则显
得很浅显"。因此，一些留学生便放弃提问和发言机会，因为认为
其汉语不好，对自我的否定阻碍了课堂的参与。

> 亚洲人有一种心理的障碍吧，我不知道怎么样，自己这
> 样子会不会好啊，我这样说对不对啊。有一种会担心，说错
> 了同学们会怎么想啊，老师们会怎么想啊，说错了好丢人。
> （俊扬，女，韩国）

"他们总说俄语"：被排斥感知

语言不只是中性的工具，也是被群体内资格较老的成员所主
导的社会实践。根据布迪厄（Bourdieu）的论述，最根本的、最
可靠的，也是隐藏得最好的审查就是那些通过交流将某些个体排
除在外。[①] 土耳其留学生对课堂上其他留学生经常使用俄语感到沮
丧，一方面平时没有机会说汉语会造成汉语水平提高迟缓；另一
方面她听不懂俄语从而无法与其他同学进行交流，俄语语言的障

---

① Bourdieu, P., "The Economics of Linguistic Exchanges" [J]. *Social Science Information*, 1977 (6): 648.

碍使她感受到被群体排除在外。

> 呃……在这儿嗯……可以说所有的人可以说俄语，然后他们一直说俄语，所以没有办法说汉语，他们一直说俄语以后嗯……就汉语不好学了，可以说这样。就是在上课，老师给我们说一个话题，他让我们讨论，然后我们要讨论的时候，他们都开始说俄语，然后我就在那里不知道做什么，呃……我提醒他们你们说汉语，我听不懂，这样。呃……他们总说俄语，到后来我在课堂上也就不太想说话了。（阿斯兰，女，土耳其）

"无所谓，有点懒，没兴趣"：公费留学生的消极应付

有留学生告诉我相比自费生来说，公费留学生或者获得奖学金资助的留学生对学习是在消极应付，他们对课程兴趣不足，"有点懒"，对回答问题以及课内投入与否"都无所谓"，但是鉴于学校对奖学金学生每堂课要打考勤的要求，这些留学生"不得不"来到课堂上课。然而，他们在课堂上往往通过"玩手机上网"消磨时间。

> 我们班大部分男生都很积极，他们会说一下课外的话题，不仅是课本的问题，说话很多。但是我觉得很多女生害羞说话，不是她们能力不够，她们不想说话，很懒，她们无所谓，因为她们是公费生，如果她们旷课，一直扣奖学金，她们，嗯，不是说她们能力不够，她们能力挺强，她们是因为拿奖学金就必须要来上课打考勤，所以才来上课的。但是她们来上课觉得回答不回答无所谓，有点懒，不想说了。那个课对她们也没有特别大的兴趣，只要随便来了，玩手机上网，下课后就回宿舍。（崔奥力加，女，哈萨克斯坦）

"我不是自愿来这里学习的":被动学习动机

上述所论的自费留学生学习更为努力和投入,公费留学生则是在消极应付。这可能只能说明一些留学生的问题,但并不能推广至所有的自费留学生和公费留学生中。有一位留学生讲述了班上一位自费来华留学生在课堂上学习很被动,主要源于来中国和在中国所读的专业都不是她主动选择的,而是受到父母的影响,是父母安排她来到中国学习的。

> 也有自费的,我有一个女性同学,我说你为什么来到中国,她说她被父母勉强来中国学,因为她不是主动选自己的专业,选国家,这个我觉得也有影响,很大的影响,她就是觉得对学习无所谓。(崔奥力加,女,哈萨克斯坦)

这种仅仅通过外部影响干预却没有产生内生动力的选择,直接影响其学习投入程度。

"我不喜欢这种教学方法":对教学方式的不认可

加拿大留学生玉梅在中国读语言课程,她对老师们的教学方式有些不认可,在她看来这是"对小学生和中学生的做法"。她也理解学语言没有特别好的方法,但是还是希望老师在教学方式上能够有所改进,调动学生自主学习的积极性。

> 一般学汉语都要这样教,但是看起来像小学还是中学这样,我觉得没办法(接受)。因为我们习惯博士都是一起教育,但是语言……嗯,我觉得有一点很明确,必须要老师教我们,因为我们的水平没有那么好,不可以用别的方法。可以尝试别的方法来教我们,所以最希望我们可以自己学。(玉梅,女,加拿大)

针对教学方式，B 市某大学一位教授汉语的中国老师告诉我，玉梅所反映的一些欧美学生不认可教学方式，的确也是教师在教学中实际遇到的问题。

> 我们老师实施教学是以中间水平为依据的，因此对于特别突出和水平特别低的学生，就会觉得要么太容易太简单了听起来没意思，要么觉得太难了听不懂。而且学语言本来就是一个相对枯燥乏味的过程，如果整个课堂过于活泼，那么也完不成教学计划。（汉语老师，B 市某大学，中国）

影响投入的中介条件

"感到被边缘化"：对获得成员资格的诉求

在访谈中我感受到，留学生在课堂上不仅有"说"的需求，也有"被聆听"的需求。留学生开口说话，能够表达，并不能确保被新的学习群体所接受并有了归属。他们还需要获得"被聆听"和"被尊重"。新来者很可能不被老的成员视为群体中的一员，原有的成员可能并不会为新来者参与实践打开通道。留学生在群体中的"非成员身份"也是其形成较为消极的自我同一性的因素之一。群体中的少数成员或新成员说话的权利被边缘化，会导致其自尊和自我认识的缺失。

> 跟中国学生一起上课，主要以他们为中心的课堂，老师非常少关注我们。在班上，留学生数量和中国学生的数量差不多，但是基本跟老师互动频繁的还是他们。因为我们留学生听不懂他在说什么，然后就，然后他们就不想听了，就没意思了，对他们来说没有意思。因为听不懂，所以没意思，

无聊，然后就开始做自己的事，玩手机啊什么的。（里尔别克，男，乌兹别克斯坦）

"我想自己决定上什么课"：文化学习模式差异的影响

来自不同文化背景的留学生对课堂上开展活动的目标以及价值的理解和认识也不尽相同。不同文化背景下的留学生身上镶嵌着来自母国文化、长期稳定寄居在其中的惯习。布迪厄（Bourdieu）认为惯习就是知觉、评价和行动的分类图式构成的系统，它具有一定的稳定性，又可以置换；它来自社会制度，又寄居在身体之中（或者说生物性的个体里）。[①] 欧美学生之前的学习经历中自我独立性特征较为突出，他们不希望老师在课堂上花大量时间和精力重复书本中已有的东西。若一个活动或实践的目标和价值并不被留学生所了解或者认同时，留学生的参与不会积极。特别是对课堂参与方式要求更多的自主性的欧美留学生来说，当他们无法认同课堂学习活动的目标和价值时，他们往往选择自主安排时间而不去课堂参与。加拿大留学生向我讲述她所发现的留学生之间的差异，相比班上的亚洲学生，课堂上来自欧美的留学生往往"我行我素"，他们更多的是自主选择上课还是不上课。

在这边西方的留学生经常请假，他们请假有可能是不舒服，但是我觉得……呃……他们不想上了，他们会故意，我觉得这样好也是不好。是他们知道嗯……老师应该这个课会这么讲怎么说，啊这个课呃……老师会讲这个课文，啊他讲得不是那么好，或者他们知道会有什么发生在课上，所以上课对他们来说不是那么重要，所以他们不上。我觉得他们有

---

① 〔法〕皮埃尔·布迪厄〔美〕华康德：《实践与反思——反思社会学导引》，李猛等译，中央编译出版社，1998，第117页。

独立的想法，他们自己决定有什么对他们好的教育、教法，他们觉得老师这样教我，我不需要这个而且不适合我，所以我不上，因为浪费我的时间，还有我可以学别的长一点时间。所以，我觉得一般他们有独立想法，他们的想法不是因为老师会点名所以我必须八节上课，他们想法是，呃……对我有没有帮助？我不上，我有别的东西可以做或是我可以休息多长时间。他们自己很独立地安排自己的时间。（玉梅，女，加拿大）

"他们说的很多我们都听不懂"：缄默知识的无意识嵌入

理解课堂上所有的话题需要一定的文化知识。对于本土学生来说某些知识是已经自然而然、无意识融入课堂对话中的，但是涉及的文化知识对于留学生来说常常是"缄默知识"。

> 跟中国人上课的时候，感觉听起来包括理解起来觉得难度比较高，因为，老师的那个语速非常快，他们说的很多我们听不懂，特别是中国文化或历史方面的。（克里斯汀娜，女，意大利）

留学生若要更好地理解课堂上师生交谈的话题和内容，不得不自己主动去学习这些历史文化。

"过了六级才能去到中国学生的班级听课"：制度安排的限制

也有留学生提及是由于学校对他们汉语水平要求的限制，所以他们无法去中国学生的课堂听课学习。崔奥力加告诉我，她很想去听为中国学生开设的课程。

> 但是学校只让过了汉语水平六级的去听，我还没有过六

级。但我真的很想去听。（崔奥力加，女，哈萨克斯坦）

课堂投入类型

"超然旁观者"模式

面对学校教育快节奏的时间安排以及教师的督促，学生很难通过"退场"或"离场"的方式获得更多的自由时间来安排自己的活动，只能在制度时间的框架内通过"既在此，又不在此"的方式实现自己逃避控制、改造时间用途的企图，以表面看来顺从"在场"而实际上内心超然"退场"的方式展开自己的个人活动。超然旁观者即是此类由于种种原因无法逃避制度的安排只好采取既在场又不在场的方式"冷眼"应对的人。究其原因，最大的可能性是其没有强烈的学习投入动机。一些留学生认为自己在留学国只是短期居住，因此并没有意愿与留学国的人深入交往，也没有意愿投入与留学国接触当中，主动或被动地被忽视而游离到课堂教学活动边缘。

他们认为虽然他们不能从这个场域、空间或者世界逃出，但是他们能够与它们拉开距离，采取一种超然或漠然的态度。既然是"超然"的，所以他们不必用心投入，个人处于一种悬空状态。本书中提出的"超然的旁观者"这个概念与戈夫曼（Goffman）"角色距离"和"情境退却"的概念有着异曲同工之妙。其意思是不太认真地扮演角色，没有全心地投入，且另外有秘而不宣的目的。那种迫切需要进入留学国世界并从中获得充分体验的内驱力和动机在他们身上是没有被激发出的。他们因为某种"被动"原因，比如父母的安排来到中国学习，他们虽然从国外来到了中国，住在中国，学习在中国，但是他们在留学国世界的生活与其在母国世界生活的形式和属性基本上是同构的，空间的变换并未因此改变他们个人的生活方式和思维模式。"我群"与"他群"的界限也并未因此而被"打乱"。虽然在有些方面或多或少地受到了留学国文化和生活方式的影响，但是总体上他们文化观念的模式并没有发生变迁。他们甚至往往会按照自身的文化标准指出中国文化中不尽如人意的地方，且常常是出于一种旁观者的立场和态度。

> 我来到中国学习一点也不是我想要做的事。我不想离开我们国家，那里有我从小一起长大的朋友。在这边我也不想学习，我没有办法，我父母给我做的决定，就勉强来了。我不想待在外国学习，可是他们说我必须留下，我现在回韩国也没办法再读大学了，只能待在这边。我现在课下偶尔会跟我的朋友们聚会，但是其他跟学习有关的活动我都不参加，学的内容也什么都塞不进大脑。我想韩国，每天就是回公寓看电影，看韩国的节目好受一点。（金，男，韩国）

"外围参与者"

与超然的旁观者不同，外围的参与者是指那些有学习投入行为发生结果的个体。至于处于"外围"，可能是不同原因导致的。

造成外围参与的原因是复杂的。具体来看，第一种情况是对之前投入的感知和反馈不满意，从而影响到之后的再次投入，因此选择较为消极的参与。留学生认为班级或集体的实践和活动对其并不透明，比如有关学术上的；另外极快的语速和通俗语言、文化知识、与他人的关系影响着留学生的学习经历和认同的形成。由于这些困难，他们不知如何融入集体中，这种能力的缺乏逐渐将其排除在这个群体外。他们试图展现其是有能力的，但他们害怕一开口讨论被他人认为是愚蠢的，索性他们就不表达，这样导致了他们有意选择了"外围参与"。一些留学生放弃提问或发言的机会，因为他们认为其蹩脚的语言，将被视为无能的表现，阻碍其获得群体的认可。这种消极的自我同一性的建立阻碍其对群体实践的参与，从而使得其在组织中逐渐走向边缘化。受到语言影响，对于同一个学术问题，本土学生可以说得比较学术；然而留学生受表达的局限，相对表述得浅显，从而也影响到其自信心。

> 我在课堂上不爱发言，因为我汉语说得不好，如果我用我自己的母语表达，肯定能说得很好。嗯，但是，我用汉语说，我用的词也很多，很简单的，不是我真实的想的那个水平。可是我说出来了他们肯定会觉得我好笨呀，只是想的那么浅。所以，后来呢，我就干脆也不说了。（俊扬，女，韩国）

毕竟不是留学生的母语，留学生会担心被他人认为是"不聪明的""思想简单的"，思想是通过语言表达出来的，语言也是思想的表现。然而，对于在课堂上使用第二语言的学习者来说，只能以极其简单的方式来描述其思想，语言并不能作为一种工具或媒介完全表达出他们的真实想法。

第二种情况是学习动机不强烈，但与"超然的旁观者"有所不同，其并没有强烈的排斥或抵抗心理，因此采取外围参与。有一些公费生的不投入便属于这一类情况。谷兰认为许多公费学生"大部分时间都在玩"。

> 你们当中有这样的同学，是吧，这种学生拿奖学金的学生更多一些。每个学生不一样，有公费的学生非常努力的，也有自费的学生非常优秀的。但是有些自费的学生他们不在意父母的钱，有的公费生他们就觉得政府要付钱，他们就无所谓，反正他们一分钱都不付，他们可以在这边好好地过日子，这样子。（谷兰，女，蒙古）

第三种情况则为有强烈的学习动机，有强烈学习投入的意愿，但结果和效果并不理想，依然游离于知识中心或共同体核心的外围。

> 我在这边是很努力学习的，我也爱思考，每次都想我哪儿做得不好。但是，嗯，我上课还是听不太懂，他们讨论得那么激烈，我还是进不去。（里尔别克，男，乌兹别克斯坦）

值得一提的是，这些"超然的旁观者"或者"外围的参与者"也可能在留学期间获得较好的成绩或者通过考试，但并不表明其获得较好的就读体验。

"核心融入者"

"核心融入者"是指其既有积极主动学习的动机，同时在行为结果上也实现了进入群体中，并被群体成员认可为其中一员。从访谈结果来看，当留学生与中国学生一起上课时，成为"核心融入者"的留学生只占很小的比例，很大程度上取决于其中文水平。相对来说，在以留学生为主体授课的班级里，"核心融入者"比例则高出很多。

本章小结

课堂参与是影响留学生课程学习体验的重要因素之一，留学生在课堂上的提问与回答、与教师的互动、小组讨论等都属于课堂参与的表现形式。本章论述了留学生课内投入状况。促使其课内学习投入的动因有对专业课程的期待等，研究发现自费留学生对课内投入有着更明确的动机。留学生的自我否定、主动"去竞争化"、使用非母语的心理障碍、被排斥感知、公费留学生的消极应付、个别留学生被动来华留学的学习动机、对教学方式的不认可是留学生对课内不投入行为的自我归因。对获得成员资格的诉求、文化学习模式差异的影响、缄默知识的无意识嵌入、制度安排的限制是影响投入的中介条件。根据课内投入的动机、投入程度以及投入结果可以分为"超然旁观者"、"外围参与者"和"核心融入者"三类投入类型，如表6-1所示。

表6-1　留学生课内学习投入类型

项目	超然旁观者	外围参与者		核心融入者	
投入动机	过客心态	开始时有动机，后动机不足	动机不强	有强烈的学习动机	积极的主动学习的动机
投入程度	旁观	有意选择外围参与	并没有强烈的排斥或抵抗心理	学习投入	学习投入
投入结果	在场的缺席	比较消极	有收获，但较少	结果和效果并不理想，依然游离于知识中心或共同体核心的外围	在行为结果上实现了进入群体中，并被群体成员认可为其中一员
可能的原因	某种"被动"原因	对之前投入的感知和反馈不满意，因此影响了之后的投入	没有产生较强烈的内生动机	在学习方法上需要改进，需要提高学习效率	动机强，行为投入多，语言水平较高

从本研究的访谈和分析可以看出，有个别留学生由于根深蒂固的文化心理积淀，或由于个体"过客心态"特征等缘由，并未积极投入。尽管他们处在留学国世界之中，但其在留学国世界的结构之外。在很大程度上，他们所跨入的只不过是留学国世界的地理空间，而不是一个蕴涵体验和收获的社会空间，是一种"在场的缺席"。个别留学生采取"旁观"态度消极投入。这样的"旁观"，可能来

自对个人语言能力的"自知之明",中文水平较低而使得互动缺乏自信,也就是"我看我";可能来自对不同文化差异的过分归因,使得过分强化了对不同文化间群体互动的鸿沟意识,也就是"我看人";也可能来自对他人态度的感知和评判,认为因为其留学生身份,中国学生不将其纳入群体成员中,也就是"我看人看我"。但是,在访谈中,大部分留学生通过明确的动机,不断自我调适发挥个体能动性,实现了在留学国世界的积极投入。

关于课堂教学方式,以往文献大多为国外文献,基本是从西方人的视角去研究在当地的留学生群体。他们对当地留学生学习方式等的评价是建立在其学习观基础上的,西方视角的学习包括使用元认知、保持独立、自我指导、创造性、批判性,因此在西方人视角下的来自亚洲的留学生的学习方式是填鸭式的、依赖权威的、重复和不经批判就全盘接受的。亚洲学生经常被刻板印象为英语水平低、缺乏批判性思维、被动学习、死记硬背、广泛地抄袭。[1] 沃特金斯和比格斯(Watkins and Biggs)的研究表明,中国留学生和西方学生教育观念的差异并不像西方学者所想象的那样大,研究者们认为在澳大利亚的亚洲留学生能够获得较高学业成绩排名,表明他们与西方的学习方式和风格实现了融合,并不是西方学者以为的死记硬背。[2] 黄(Wong)的研究也强调了亚洲学生更偏爱以学生为中心的学习和教学方式。[3] 本研究发现,来华留学生往往从"舒适"角度对课堂模式进行偏好性选择。

---

[1] Vandermensbrugghe, J. , "The Unbearable Vagueness of Critical Thinking in the Context of the Anglo-Saxonisation of Education" [J]. *International Education Journal*, 2004 (3): 417 – 422.

[2] Watkins, D. A. & Biggs, J. B. , *The Chinese learner: cultural, psychological, and contextual influences* [M]. Hong Kong : CERC ; Camberwell, Melbourne, Vic. : ACER, 1996.

[3] Wong, K. K. , "Are the Learning Styles of Asian International Students Culturally or Contextually Based?" [J]. *International Education Journal*, 2004 (4): 154 – 166.

中国的课程跟泰国的课程设置差异不大，老师讲课的方式一样，都是做做听听的，授课式。我挺喜欢这种方式，因为我比较喜欢被动，我觉得很舒服。如果有问题再问，没有问题不问，听听，听了就有了很多知识。如果没有听老师说，就没有知识跟老师讨论了。（米拉，女，泰国）

在加拿大的时候，学生跟老师是互相讨论地上课。老师讲课以后，你自己要回家准备你的。来到这边我喜欢这种方式，喜欢中国的方式。因为，如果我们要用我们的方式，我们会觉得难，因为我们是用中文上课，对，我们会觉得很难，对，可能会觉得。而且感觉很累，就是回去要准备很多。有好多作业，中文，对。所以从轻松的角度还是喜欢老师讲我们听的方式。比如最近他们给我呃……有个老师给我们一个两个作业……案例分析，我不懂，我去找中国朋友，他们也会觉得很难，对他们中国人，他们自己都觉得很难，我们外国人更难了。（天子，男，加拿大和多哥）

本研究中留学生参与者来自不同分班类型，留学生有着不尽相同的课堂学习经验。在汉语学习班级，留学生们对老师的教学方法具有不同感知。欧美国家的学生表示教学枯燥乏味，相反亚洲国家学生认为老师教学方法保证了班上的学生都能够听懂，他们很受益。对那些攻读学位的留学生，院校有的是将留学生单独编班，有的是将留学生与中国学生融合编班。对于那些单独编班的，不少学生都理解这样的考虑主要是出于其不充分的中文水平，但是也希望能有机会和中国学生一起上课。在我所观察的一些分班中，比如在西部高校的中亚学习班，在北京某高校的南亚项目班级中，留学生同质化程度高所导致的是继续使用俄语或者本地区语言交流。对于那些与中国学生一起上课的留学生，他们感到中国教师对他们的要求比较宽松；然而这种"友好的差别化对待"在强化他们留学生身份的同时，也让他们感受到符号边界的加重。

本研究发现留学生的个体特征与跨文化环境相互作用共同构成和影响着其课堂学习体验。留学生的个体特征，比如先前知识、以往的经验、学习方式的文化特征、语言、留学中国的动机，对环境的感知——比如对教学的感知、对学习氛围的感知、对支持服务的感知、对同伴关系的感知、对师生关系的感知，以及跟跨文化环境相关的因素，如教师的特征——教师的专业化经验、跨国学习经验、教学动机，教师的教学方法、课程设计，以及班级设置，比如是否鼓励学生互动和社会关联，以上这些因素共同作用于留学生的课堂学习参与。① 因此，我们不能简单地给留学生归类或者标签化；相反，我们应该意识到留学生学习经验的背后是高度匿名化的抽象事物的集合，社会、文化、组织施加给他们的烙印，以及个体先前经验都是对其学习经验有投射作用的集合。同时，他们的跨文化学习旅程也受到了跨文化环境因素的影响。充分认识到这样的不同因素的交织与互动关系，认识到其复杂性，将有助于我们理解其课堂学习经验并采取措施促进其课堂参与。

---

① 对这一研究发现的展开论述可见 Ma, J. & Wen, Q. , "Understanding International Students' in – class Learning Experiences in Chinese Higher Education Institutions" [J] *Higher Education Research & Development*, 2018 (37): 1186 – 1200。

第七章
课堂外的学习投入图景

人是其生命的塑造者,在这个意义上,成为自我打造的人。

——〔匈牙利〕赫勒与费赫尔 (Heller & Feher)《后现代政治状况》

不同留学生留学的动机和目标不同，由此产生的对课外参与的动机也不尽相同，形成不同的投入模式。学习中国文化是许多留学生提到的投入形式。由于女朋友喜欢茶艺文化，拉扎比告诉我：

> 受到女朋友影响，最喜欢的是茶艺文化，非常喜欢中国的国画书法。（拉扎比，男，塔吉克斯坦）

米拉对中国人的生活方式更感兴趣。

> 我比较欣赏中国人的生活方式，比如说看老年人怎么在公园运动，怎么聊天，休闲的时候做了什么，喜欢看中国人之间的关系；所以我特别喜欢看中国电视剧，这样我就看到他们的家人、家庭怎么样，他们是不是给父母礼物啊什么的，所以我看了，每次我看这些还是挺喜欢的。（米拉，女，泰国）

参与比赛也是留学生在课外学习投入的一种重要方式。阿斯兰从小便非常喜欢参加比赛，在土耳其时也获得过各类奖项。在她看来参加比赛可以"见识到参加比赛的其他人"，也可以"交很多朋友"，还可以提高"自信"。

> 上台然后对很多人，在很多人的面前说话，我觉得这个对人很有用。这个可以帮助自信，比如说有的人他可能很有

能力，很有呃……比如说他可以参加这样；但是呢，他一出来很多人看他的时候，他就紧张不知道做什么，这个时候他害怕丢脸什么的。但是如果时间长了，你常常参加这个活动，你就不知道丢脸是什么了，就可以参加并随便说话了。如果你忘了就可以……（阿斯兰，女，土耳其）

一些留学生告诉我他们利用周末或假期时间做兼职打工，比如做外教和做翻译。

> 我做翻译做俄语和汉语。因为我们大部分是亚洲国家嘛，乌兹别克斯坦、吉尔吉斯斯坦、塔吉克斯坦，还有什么阿塞拜疆，这些国家的来这里拿货嘛。然后我给他们做翻译。（拉扎比，男，塔吉克斯坦）

我国《高等学校接受外国留学生管理规定》中规定，外国留学生在校学习期间不得就业、经商，或从事其他经营性活动，但可以按学校规定参加勤工助学活动。

某些学校对晚自习的制度安排促进了学生利用课外时间投入学习行为的发生。

> 我以前以为晚自习对我来说没有用，就是耽误我的时间。我刚来的时候要考五级，我一直在学习，所以上晚自习的时候我的注意力放在书上，晚自习对我来说还是挺好的。比如说你在屋子里可以打开电脑，就可以看一些节目，看电视，没有时间学习，而你在教室里就不得不学习，所以对我来说晚自习非常有用，改变了我的思想。（崔奥力加，女，哈萨克斯坦）

来中国感受和体验中国博大精深的文化是很多留学生选择来华学习的动力之一。

　　进修学生一般的时间去探索中国的文化或者体验北京的生活占主要的。很难说，我在中国的时间长，去探索过北京人的生活。阶段性。就比如是我，读博士的时候才到北京，我一边学文化，但当时间长了会聚焦在学业上。（秋爱，女，越南）

巴基斯坦留学生阿西夫是留学生中的"明星"，在学校各类文艺活动中都能欣赏到他精彩的表演。阿西夫希望通过参加比赛"提高影响力"。他相信自己的能力并且勇于在公共场合以各种方式表现自我才能。他非常自信。

　　我不想我赢或我输，我就想，如果我上去表演的时候，那个表演肯定要比全部表演都要好一点。我不管我输或者赢，就是希望做得特别好，然后吸引别人，这样。我每次表演得特别厉害，跳舞唱歌。我参加了全省的唱歌比赛，第三名。（阿西夫，男，巴基斯坦）

当有越来越多的人认识了他，在获得积极反馈后由参与导致的结果又变成他下一次参与的条件。他说，"参加这些活动，感觉特别好"。

排解压力也是促使留学生选择某种课外方式的原因之一。

　　我的女儿不在这边，我因为心情不好或者压力很大，去散散步，看看中国人的生活方式啊，看看，或者坐车去看风景，这个我也比较喜欢。或者就是在校园附近逛一逛，换换心情。（谷兰，女，蒙古）

有一些留学生希望通过参加学生会或留学生社团组织以扩大交往圈，认识更多的朋友。

　　去年参加过留学生的学生会。在里面做各种各样的事，比如说你要做这个这个，没有具体的职务，大家能做什么就

去做。我觉得那个经历很好，我当时也是抱着这个目的去的。我在那边找到了很多朋友，这也是一种锻炼，你可以去跟人家进行交流。（格里木，女，吉尔吉斯斯坦）

也有留学生迫于学习和考试的压力，在课外学习投入会更努力，"拼命做完"。

在读博士期间，其实我觉得语言对我没有什么问题。读书对我是最困难的，因为我在越南的时候上课还要照顾家庭，所以做科研方面很少，可以说，一年只能出一个文章。来这里以后，在理论方面弱、不强的。我们虽然没有发文章的压力，对留学生没有，但是导师也有要求，他也不强求一定在毕业前发，理论基础和科研这块比较困难。我只有坚持下去。关于论文，我是有家庭的人，就拼命做完。（秋爱，女，越南）

不投入的自我归因

留学生谈起他们学习投入情况时，也往往从外部条件中寻找"依据"作为他们不投入的原因。

留学生通过参与实践和当地文化活动获取知识。然而，在通知活动时，他们认为由于信息不对称而感到"被忽视"。留学生除了从教师和其他留学生，也就是其互动网络中获得参与的信息和机会外，他们表示似乎被学校"忽视了"。学校里的活动宣传展板或横幅一般都张贴在当地学生主要活动场所附近（如宿舍楼、食堂和教学楼）。然而，由于空间的分隔，留学生主要活动范围是在对角线的另一端。除非他们每天愿意多走一段路程到当地学生的生活区去主动获取信息，否则他们将与信息和机会"绝缘"。这种空间上的距离导致的心理"被遗忘"和"被忽视"感知使得留学生普遍对学校里的活动产生消极态度，他们虽说是"不感兴趣"，其实在"不感兴趣"里隐藏着"不被重视"所导致的冷淡。当大部分讲座和活动的板报都张贴在离他们活动区域较远的地方时，他们感受到"这些活动本身就没有邀请甚至是不欢迎他们参加"，他们认为如果活动是向留学生群体开放的，那么就应该在他们的活动区域也张贴海报。这种"点对点式的邀请"更令他们觉得是被欢迎和接受的。

> 关于讲座的 poster，但是在我们住的楼那没有什么，他们不会告诉我们，不会通知我们，只有我们去中国学生集中的那个地方才可以知道，但是在我们那边没有什么活动或学习上的通知，所以我觉得不好。因为在那个街有很多学生有什么活动都会在这里，但是在我们这里都没有。比如说几天前他们有 opening ceremony 给留学生，我问他们我们有没有什么活动的，我怎么知道，他说有可能路过学校的时候你会知道，但是我们的留学生都不知道。所以，我觉得嗯……的关系没有那么好，中国学生跟留学生的交流，没有我觉得那么好。（安娜，女，西班牙）

> 我们班上有什么活动，他们经常会把我忘记，也不会特别通知我。因为他们（中国学生）认为我属于专门的留学生那边管理。（米拉，女，泰国）

他们在中国的院校更多的是被划定为留学生群体和外国人，因此在院系通知活动时，往往被忽视。

也有留学生解释学校里的专业课程或讲座留学生"被排除在外"或不被通知，主要是因为中国学生认为留学生"比较懒""即便邀请了也不会来参加"。

> 我现在有时间了就听中国学生的课，两三天前，我看了

研究生我们专业的讲座，他们也不邀请我们，非常有意思的情况。中国的那些研究生我们的同学，我们都是学经济的，他们做了一个经济方面的讨论，但不邀请留学生。他们也知道留学生很懒，邀请了他们也不会来，所有的人都有这样一个想法。全学校所有的老师都觉得留学生非常懒，不邀请。但是我的一个朋友（中国学生）说你有时间你过去吧。我说我有时间，刚好我想看看中国学生是如何努力学习的。我就过去了，一看只有我一个留学生，他们连想都没有想到邀请留学生。但是实际上他们想的也对，他们邀请留学生也不会过去，除了我，我觉得没有留学生会过去的。（里尔别克，男，乌兹别克斯坦）

已有关于学生发展的研究表明，大学对学生的影响一定程度上取决于大学环境、氛围是否促进学生投入。研究院校所营造的学习氛围和环境是了解院校组间特征（Between-college effect）的更有效的方法。[①] 留学生是否投入、投入程度如何，在一定程度上受教师、校园文化、组织结构对其投入是否为促进和鼓励的影响。当留学生感到大学里的文化和组织结构将他们视为其中的成员并促进他们投入时，留学生会充分利用资源积极投入。然而，留学生却感知到他们的空间位置和居住布局等已被制度和结构性安排提前"赋予"和"分隔"，他们认为这样的空间分类是对他们留学生身份边界的一种强化。

"浪费时间，没有好处"：成本和收益之间的权衡

当问及平时是否去参与学校里组织的活动和比赛或者参加留学生社团组织时，韩国留学生金告诉我，他会对成本和收益进行

---

① Pascarella, E. T., Terenzini, P. T., *How College Affects Students*, Volume 2, *A Third Decade of Research* [M]. Jossey-Bass, 2015：642.

权衡后再做出决定，比如参加活动若"对他有好处"他才会去参加。

> 我觉得没意思，没有用，对我来说没有什么好处。我们经济学不是有一句话嘛，每个人都是经济人，对他自己有利才会去做，对我来说没有利。至于那些去参加活动的留学生，还有进入留学生社团志愿工作的留学生，他们觉得挺有意思的，他们会学到学习组织学到如何管理人，但是我觉得我不参加那个也会有那个技能。参加只会浪费时间。每个人想法不一样吧。（金，男，韩国）

吉尔吉斯斯坦留学生格里木认为学校里的活动"特别多"。

> 反正在学校有时候有些活动特别多，会影响我们的学习。然后就是学校有很多活动，像跳舞啊，因为经常要去排练嘛，排练需要时间。有时候耽误我的时间。（格里木，女，吉尔吉斯斯坦）

由于需要多次排练，因此会影响她的学习。所以，如果不是强制性活动，她是不愿意参加的。

互动网络中同辈压力的影响

留学生与同辈群体的互动网络不仅是其获得参与信息和机会的重要来源，留学生同辈群体更是通过无形的群体压力影响着留学生参与。当留学生互动网络中的其他个体参与某些活动的比例很高或者参与的频率很高，那么留学生受到其影响会增大其参与这项活动的可能性和积极性。相反，当留学生互动网络中的其他个体参与某些活动的比例很低或者参与频率很低，那么留学生受到其影响对这些活动形成比较冷漠和消极的态度。因此，受到互动网络中其他个体的影响，留学生对课外活动的参与会表现出与其互动网络其他个体相一致的行为。

> 平时周末我们很多留学生都会去做家教，大家都这样做个兼职吧。我刚开始也没这个想法，后来觉得可以尝试一下。所以就让我的同学帮我联系了他做家教的那家公司。正好我现在时间比较多，平时就会出去做家教。（安娜，女，西班牙）

平时在图书馆学习时，我注意到有三四位留学生经常一起来图书馆学习。我对他们来图书馆学习行为很感兴趣。更激起我好奇的是，他们像是捆绑在一起的"固定组合"，总是集体进出图书馆。于是，我向他们发出了访谈的邀请，期望对他们"集体行动的逻辑"一探究竟。其中来自意大利的留学生克里斯汀娜告诉我：

> 我的几个好朋友因为要写论文，大部分时间都会去图书馆学习。我还是挺受他们影响的，或者说他们经常去图书馆也对我感染吧。我以前都会在公寓里看书学习，但是现在已经习惯跟他们一起约着学习，效率也高的。还有，就是他们也带给我了压力，压力很难避免，因为我在这边朋友也不多，他们是我最好的朋友，我也想融入他们，希望嗯，自己受欢迎。（克里斯汀娜，女，意大利）

留学生同辈群体的活动投入状况可能通过群体规范或群体压力的方式潜在地影响留学生个体的行为。留学生互动网络中最密切的群体是影响个体行为和态度的重要决定因素。与互动最为密切的成员之间通过面对面的互动和学习，会形成一些被普遍接受的观念和行为模式，这些行为模式会作为一种潜在的推动力量对留学生个体产生影响。在有关群体动力学的实验研究中，学者们已经发现群体压力和趋同心理的存在。在互动最为密切的群体环境下，由于群体的引导和压力，留学生个体的观念或行为会产生一种合群倾向；这种心理使得个体产生放弃自己的行为意愿而向与多数人一致的方向转变，甚至做出与自己本来意愿相反的行为。此外，留学生对制度安排的感知以及对参与抑或不参与的动机和行动也会受到其互动网络中其他个体的影响，并且被强化。格里木认为留学生"不喜欢晚自习""大家都是这么认为"。

> 晚自习这种做法，我觉得上自习真的是浪费时间，有的老师来，老师来的时候我们都是安安静静的，老师走以后开始聊天。让我们这段时间都在这儿，但是他们走了以后我们没在学习，还在聊天，还不如回宿舍去看书。你可以随便问一个学生，这100（人）里边，有80%多不喜欢晚自习。我们经常在一起就说，不喜欢晚自习啊。大家都这么说。（格里木，女，吉尔吉斯斯坦）

母国惯习的形塑

留学生身体内积淀在记忆深处的惯习，仍会对他们的生活、工作和思想产生意想不到的影响。泰国留学生米拉很欣赏中国人做事的方法，相比较而言，她认为她做事"比较被动，比较慢"，她将其归为长期受到泰国人"懒"和"慢悠悠"生活方式的影响。她也希望能像中国人那样主动积极快速地做事，但她认为自己"做不到"。米拉在其母国世界形成的有关自身的各种持久性的、客观化的、具有独特性的某种行为方式和思维方式深深地扎根于她的身体之中，并以个体内化的形式存在。在某些场合之中，这些惯习将以一种鲜明个性和气质表现出来，影响着她的意志和行为方式。

可能是因为泰国人的生活方式比较懒，比较休闲，泰国是一个比较慢悠悠的国家，所以性格很慢，如果没什么事情的话是不会主动去做的，比如说如果要交论文的话我也不会做的。我对中国人的做法比较欣赏，我也希望这样，但是我做不到。（米拉，女，泰国）

母国的社会文化形塑了留学生的价值观念和行为习惯，留学生可能因为这些影响的印记而内化了参与的动机。受到传统价值观影响，来自同一国家的留学生群体往往具有普遍的共性的东西。韩国学生的参与就受到本国留学生群体规范的影响。在我与一位来自美国以及另一位来自加拿大的留学生访谈时，他们都提及韩国留学生以及日本留学生"成群结队活动"的特征。他们说韩国留学生在这些留学生中显得很"扎眼"，因为他们似乎是被粘在了一起难以分隔，很少看到有韩国学生单独行动，大多数情况是韩国学生一起来上课、一起下课回公寓，一起参与课外活动。他们感觉韩国学生不愿意与其他国家的留学生有过多的交往，同时他们感到韩国学生也比较排斥别的国家留学生进入他们的群体中。于是，我在后续的访谈中特意找了几位韩国留学生进行交流。

我们生活在多个组织中，不属于那个组织就会觉得遭到了排除，很不踏实的那种感觉，不属于组织对我们发展不好。所以，嗯，你是可以看到我们韩国人每到一个新环境就要找大家一起，要不觉得很没依没靠很孤独的。我们见面也喜欢问你家在何处，就是要拉近距离吧，还有哪个学校毕业的，这跟你们类似情况吧。不喜欢一个人行动，因为觉得一个人吃饭孤单得可怜。也不喜欢一个人喝酒，哈哈。在韩国语中我们韩国人喜欢一起，比如说一个人居住，我们也会说这是"我们的家"。（金，男，韩国）

有不少文化心理学家对文化模式进行了研究。最为著名的当属霍夫斯泰德（Geert Hofstede），他视文化为人类集体具有的"心灵程序"（mental programming），认为从孩提时代起就在各民族得到培养和强化，这种心灵程序最清楚地表现在人们的价值观上。[①]他提出文化的四个维度，个人主义/团体主义维度就是其中重要一项。韩国留学生所认为的"人"从根本上就是与其他人相联系的、以他人或群体为本位彼此间相互依赖的个体。

家庭资本的传递

家长通过对其子女进行教育"投资"，以使子女获得更好的成长机会和平台。塔吉克斯坦留学生拉扎比之前有过多次的游学经历，他的父亲带他去过不同国家，使他有了更多与不同民族不同人交往的机会，也帮助他理解世界多样化的现实。

> 我从小的时候，我们去过很多国家，嗯……俄罗斯啊、伊朗啊、巴基斯坦啊，还有那些中亚国家啊什么，我从小就是去哪里都比较适应。有的国家待过几周，在莫斯科待过三十天。（拉扎比，男，塔吉克斯坦）

从经济资本的角度来看，家庭经济背景好的家庭会给子女创造更多的支持条件，激励子女的教育成就动机。来自经济资本丰厚家庭的学生能够从父母那里获得更多接触到知识、技术和爱好的机会，这种机会和经历对其学习产生非常重要的影响。

西方已有研究发现，对大学系统更了解的父母有助于帮助子

---

① Geert, H. Hofstede, *Culture's Consequences: International Differences in Work-related Values* [M], abridged edition, Newbury Park, London, New Delhi: Sage publications, 1984: 11–12.

女获得更多文化资源。① 在访谈中，有不少留学生提到自己的父母是大学生，或者曾经也是离开母国世界去留学国学习的留学生。拉扎比提到父亲曾经是一名留学莫斯科大学的留学生，父亲过去出国留学的经验使其拥有更多对留学就读的理解和实践经验，并且把这样的留学经验传承给正在海外留学的儿子。

> 我爸爸妈妈都是读过大学的，我爸爸是莫斯科大学毕业的。当时苏联的时候基本上很少人能够上到莫斯科大学。父亲当时也在俄罗斯留学。爸爸会给我说让我在这边多去感受，多去体验，要享受这个留学过程。所以，我在这边还是挺努力的吧。（拉扎比，男，塔吉克斯坦）

拉扎比对父亲在当时竞争极其激烈的条件下能够去莫斯科大学学习感到特别敬佩和骄傲，因此当父亲对他在来华的学习投入给予"过来人"的建议时，他乐于接受并且付诸实践。

许多留学生都在讲述自己努力学习时，往往会提到自己的父母。在其成长过程中，父母通过良好的亲情互动传递机制引导他们的行为，会使他们产生心理归属感并得到健康发展。即便在异国他乡求学，父母依然对子女在留学国学习投入行为起到影响作用。

> 我就觉得妈妈对我的影响很大，最大。她一直给我说的你为什么这么消极，你为什么不想参加这个活动，你如果参加的话，你就可以得到更多的机会，你就会没有什么坏处，你就可以试一试。我不知道要不要参加这个活动，我就会想起妈妈对我说的话。她一直让我振奋，我的妈妈自己是活跃

① Grayson, J. P., "Cultural Capital and Academic Achievement of First Generation Domestic and International Students in Canadian Universities" [J]. *British Educational Research Journal*, 2011 (4): 605 - 630.

的，一直是很积极的人，一天到晚。妈妈给我的这种振奋的力量对我的帮助很大。在学习方面，她也说不能一直学习。有的时候也是很累，一直在教室或者宿舍写汉字，或者读课本我觉得还是没有意思，而且这个时候要去放松，要去玩，但不能一直像有的学生，放弃来中国的目的。而且我的妈妈一直把握，有的时候让我放松，有的时候让我振奋，有的时候让我冷静。（崔奥力加，女，哈萨克斯坦）

父母通过有意识地对子女进行教育和引导，帮助子女形成大文化背景下的文化意识及与他人沟通的技巧。这将促进留学生习得如何在陌生的氛围中与他人互动并参与新环境下的活动，以较好的人际互动模式步入新环境。

有很大的影响，父母，因为怎么说，从小他们就指导我学了很多东西，教育指导我在国际化方面学了很多东西。然后我学习中文，指导我在中国怎么生活。爸爸他让我多观察多了解中国人的思维和文化，多问问如果在中国这么做是什么意思，为什么要干杯，干杯有什么意义，因为泰国文化没有干杯，有时有，但是是比较挺不好的，但是在中国是一个好事。（米拉，女，泰国）

当留学生遇到问题时，他们对问题的看法，是否要坚持下去，以及如何更好地应对困难解决问题的思维方式，往往来自父母对其的影响。

我的父母他们的思想也会影响到我的思想，肯定是这样，所以我觉得妈妈的意见对于我来说最重要的。我可能是，不知道怎么办的时候，解决不了问题的时候，我一直会问我的妈妈，她肯定会想尽一切办法帮我，都会让我振奋起来。从小到大妈妈都告诉我要做一个积极的人，但是妈妈不是一直

命令，她总是说你可以的，相信自己可以渡过难的事，一切困难都会过去的。（格里木，女，吉尔吉斯斯坦）

对于穿梭于不同的地理和社会文化场景的留学生来说，家人的话是他们"随时携带的指明灯"。本研究将其定义为家庭传递给子女的"心智资本"。心智模式的概念最早由英国心理学家快克（Craik）提出，后被多位认知心理学家采用。彼得·圣吉（Peter Senge）在《第五项修炼——学习型组织的艺术与实务》中对心智模式进行了重新定义，引起广泛关注，他认为"心智模式是深植于我们心灵之中，关于我们自己、别人、组织以及世界每个层面的形象、假设和故事。心智模式决定了我们对世界的看法"。本研究通过对留学生的访谈，提出心智资本是指个体所拥有的认知周遭世界的思维能力、情绪倾向以及采取行动的行动力。拥有充足心智资本的人，有着较强的认知周遭世界的思维能力、积极的情绪倾向以及积极主动的行动力。获得心智资本的途径可以有多种，包括学校教育中教师和同辈群体的影响、其他社会媒介的影响等。然而，本研究中留学生较多提及的是来自父母对其的影响，可见家庭对于子女心智资本的获得与积累产生了极其重要的作用。可以说，个体心智资本很大一部分来自家庭对其的影响。心智资本主要特征可用表 7-1 表示。

表 7-1　家庭所传递的心智资本特征一览

心智资本	形式	父母有意识地引导和塑造子女的思维、情绪和行动方式
		父母无意识的思维、情绪、行动却对子女产生潜移默化的影响
	代际继承机制	子女通过模仿父辈的思维和处事方式或采纳父辈的思维方式和处事方式以实现对心智资本的延续
	特点	隐性的，可谓"隐在心灵暗处的顽石"，但带来的能量巨大

续表

心智资本	持续时间	短期内可能并不会充分彰显，但它的影响力是极其深远的，甚至伴随终生
	作用	对子女的态度、动机、价值、抱负、自我观念、自我发展、行为决定等具有重要影响。对子女的发展起着"指明灯"、"蓄能站"和"助推器"作用
	阶层分布	与经济资本、社会资本不同，不存在阶层固化性。家庭的心智资本与所在阶层无关

心智资本的形式表现在父母有意识的引导和塑造或者父母无意识的思维、情绪、行动却对子女产生潜移默化的影响。子女通过模仿或采纳父辈的思维和处事方式以实现对心智资本的延续。心智资本是隐性的，彼得·圣吉称其为"隐在心灵暗处的顽石"，但带来的能量巨大。心智资本的价值在短期内可能并不会充分彰显，但它的影响力是极其深远的。相比经济资本、社会资本和文化资本，心智资本对人的影响深远甚至伴随终生。家庭的心智资本的作用体现在父母通过潜移默化的影响渗透到子女的视野、思维、世界观和价值观以及性格、对事务的处理方式等方方面面；对留学生的态度、动机、价值、抱负、自我观念、行为决定等具有重要影响；对子女的发展起着"指明灯"、"蓄能站"和"助推器"作用。

留学生在留学国世界学习行为的投入与否很大程度受到家庭传递的心智资本的影响，其直接影响留学生的行为方式、情绪类型及思维定式，从而影响着其在留学过程中的感知和经验。在此，有必要将家庭的经济资本、社会资本与心智资本做一比较。家庭的经济资本和社会资本对留学生留学行动的发生具有直接性影响。家庭的经济资本和社会资本增加了选择的自由度，提升了子女接受留学教育的可能性和机会。但是，经济资本和社会资本是可以通过学生个体的学力资本替代的，家庭经济资本和社会资本的缺

失可以通过学力资本转换成奖学金等制度性安排和政策性推动予
以弥补。然而，心智资本的获得和积累却是无法替代和弥补的，
特别是当留学行动实现后，心智资本对在整个留学国世界的感知、
互动、学习行为的投入都产生重要的"无形"的影响。家庭的经
济资本和社会资本可能在这个过程中的作用逐渐减退，其影响作
用更多的是发生在留学选择（包括是否留学、留学国家和留学城
市、院校等的选择）阶段。但是家庭所传递的心智资本不仅不会
减退，反而日益彰显出其重要性。特别值得一提的是，与布迪厄
（Bourdieu）提出的文化资本不同，家庭的心智资本不存在阶级固
化特征，家庭传递的心智资本与所在阶层无关，如图 7 - 1 所示。

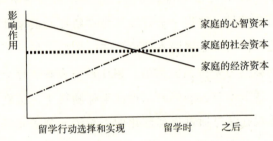

图 7 -1   不同资本随留学过程发生的重要程度趋势示意

自我能动力：对积极留学体验的创造

对本国学生来说，第一次进入大学、适应大学的课程体系并
不是一件容易的事。对于离开自己国家到另一国学习的留学生来
说，这样的经历更加具有挑战性。当对留学国世界感知较消极时，
感知对学习行为的投入是否会产生影响，若产生影响是否会对行
为产生决定性的作用？

与里尔别克的访谈时间比较长，他的反思能力和表达能力给
我留下了很深的印象。与一些留学生不同，当他告诉我一个现象
或想法时，他总会将他的所思所想同时表达出来。他告诉我，班

级里很多留学生"都不学习"是有原因的，而在他看来并不是简单的留学生不努力之类所造成。

> 我们班十个人，除了我跟其他一两个人，其他留学生都不爱学习。其他学院情况也都一样的。你肯定会问什么原因造成的。我给说一个非常重要的问题，非常重要，你一定要考虑到这个问题。因为我已经想了很多，我不知道跟谁说这个问题，我不知道你对中亚的留学生有没有兴趣，但是我们学校大部分来自中亚，为什么他们学不好汉语，为什么对汉语不感兴趣。这个原因就是他们理想中的中国和现实实际上的有非常大的区别。有一个大的宗教的问题。（里尔别克，男，乌兹别克斯坦）

他将留学生不学习的问题归于"不同宗教和文化之间的冲突"。

> 有一天我出门，我在外面想吃点东西，看一个餐厅，写的是驴肉，驴肉这两个字我认识我说怎么可能。对我来说有一个非常大的影响，这个事情对我有非常大的影响，因为我们连想都想不到驴肉能吃。我就是对中国那种感觉了，不想在这里生活，不想在这学习了，对人们的思想看法都不同了。然后就觉得所有的东西都会影响到了我们的学习，就是对中国的看法和对中国的印象。比如说宗教、每个人的思想，跟我们完全不一样，对我们来说完全不可能的东西在这是很一般的事情。那这样的话你接受不了这个环境。驴肉不是一个宗教的原因，这是一个习惯。中国基本上也都是佛教思想为主的，我们也是伊斯兰思想为主的，怎么说呢，这个很大的区别了。以后，人在中间，你看，在这是佛教，那种中国的感觉。在这是伊斯兰教。我在中间我糊涂了，我不知道该怎么办了。

我真的不知道该怎么办了。我回去也没有办法了，因为已经来到了。我再往前走也没有办法，我也接受不了。那怎么办这个情况？对于中国人，从历史上来说，佛教呀毛泽东思想呀都影响到了中国人的思想。对我们来说影响最大的就是伊斯兰教的思想。这两个思想中间，留学生就糊涂了，不知道该选择哪条路。因为我们和中国完全不一样，所以非常难接受这个情况。对中国人来说，对你们来说没有非常惊讶的事情，但是对我们来说有非常多惊讶的事情。（里尔别克，男，乌兹别克斯坦）

里尔别克面临着文化认同问题，在两种不同的文化传统的冲撞中无所适从的时候，产生了强烈思想震荡而陷入认同危机。那么他是因此选择终止留学行动，还是继续留下来却消极地投入，是否有可能在消极感知情况下积极投入？当我问起里尔别克是如何应对消极的感知时，他告诉我：

因为有很多影响，有让人接受不了的感觉，所以就不想学习了。我有一段时间就是遇到这种问题，我也就是不想学习，想放弃的时候也有，我去年就是回国了，不愿上学了。因为我真的接受不了了，有时候因为你心里真的没办法接受了，我就回国了，当时就不打算回中国了。（里尔别克，男，乌兹别克斯坦）

里尔别克从小浸染的伊斯兰教与留学期间接触的佛教文化，在不同文化多个方向的拉扯之下，出现了"文化的十字路口"，向前向后向左向右的彷徨和无助。与中国女友的分手更成为"无法愈合的切肤之痛"。这种痛在他的内心深处，生成强烈的不安全感和自我防御的潜意识。在个人的情感依恋与宏大的文化冲突的张力场中，矛盾和相互纠缠使他在访谈中也有意回避与女友分手的经历。正如已有的研究所表明的，人们往往不愿将创伤纳入回忆当中。[①] 鉴于此，我没有对有关他和他的中国女友之间的故事进行过多追问。

尽管他曾经放弃了在中国的学习回到了他的母国，然而经过一段时间的休整和思考，他还是回到了中国继续学业。为了冲出"十字路口"以及"切肤之痛"的困境，他通过转移注意力的策略进行调整。

> 回国以后休息了一段时间，再考虑了一段时间，觉得一定要走到最后，觉得如果我不走到最后谁能到最后。一定要到最后，一定要进到这个环境里面。就是感受到这些，然后确定了自己的目标，给自己的国家带来一些有用的想法。（里尔别克，男，乌兹别克斯坦）

当一个人面临对新环境消极感知时，不仅需要具有个人的动机与信心，需要调适个人行为的良好愿望，而且需要具备一定的调整能力。概括说来，当一个人跨越至新的环境之中，不论感知积极或消极，都需要具备"自我能动的能力"。对于获得消极感知的个体来说，这样的能力就显得更为重要。

明确的动机，特别指那些内生的动机，为自我能动能力的调动和发挥指明方向

哈萨克斯坦留学生崔奥力加有很高的个人抱负，她以创立一所促进交流、教授汉语的大学作为未来的志向。

> 毕业之后就打算一直在中国上研究生，研究生毕业之后

---

① Bal, M., Crewe, J. and Spitzer, L., *Acts of Memory: Cultural Recall in the Present* [M]. The University Press of New England, Hanover and London: Dartmouth College. Viii, 1999.

我非常希望将来会建立一所大学，也是像我们的 X 大学一样对留学生。建立一所大学，然后就是促进交流，欢迎每个国家的学生开始学汉语。我就想做教育方面，觉得很舒服。（崔奥力加，女，哈萨克斯坦）

她认为若要实现这样的目标，首先得打好汉语基础，因此她很努力地学习以不断向她的目标接近。

> 为了实现我的理想，先要学好汉语，你不能随便研究生毕业之后就建立一所大学是吧，除非有个有钱的丈夫，哈哈。（崔奥力加，女，哈萨克斯坦）

崔奥力加不是仅仅渴望成功、追求高目标，更重要的是，她通过具体的行动提升能力，为接近目标而踏实地努力着。

以往经历对学习产生内生动力。若对学习产生了内生动力，即便遇到困难，他们仍能够坚定在中国完成学业的决心。日本留学生江川在初中时的经历使得他对学习产生了内生的动力。

> 我在日本学校的时候，初中时，我本来不是优秀的学生，我学习一直不好，一直跟我的同学老师吵架。而且我的，嗯，老师打分的时候我的分一直很低。我的班主任决定把我交给别的班，水平最差的班，这打击了我的心理，因为我没想到。我的妈妈说这就是你自己造成的，不是别人造成的。然后我决定了一定要给我的妈妈老师保证，而且跟他们说我要调到我以前的班，我一定会把我的，啊，这些课都变得更好。学过一个学期之后，我又调到了原来的班，对自己证明我是有脑子的，也可以好好学习。我觉得这段时间对我来说留下深刻的印象，对学习方面，因为我以前是最差的学生，然后一下子变成了优秀的学生。（江川，男，日本）

　　这段经历对他之后的学习包括在中国的学习经历都产生影响，他对学习的态度不再是"应付"，而是有了由内生成长的目标产生的动力。

> 我意识到是我真的对学习对生活的态度不太正常，就要自己改变，自己恢复像以前一样。自从那件事以后，我就对学习态度完全不一样了，而且不是像有的学生，比如妈妈说你一定要好好学习，他就好好学习，但是他自己不想。我在心理方面学习方面，从另外一个角度来看也让我改变了。（江川，男，日本）

积极思维和乐观态度为自我能动能力提供动力

　　不少留学生都表现出较强的积极乐观的态度、开朗的性格以及不惧变化的应变力。汤姆不断给自己打气，在中国的学习和互动要"积极主动"。

> 我们必须要习惯他们的生活习惯，必须要学，学汉语我觉得能够，为什么要来到中国，因为在中国才能感受到中国是什么，中国的习惯，中国的传统是什么，我们必须主动去感受这些。不要要求中国人主动与我们交流，我们自己要积极，要主动，这样我们才会在留学时学到更多。（汤姆，男，美国）

　　阿斯兰也认为只有积极主动与他人交流，才能够提高汉语水平。

> 我是喜欢交流的一个人。比如说我在外面走路，如果一个人跟我笑了一下，我不害怕跟他说话，如果他开始跟我说话，我也可以跟他聊天什么的，就这样认识了很多朋友。呃……也可以说我把汉语学了在外面，因为我看到一个奇怪的东西，这个为什么这样，还是就是你们怎么做的，你们怎么想的？我一

直这样问，然后，如果对面的人也是喜欢说话的人的话，我们就开始做朋友，就这样。（阿斯兰，女，土耳其）

格里木面对已发生了的不利事件，不会轻易失望和沮丧，她通过自我调适在最短时间内结束负面情绪。

我的性格，啊哈哈，我觉得我就是一个开朗的人，喜欢天天开开心心的。有时候我遇到不好的事情，我也不会担心，比如说我会坐在宿舍里想一会、静一会就过去了。（格里木，女，吉尔吉斯斯坦）

对于未来不确定的事情，天子也抱以乐观的态度，他并不惧怕变化，认为应变力可以改变不利处境。

有时候我很快改变我的行动。就是这样的，如果我的方法不对，我一下就会改变。我不怕变化，我想人不要坚持固执自己认为的，还是要应变力很强……就是change。（天子，男，加拿大和多哥）

自我效能可以使自我能动能力得到不断强化和丰富

自我效能感是由班杜拉（Bandura）提出的一个动机概念，指个体关于自己胜任能力的信念。当一个人遇到挑战性的任务时，如果他问自己："我能做吗？"或者是问："我有足够的技能胜任这项任务吗？"那这个人就是在谋求一种效能信念。班杜拉强调了自我效能的动机作用，他指出，"人们的自我效能信念表现在人们面对困难坚持时间的持久度和付出努力的多少上。他们的能力信念越强，付出的努力就越大，坚持的时间也就越长"。

里尔别克在访谈中经常会谈到"有竞争才会有发展"，他告诉我他在母国读书时竞争氛围浓厚。

从那样的竞争环境中走出来，对自己的能力没有任何怀疑，我中学就读的环境都是竞争比较激烈的环境，因为我读的都是高等学校。我们那一般的学校都不用考试，但我上的专门学校都必须要考上才能学习，那边水平非常高，那种环境肯定让你提高得非常快，因为有竞争嘛。从那样竞争激烈的环境出来，我都过来了，所以我对自己的能力……没问题。（里尔别克，男，乌兹别克斯坦）

他对他的能力感到足够自信。同时，他还会不断为自己寻找更高的目标，一旦确定目标，便为此努力。

有竞争的话才会有发展，没有竞争你怎么能发展。比如说昨天我们开了个国际研讨会，然后有一个留学生来自哈萨克斯坦。我看他昨天当翻译，水平非常好，我真的非常崇拜他。肯定是他学的时间也非常长。于是我给自己定目标跟他学得一样好，或者比他还要好。从昨天开始我现在竞争目标就是他了，我一定要学得比他好，有这种感觉才能学好点。（里尔别克，男，乌兹别克斯坦）

崔奥力加有着笃定的信念，即"只要坚持不懈地努力追求目标，那么一定可以实现目标"。类似地，留学生马克也认为"只要一直努力，不放弃，那么目标一定会实现"。他们都显示出较强的自我效能，首先都对自己能够胜任当前的任务拥有自信心，并且愿意付诸努力，他们坚信只要付诸努力，目标就一定会实现。

自我反思力使得自我能动能力得到升华和朝着理性方向发展

通过自我反思，不断了解自己，及时控制行动，自我反思力使得自我能动能力得到升华和朝着理性方向发展。法国哲学家

帕斯卡尔（Pascal）将人比喻为"能思想的芦苇"。正是人的"能思想"的特质，使得人可以焕发出无穷韧性。自我反思力是人的理性的彰显。留学生通过自我反思，可以理性地看待所遇到的困难，从而找到较为合适的策略予以解决。越南留学生秋爱已是一位母亲，在越南的儿子成为她留学的情感牵绊。

> 我结婚了，我有孩子，孩子在越南。一年只能回两次家。在这边可能很想孩子。刚开始的一段时间我也有个念头，就是停下来不学了。第一是太难，第二是孩子在家也很担心嘛。因为我们是女人，不像男人，他结婚，但是不像我们有太纠结的地方。（秋爱，女，越南）

但是她经过思考，想出来了克服的办法。

> 就是只有一种办法，认真学习赶快回去。如果现在我退学停下来的话，如果孩子他长大了，我觉得很难教他吧。如果他就说当时你也是退学了，现在你怎么教我学习，我不喜欢了。我觉得当父母的，应该给孩子树立一个榜样吧。（秋爱，女，越南）

经过反思，她意识到"只有认真学习才能赶快回去""拼命做完"以此"为孩子树立榜样"后，还是继续坚持下来。

> 虽然孩子在我离开的那段时间，他心理也有一定的受伤，因为每次我回来，他不喜欢我去中国。但是慢慢跟他说跟他聊天，他就懂了。他告诉我，你要听老师的话，然后就赶快回来跟我在一起。他虽然只有五岁，对他以后也有好处吧。（秋爱，女，越南）

秋爱后来又补充道：

　　说实话，我觉得他若是女孩的话，我不会选择出国留学吧。幼儿阶段同样需要妈妈在身边。但是男孩如果是跟母亲分开一段时间也有好处吧。因为这样的话，跟爸爸在一起，性格男子汉一点，因为他也能自己做很多事情。我一回来他非常关心我。比如我说我背好疼，他会帮我捶背。吃完饭他会帮我收拾碗。（秋爱，女，越南）

秋爱通过自我反思获得了内心的平衡和自我安慰。其他留学生也通过自我反思获得了行动的策略。

　　为继续学汉语，不管是什么地方，就……其实，我觉得在上课主要学的是汉语，所以没什么区别。可能这里的环境比那里的环境差一些，但是我管的就是上课，我管的就是在这里学的汉语，所以就……继续。（阿斯兰，女，土耳其）

天子也提到刚到中国不久便赶上了圣诞节，第一次出远门他感到思乡的苦楚，后来经过思考，认为：

　　我在这儿是为了学习，所以我必须是应该的，所以我觉得没问题。（天子，男，加拿大和多哥）

江川在他所在的留学生群体中是名副其实的"领导者"，领导者身份既不是组织赋予的，也不是留学生选举的，但他具有实实在在的领导功能，他带领大家反思、分析在中国的留学情况。

　　感觉中国学生比较努力吧，但是我们的留学生还没有到那个地步那个水平。我们就是研究生嘛，每次我都给他们强调我们是研究生，我们要研究，我们不是本科生或小学生。我们是要研究的。昨天一个特别有意思的情况，给我的留学生同学说，你们看了吗，中国学生写得怎么样，我们一定要像他一样地学习，我们一定要学得比他好。他们说我们是可

以的，这不是我们的问题，这是老师们的问题。老师们不告诉我们题目怎么做，我说这你说的话就太有意思了。老师们怎么能教你，你是研究生你自己要去研究，老师们只能给你方向。你研究的时候遇到什么困难他就给你帮忙，老师的目的就是这样，上课的时候他只能给你个方向，大概地介绍一下这个理论或者什么的，你自己要去思考去研究这个理论。你看留学生是怎么想的，他们还觉得是老师教得不好的问题。（江川，男，日本）

留学生应成为反思性学习者，亦即跨文化中的反思者。因为在跨文化环境下的学习者在面临与以往经验不同的一些观念、方式时，会产生迷惘甚至认知冲突；反思有助于帮助其尽快走出迷惘，进而提升留学就读体验。谷兰认为她的最大优点即是善于反思，她常常自我反思。

我经常会观察我的同学，我看他在上课的时候他的态度是什么样子的，他的注意力是什么样子的，跟我对比，哪些是我值得跟他学习的。然后晚上的时候，我就会去想我可以向他学习什么。还有其他留学生呀，中国学生的一些好的经验和方法，我可能之前没有见过，但我会去学习，去想，怎么对我有帮助。（谷兰，女，蒙古）

得益于善于观察和反思的能力，她在较短时间内通过了汉语六级考试。

复原力是自我能动能力得以持久发挥的保障

吉尔吉斯斯坦留学生格里木在父亲去世的巨大伤痛中没有一蹶不振，她及时调整自己情绪获得了"破碎后的复原力"。在这之后，她认为"最难的事都经历了，其他的都不算困难"。中学时期父亲的去世对格里木来说算得上是突如其来的重大变故，但她并没有被逆境击倒，反而经历过这场变故后对未来可能发生的任何困境和挫折表现出了极强的"免疫力"。

> 这个事总会过去的，我觉得他们生活中没有遇到过更大的困难。因为我刚开始的时候说过我爸已经去世了，所以说我知道什么事是困难，什么不是困难。当时那个困难很大都过来了，所以我觉得再没有什么比这个更难的事了。（格里木，女，吉尔吉斯斯坦）

可以看出，格里木在面对人生困境时具有较强的复原力。

复原力（resilience）是自我能动能力得以持久发挥的保障。复原力是指每个个体在经历巨大伤痛或者变迁后，通过调整而重新获得希望和力量的能力。其他几位留学生也都提到在留学开始的前两个月很难受，通过自己调整逐渐习惯。他们用"时间就是最好的医生""一切都会过去的"给自己打气。

从以上分析可以看出，倘若对留学体验感知并不是那么积极，但如果能够积极主动地自我调适——而不是畏缩或回避，是可以获得较积极的就读体验的。就读体验积极与否，一定程度上来说是由试图建构自身生活意义的个体们主观决定的。由此可以说，他们感到被孤立、自我封闭，在一定程度上又是他们自身合作的结果。他们所普遍存在的先入为主的判断和心态，对现状的屈服和承认，发展出他们与留学国世界之间一种误识的不平等契合关系。这种将自我处境完全推诿到外界的意识寄居于他们的身体内部，身体化了的意识随即反过来又强化他们模式化的思想和行为。那些自我能动能力强的个体却并未陷入这一恶性循环。这部分个体往往有着较强的学习动机、思维能力、自我效能感、反思力和复原力。他们在留学国遇到困难甚至危机时，能够沉着冷静，不轻言放弃，不消极抱怨，而是努力想办法解决问题以改变不利处

境从而接近设定的目标，创造了与留学国世界的和谐关系。

自我能动能力是多种能力的集合群，包括动机、积极思维、自我效能、反思力、复原力等。明确的动机，特别是内生动机为自我能动能力的调动和发挥指明方向；积极思维和态度为自我能动性提供动力；自我效能可以使自我能动能力得到不断强化和丰富；自我反思力使得自我能动能力得到升华和朝着理性方向发展；复原力是自我能动能力得以持久发挥的保障。

本章小结

本章论述了留学生课外投入状况。课外投入的形式主要有学习中国文化、旅游闲逛、参与比赛、兼职打工、晚自习和图书馆学习。文化体验、提高影响力、排解压力、扩大交往圈、学习和考试的压力是促使其投入的动因。留学生对不投入的自我归因主要有感到被排除在外以及成本和收益之间的权衡。互动网络中同辈压力的影响、母国世界惯习的形塑以及家庭资本特别是心智资本的传递是影响其投入的中介条件。

首先对留学生感知消极情况下如何应对进行了分析，放弃还是继续取决于个人能动的能力。即便是对留学国世界存在某种消极感知，但并不足以把他们全部排斥在留学国世界之外。就读体验积极与否，一定程度是由试图建构自身生活意义的个体们主观决定的。由此可以说，他们感到被孤立、自我封闭，在一定程度上又是他们自身合作的结果。那些自我能动能力强的个体并未因此陷入这一恶性循环。这部分个体往往有着较强的学习动机、思维能力、自我效能感、反思力和复原力。他们在留学国努力学习文化知识和提高各项技能以获得更为积极的留学体验，创造了与留学国世界的和谐关系。本研究提出投入行为的函数。

$$B = f(P, I)$$ （公式1）

公式 1 是学习投入行为影响因素公式。其中，B = Bahavior（投入行为），P = Perception（感知），I = Initiative（自我能动能力）。

在留学国中的投入行为（Bahavior）是留学生对留学国世界的感知（Perception）和自我能动能力（Initiative）相互作用的结果，可以用函数来表示。其中，自我能动能力包含几个要素：（1）动机；（2）思维能力；（3）自我效能；（4）反思力；（5）复原力。明确的动机，特别是内生动机为自我能动能力的调动和发挥指明方向；积极思维和态度为自我能动能力提供动力；自我效能可以使自我能动能力得到不断强化和丰富；自我反思力使得自我能动能力得到升华和朝着理性方向发展；复原力是自我能动能力得以持久发挥的保障。

f（自我能动能力）= f（动机，思维能力，自我效能，反思力，复原力）

由于自我能动能力是多个因素决定的复杂函数，但可以对其进行分类。根据常识，能动力有强弱之分，我们试图构建一个坐标空间来描述行为的总体变化趋势。Y 轴代表自我能动能力，X 轴代表对留学国世界的感知，从而形成四个象限，如图 7 - 2 所示。

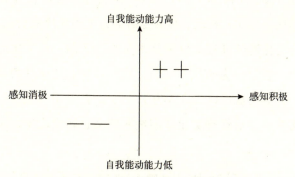

图 7 - 2　影响留学生学习投入行为的坐标系

基于此坐标，可以将留学生学习投入分为四类：

类别1"感知积极－个体能动能力强型"：处在第一象限，对留学国世界感知积极，且自我能动能力强，学习投入程度高。

类别2"感知消极－个体能动能力强型"：处在第二象限，对留学国世界感知消极，但自我能动能力强，学习投入程度较高。

类别3"感知消极－个体能动能力弱型"：处在第三象限，对留学国世界感知消极，且自我能动能力弱，学习投入程度最低。

类别4"感知积极－个体能动能力弱型"：处在第四象限，尽管对留学国世界感知积极，但是自我能动能力弱，学习投入程度低。

本章所提出的留学生学习投入理论是建立在本研究访谈资料的分析、编码基础之上的，比照以往有关留学生学习投入的研究，本研究从本土资料中得出的结论有一些方面值得进一步探讨。

本研究中提出的"自我能动能力"的概念以及概念所侧重的"能动性"，在国外学者对"跨文化能力"的定义中似乎能产生某种"共鸣"。

金姆（Kim）指出一个胜任的陌生人并不会消极地接受由他人定义的社会现实；相反，他或她有能力主动地协商目的和意义。而且，跨文化胜任过程的发展是由个体决定的。跨文化能力的核心表现为情感、行为和认知能力，比如移情、适应性的动机、换位思考、行为灵活性以及以人为中心的交流。[1] 在金姆（Kim）随后一篇文章中，他将跨文化认同纳入跨文化转变之中，一个陌生

---

[1] Kim, Y. Y., "Intercultural Communication Competence". In S. Ting-Toomey & F. Korzenny (Eds.) *Cross-cultural Interpersonal Communication* [M]. Newberry Park, CA: Sage. 1991: 259–275.

人不排他性地只认同他所在的社会群体，同时也认同其他群体与亚群体，这是一个更加包容性的观点。跨文化认同具体指：（a）对原有和新的文化要素的接受；（b）眼界更为开阔和感知更为深刻；（c）对有关自我的知识增加，自我信任和自主能力有所提高；（d）内在复原力提高；（e）应对新的挑战的创造性的智谋不断增加。[①] 金姆特别强调跨文化能力取决于适应能力，即个体调整过去的文化方式，去学习和适应新的文化方式，有可能更为主动开放地学习不同的文化模式。[②] 这些文献统一地将跨文化能力看作一个转变过程，即一个陌生人获得适应能力，转变他或她的视角，以有效地理解和适应主体文化的需求。

---

① Kim, Y. Y., "Development of Intercultural Identity" [Z]. Paper Presented at the Annual Conference of the International Communication Association, Miami, FL. 1992: 22.

② Kim, Y. Y., "Intercultural Communication Competence". In S. Ting-Toomey & F. Korzenny (Eds.) *Cross-cultural Interpersonal Communication* [M]. Newberry Park, CA: Sage. 1991: 268.

第八章
跨越国界的自我发现之旅

　　……你以为你所以来的目的仅是一个外壳，意义的外壳，/目的只有在实现时才会从外壳中进出——/如果真有目的的话。要不是你就没有目的，/或是这个目的超过了你的预计，//而在实现时又已改变。/……可这是最近的，在地点和时间上，/现在，在英格兰。

　　——〔英〕托马斯·艾略特（Thomas Eliot）
《四个四重奏》

对大多数学生来说，进入大学是自我发现之旅，在这里他们将接受来自个人的、社会的以及学术环境不同方面对他们的评价。他们开始不得不依靠自己来生存和发展，不仅学到新技能，也是获得新的自我同一性的过程。对于跨越国界接受高等教育的留学生来说，这个过程更加复杂和充满挑战性。留学生在留学国学习和生活过程中，不仅获得了丰富的感性认识，更获得了反思的经验。

身份"失落的一角"

我是谁？我究竟是哪国人？这样的问题表面看来会让人误以为简单明了不值得深究，然而对于加拿大华裔留学生玉梅来说却是长期困扰她的问题，而且解决这个问题变得越来越迫切。

> 其实有一点奇怪，因为我也不属于加拿大，我在加拿大的时候，他们说啊，都能看得出来我不是加拿大人，他们说你是亚洲人还是中国人，一直这样说。（玉梅，女，加拿大）

她想要去追寻自我，找到属于自己的身份。

> 但是来到这里，我发现也不属于中国，因为他们听得出来也看得出来，我的行为还是我用的词还是我的发音，嗯不标准，不像中国人，所以嗯……所以开始的时候，也不属

于……生存的问题的时候，我不属于加拿大也不属于中国。所以，我跟我的室友交流说，啊奇怪，我应该，所以我应该是加拿大人还是中国人？在加拿大有很多西方人也想学汉语就问我，但是我不会说，所以有一点尴尬。尴尬，因为听……他们说，怎么你是中国人为什么你不可以说，这样有一点批评的感觉。还有我不理解特别不理解中国的文化，所以他们问很多都是关于中国是怎么样？我说我还没去过，所以有一点觉得，小缺乏，匮乏。因为匮乏一个东西，这是我来中国的一个原因，是因为匮乏一个东西，是因为像中国人但是没有……缺一个东西，但是没有中国的文化还是不舒服，所以在这里我不舒服。我觉得最大难受是我不属于加拿大也不属于这里，因为外表像中国人但是他们没有认为我是……

（玉梅，女，加拿大）

玉梅曾经认为自己与亚洲人是不同的。尽管她是棕色皮肤，但她之前并不认同自己的中国人身份，因为在她早期环境中，出生在法国，成长在加拿大，从来没有来过中国，缺乏对中国文化的关注。不会说汉语一定程度上也限制了其与中国文化和中国人连接的能力。然而，她逐渐意识到由于她的外表，加拿大人自然地将其归类为亚洲人。她转而寻找机会到中国追溯民族和文化的根源，试图揭示那个隐藏的自我。本以为在中国能够找到那"失落的一角"，却不曾料到在中国被赋予的"他者化"身份，使得其对身份更为焦虑，产生了"无根无家"的失落感，这种失落感使得她对自身有越来越深的不完整感。当个体长期被不完整感困扰时，便会陷于一种心理意义的流浪状态。

玉梅对关于她的"同一性"即属于哪一个群体出现"归类"困难，亚洲文化和欧美文化截然不同的文化在她的身体与灵魂中冲撞与摩擦，认同危机就此产生：自己究竟是加拿大人还是中国人，是认同欧美文化还是认同亚洲文化，进而出现由这种危机带来的痛苦与焦虑。正如韩震先生所说："人与他人相遇，才会思考自己是谁。"① 这种文化的失衡所带来的迷惘的困境挑战了她的自我同一性认识，同时也促使她不得不寻求新的方式去思考"自己究竟是谁"。

> 我在中国就是不断不停止地想，嗯，这个问题。我的同屋，韩国人，她就一直嗯，怎么说，开导我。她说，嗯，你是特别的，所以你应该呃……觉得你自己特别不是一个问题，不是比他们好或者坏的问题，你只是比他们 special，所以应该用这个呃……想法来看。后来我在旅游时，认识了很多人，热心肠的中国人，他们帮助我很多。他们很羡慕我，又能懂西方的，加拿大的文化，又能说汉语，慢慢了解中国的东西。他们说我应该感到快乐，感到幸福。所以我就慢慢好一些了，因为现在可以说就是有一点自信，还是嗯就是幸福了。在中国的学习我收获了自信，而且学了汉语学了文化，我想我不再小缺乏，匮乏。等我再回到加拿大他们问我亚洲、中国的事，我应该明白很多。我感觉自己更完整了。（玉梅，女，加拿大）

后来，玉梅逐渐明白，对于世界上大部分人来说，只有一种民族身份认同，社会也只用一把尺子来丈量不同背景的人们。她的多元化背景如果用这样一把标准尺度量的话，她便会遇到身份认同问题。然而，她如果对自己的成长经历和身份特征充满着自信，那么就不存在身份认同问题。多元化和独特性正是独属于她的"财富"，她开始越来越喜爱这样的背景。

---

① 韩震：《全球化进程中的多重文化认同》，《求是学刊》2005 年第 5 期，第 21～26 页。

在日益国际化和充满流动性的世界，对玉梅们来说，来中国留学之前，中国对他们的意义只是"祖辈的家园""民族和文化的根源"，但是由于对自我同一性的不确定，他们产生了深刻的焦虑和不安全感。为了克服这种焦虑，跟玉梅一样的华裔和华侨学生通过来中国留学的契机，努力弥合个人文化血脉所出现的缺失和裂痕，最终努力实现重构了一个完整的自我，同时也完成了对于"祖辈的家园"的认同感。因此，对于华裔留学生玉梅来说，她通过留学中国完成了"我是谁"的认识，不仅找回了自己文化"失落的一角"，同时也在情感上更加接近了"祖辈的家园"。

玉梅在其找寻到失落的身份过程中，舍友韩国留学生对她的帮助很大，是韩国舍友的一席话启发了迷茫中的她。舍友告诉玉梅，她不应该难受，因为她是独特的，她的成长背景的多元化正是属于自己的特征。正是这样的互动促使玉梅找到了独特的自我。玉梅的自我认同是与她的韩国留学生舍友一起，通过互动、交流、反思这样的协同活动创造出来的。

意义世界

心理分析学家说，"任何人都有对超越性意义的内在祈求：人要寻求意义是其生命中原始的力量，这个意义是唯一的，独特的，唯有人能够且必须予以实践"[1]。留学生通过在中国留学确定了人生的意义，找到了对他们来说最重要的事。乌兹别克斯坦留学生里尔别克确立了他的志向，就是：

> 做跟我们国家有关系的，能为我们国家的发展做事情……我学的是经济嘛，然后我想把中国的这个发展的路学

---

[1] 〔奥地利〕维克多·弗兰克：《活出意义来》，赵可式等译，生活·读书·新知三联书店，1998，第83页。

好了，中国发展的这三十年，三十年之间发展得这么快，这所有的东西都要学好，然后带到我们国家去，可能利用这些。我想到外交部去工作，做商务性的工作，就是肯定跟中国有关系。（里尔别克，男，乌兹别克斯坦）

他说这个想法是他在中国留学以后才产生的。

土耳其留学生阿斯兰对生活有了更深刻的理解，她用形象的语言描述"生活不是粉色"的发现。她在留学过程中体会到了"孤单""思念"，也收获了"快乐"的意义和生活的真谛。

> 我来中国以后我长大了，尤其在我遇到困难时更觉得我真的长大了，在北京有很多玩儿的地方，在那里呃……我那时才刚高中毕业，我在北京因为我是外国人，我玩儿的很多。但是我来了这里以后，我看到在留学生活中也不能光玩儿，在这儿嗯……跟那个时候的生活相比，这里的生活有点儿没有北京那么热闹，而且我有学习的压力了。我觉得嗯……有点儿让我明白什么是生活，就是我就明白了生活不是粉色，不是那么呃……好，这样。还有比如说，我离开家快三年了，呃我夏天的时候回过，但是我放寒假的时候会回吧，这个时候我一直呃……我明白了孤单是什么。嗯……然后快乐也是什么，还是想念也是什么，我都在这儿学会了这些。可以说想念、可以说爱情、可以说痛苦，这些都是代表留学生活。嗯，可以说我在中国除了汉语以外，还学了很多东西，中国让我长大了。（阿斯兰，女，土耳其）

不少留学生都提及来中国的留学经验对他们的特殊意义，对他们来说留学使他们感悟到人需要不断提升和"发展自己"，在变化面前要变得"开放"，以积极主动的态度适应变化。留学对天子的意义在于获得了自我发展。

发展自己，要嗯…人要不断发展自己，变得开放，因为一直如果和家里人在一起，那个生活嗯……那个时候的痛苦跟现在的痛苦肯定不一样，长大是我觉得留学生的意义。（天子，男，加拿大和多哥）

对于俊扬来说，留学使她获得了历练。

留学对我意味着一种锻炼。因为你在别的国家，你要按照这个国家的规定生活学习。而且了解各个国家的人的文化。等到我五六十岁以后，在中国的这个留学经历，是一个快乐的、永远不会忘的经历。（俊扬，女，韩国）

乌兹别克斯坦留学生里尔别克致力于"在两国间搭一个桥梁"，"我知道每个留学生都会说我一定要在两国之间搭一个桥梁，对我来说这不是大话，我就是要搭一个桥梁，通过我促进两个国家的关系"。他说之所以他有如此确定的目标，得益于中国老师的引导。

我的导师每次都给我说，留学生留学是要给自己的国家带来没有的、新鲜的。比如说，QQ的创造者、阿里巴巴，很多现在最有名的公司呀企业呀的老板都在国外学习到东西，然后在国内开始创业，这是非常有用的，我也一定要学到东西给我自己的国家带过去，这是非常重要的。我们的老师就总告诉我们，你们来中国不是光学语言，也要学中国的好的发展的原因。（里尔别克，男，乌兹别克斯坦）

经验图示

留学生离开自己熟悉的环境，来到中国接受高等教育，在这个学习过程中会遇到生活和学习上的困难。他们面临的问题和困难不仅考验了他们，也增加了他们的生活经验。在应对这些困难的过程中，他们掌握了相当多"转危为安"的策略和技巧，能够用来对付生活中不可预测、不断变化着的境遇。跨国界的学习在给他们造成某些不适的同时，也给了他们最为实用的知识和经验。他们在处理这些困难的过程中，获得了有关言语和行动方面的技巧。有很多留学生都提到获得了"独立性""责任感"，感受到自己"长大了"。比如阿西夫学到了在国外独自生活的能力。

> 我学了好多东西，怎么生活。在巴基斯坦，说实话，我对我的爸爸，我很多时间麻烦了他，我就打扰他了。但是来到这里以后，我觉得我学到了好多东西，学会了怎么生活，怎么去外国，生活是怎么过的。遇到了困难如何应对，这样的。（阿西夫，男，巴基斯坦）

汤姆学到了如何在困难面前解决问题。

> 如果你遇到了困难，怎么把困难扔掉。还有遇到困难要寻求朋友的帮助，按中国的话，就是"在家靠父母，出门靠朋友"。（汤姆，男，美国）

格里木曾进入学生会参与相关的留学生工作。她告诉我，正是在学生会里与来自不同国家和背景的学生一起工作的经历，使她变得"有经验可以跟各个国家的人交流了"。

天子发现留学第一次出远门的经历"让他长大了"，还学到了责任。

> 以前爸爸让我做这个做那个，就觉得不 care。来到这里因为有责任，老师信任你，你就觉得责任更大了，自信心更强了。（天子，男，加拿大和多哥）

崔奥力加感谢这段出国经历。

> 无论是在生活方面经济方面或者是经验方面都学到很多。我已经开始喜欢独立的生活。我已经喜欢了。（崔奥力加，女，哈萨克斯坦）

留学经验不仅使留学生接触了汉语学习、接受了高等教育，同时，留学经验也重塑着留学生原有的思维习惯、生活方式、观念定势和自我经验。

> 就是到这后，我在中国算是成熟了，所以我就说我以前那个想法跟现在完全不一样了。以前我是一个小孩子的想法，我现在不要光看，一定要动脑子想事情，用智慧思考。（马克，男，意大利）

> 我在这里了解到了集体观念。嗯……比如说，在这里他们的想法是共同呃……community，一个群，群的。但是在西方多一点个人的，嗯……比如看我们怎么吃饭。在家我们习惯分菜，我跟西方的朋友都是分开，在加拿大的时候，在西方其实，你拣你自己的菜我拣我自己的菜，大部分自己吃，吃自己的那份儿。来到这边，我了解到跟西方很多不一样的模式，按照集体出发的，集体意识很强的。（玉梅，女，加拿大）

很多留学生从留学中国的经验中收获了自信和对未来的美好期待。阿西夫评价自己在巴基斯坦时"不是那么好的学生，不是很努力的学生"，但是，他发现来到中国以后，自己发生了巨大变化。

> 我在中国找到了自信。（阿西夫，男，巴基斯坦）

米拉提到在泰国读本科时"是班里倒数第一名"，连申请硕士文书的写作都是用谷歌翻译，后请中国朋友修改。她没有想到：

以前在班里倒数第一名，会有今天的我，会说流利的汉语，发表过汉语的文章，然后在中国很好的一流大学上学，马上还能去另一所很好的一流大学读硕士。（米拉，女，泰国）

通过这段留学经历，她变得更加自信，对自己重新有了更加积极的认识。

因为以前在汉语方面，写作翻译我没有自信，所以每次做了事情都要请人辅导或者找人给我看，现在不用看了，我自己可以的。（米拉，女，泰国）

随着离开母国土壤的那一刻起，无论其有意还是无意，留学生已不再是持有一种观念和惯习的封闭个体，而是或多或少融入了留学国甚至是第三国家的惯习和行动方式，在多元观念和惯习的碰撞下逐渐成为一个开放的包容的个体。接受访谈的留学生提及"更爱中国""更理解中国""开拓视野"，对多元文化更加包容和理解。米拉告诉我，来到中国对中国有所了解后"更理解中国人，更爱戴中国"。

江川在留学中"开拓了视野"。

出国留学对我来说是一个好的机会，可以开阔视野。如果我一直留在日本，我不知道中国人到底是什么样子的，和他们生活中的习惯，这些东西我不知道如果我一直在日本学习，是否能知道。所以我留学不仅是在提高我口语和经历，而且看一看别的国家。（江川，男，日本）

对查娜来说也是如此，留学为其"打开了一个新的世界观"。

我觉得我学了汉语一点也不后悔。在我的世界观开了新的一个……我现在对中国的感觉不是别人说……别人说……

各种各样的人说，说的反正也都不一样嘛。反正我学会了汉语，我自己觉得挺好的，对中国的理解和认识我自己就懂一些了，不用靠别人说来理解了。不管我以后会不会找到工作，会不会和我的专业有什么关系，这都没关系，反正我觉得我来到这里吧，我觉得特别好的机会，对我来说。（查娜，女，哈萨克斯坦）

在中国留学，不仅对中国和中国文化有了更为直观和深刻的理解，而且通过与其他来自不同国家和地区的留学生互动，留学生也因此获得了对其他国家和文化的了解。与其他国家留学生的互动与交流拓宽了留学生个体的世界观，留学生内化了那些他们所欣赏的其他个体的价值观念和行为规范。贝内特（Bennett）提出："当个体在不同文化视角中移动时，可以将个体自我同一性的不同方面进行整合。"① 越南留学生秋爱特别谈到了她跟日本同学学会了"规律的作息时间"、跟来自西方的留学生学到了"尊重他人隐私"的生活方式。

> 可以了解到很多国家的人的性格和想法。我的同屋是日本人，她像个钟表一样，时间很规律，她的计划性比较强；我可以向她学习很多东西。我另个同屋是西方人，她的性格就不一样。她做事也很有计划，但是在那个生活方面不太讲卫生。总的来说，我觉得还是很好的吧，可以补充很多东西。亚洲人大部分肯定比较喜欢涉及那个私人个人的事情，但是我们慢慢跟日本人和西方人住在一起，不太关心个人的那个隐私了。（秋爱，女，越南）

---

① Bennett, M., "Towards Ethnorelativism: A Developmental Model of Intercultural Sensitivity". In M. Paige (Ed.) *Education for the Intercultural Experience* [M]. Yarmouth, ME: Intercultural Press. 1993: 21 – 71.

留学生接触到越来越多的文化差异和个体差异，在形塑自我时，他们也有了更加广泛的样板可以借鉴。

留学生的行为规范、生活模式和思维模式都会受到身边同学的影响，从而使其产生不同方面的变化。美国留学生汤姆了解到中国学生的压力后，非常佩服中国学生的努力，因此他"更加珍惜自己的生活"。

> 就是多理解他们的困难，他们的压力，我说哦很幸福，我在外国长大，所以没有他们那么多压力，比如说进入大学考，考什么的考试我没有，所以我……真的佩服他们，真的。（汤姆，男，美国）
>
> 泰国大学的学生他们下课了就回家，散了，还有些大学的设备教室，没有像中国那么开放，开到11点，就是很多教学楼，如果没课了，他们就关了，也不能让学生继续在那边看书，图书馆也不像中国11点关门，我们那边是5点关门，因为下班时间。（米拉，女，泰国）

受到中国学生的影响，如今她在学习上也更为"努力"和"勤奋"。

> 就是说以前我不是很努力的，但是因为来了中国，看到很多中国学生每天上自习，每天上自习到11点，我也觉得这个比较好，所以就影响到我，我也想像他们一样，每天都那么努力勤奋。（米拉，女，泰国）

留学生在中国感受到了中国人的勤奋和努力，在留学期间浸润在中国人的观念和模式中，这无疑会对留学生产生一定的"熏陶"作用，从而对留学生产生一定的影响。

> 我性格方面也有很大变化吧。我非常喜欢中国人那种

守时间，就是那个我记忆里还清楚记得，我刚开始来中国留学，那时候广西民族大学举办非常大的迎新晚会，老师们说 7 点要在大厅集中，但是我们那时候，因为越南人在时间观念上比较，怎么说，比较随意，7 点半才能。现在我也变成一个比较守时间的人。在越南有约会的话，如果是 2 点见面，我会 1 点 50 分或者 55 分或者准时 2 点就到。如果越南团说你 7 点半来吧，然后我 7 点 25 分就到了。（秋爱，女，越南）

尽管里尔别克曾沉溺于与中国女友分手的痛苦，但他还是认为：

爱情故事是我最大的收获，变得跟以前完全不一样。是因为她，我改变了很多。但是也没有完全改变，如果我完全改变了，我也就跟她不会分开了。（里尔别克，男，乌兹别克斯坦）

格里木从中国人那里学到了做事的效率、工作努力等。

我想说中国人最大的特点是中国人办一件事办得很完美，我特别想学，比如领导给你安排一件事情，今天安排的，第二天已经做完了交给你，而且有速度；在我们国家一般会拖延。还有什么，额，啊，挣钱，中国人真的会挣钱，还有努力。（格里木，女，吉尔吉斯斯坦）

有的留学生抱着学一年语言的动机来中国留学，有的是打算在中国读几年学位，当他们原计划的留学行动结束时，他们下一步的行动计划是如何安排的？在与留学生的访谈中发现，在中国的留学过程中，其获得的就读收获对留学生的后续行动安排产生直接影响。

　　来自越南的秋爱在广西交换学习时期认为"学习效果很好"，后又得知了 B 大学是中国培养教师比较好的院校，因此她决定再次到中国进修时要寻找机会进入 B 大学深造。

　　泰国留学生米拉在高中时曾有过在中国的短期游学经历，大学期间也曾来中国学习中文。在短期游学经验中，通过接触对中国和中国人产生了较好的印象。

　　　　高中的时候我也有机会来中国旅游，然后我也觉得中国这个国家是挺不错的，人很多，而且比较有魅力，在不同的方面，所以我就喜欢上了中国。高中毕业了我就考上中文大学，金麦大学中文系读了本科，然后在读本科的时候我有机会来中国学习短期的汉语，有机会跟中国人很多次相处，觉得中国人挺好的，很好客，喜欢跟他们在一起看文件，对我比较好，所以喜欢中国人，喜欢中文，喜欢中国，所以我毕业了以后要出国的国家就是中国。（米拉，女，泰国）

　　以往短期留学经验也促使她下定决心来中国继续深造攻读硕士学位。

　　土耳其留学生阿斯兰原打算在北京学完一年语言后在北京继续读大学，然而由于某些原因失去了当年在北京读大学的机会。由于其在读语言这一年中，在北京的学习收获较大，对学习中文有很大的"劲头"，她选择在中国其他城市的大学读大学。

　　　　其实原来我从北京第一年结束以后我还打算继续在北京，但是呢，在大使馆出了问题，然后联系呃……没联系上那里的大学，时间也有点晚，没有办法去那边。然后爸爸看我不高兴的样子就可怜我，因为我学了一年汉语真的不容易，然后如果我留在土耳其不去中国，没有机会说汉语，我觉得浪费时间，我白去了，我一年白过了。我就这样想，然后我特别痛苦,在大使馆那里就哭了。我爸爸看到后,他打了电话,然后就联系到这个 W 大学,我就来到这边,为继续学汉语,不管是什么地方。(阿斯兰,女,土耳其)

在中国有过学习经验后,留学生对中国的院校排名和口碑有所了解,当他们在二次选择留学地点和院校时,学校的"名气"成为他们考虑的主要因素之一。加拿大和多哥双重国籍的留学生天子在 B 市 Y 大学读完一年的语言课程后,选择来到 B 市 D 大学读工商管理专业的硕士,他之所以选择了 D 大学是因为"我听说这个学校好,在中国学校中是好的大学,名气大"。在 B 市 S 大学读教育学博士的意大利留学生克里斯汀娜之所以选择 S 大学是因为"觉得 S 大学是比较好,是最好的,我看了大学的排名,S 大学在教育学也是第一位"。

留学的"复制性选择"

留学生在留学国获得积极的留学经验,留学生的推荐将促进留学网络的建立以及推广和扩散。韩国留学生俊扬对她的弟弟的实力和发展做了一番分析和权衡,认为来中国留学不仅可以学好汉语,对未来找工作有帮助,她自己还可以为弟弟在中国留学提供更多的照顾和帮助。

他要参加进入大学的考试,我记得他还是实力不够,那就可以选择出国留学;而且我觉得在中国有我,我就可以帮助他,他有什么问题我都可以帮他。而且现在我觉得中国在世界上在政治方面、经济方面,每个方面都是最有实力的国家之一。这样很好,而且如果我们学好中文,学好中国汉语,是很有意义的,在未来可以找到好的工作。(俊扬,女,韩国)

因此，她推荐弟弟跟她一样来中国留学。

土耳其留学生阿斯兰推荐她在土耳其的同学和朋友也来中国留学，但是她的朋友们更愿意去伊斯兰国家，在饮食和习惯方面更为适应。阿斯兰希望她的朋友们能来到中国亲身体会和感受中国的生活，可能他们便会改变想法来到中国留学。

> 其实很多我的土耳其的朋友他们给我说过我想去，我说了你们可以来，呃要有勇敢，然后可能肯定会麻烦，但是你们可以来这学习，在这学习挺好的。还有学汉语也真的对未来非常有用，我给他们一直推荐了这个，但是他们都不敢来这边学习，呃……因为呃……土耳其离中国非常远，还有在这儿嗯……他们吃的呀什么的……还有中国这个国家不是伊斯兰教的，所以他们都觉得我去那里我吃什么？我做什么？我不可以这样，他们一直觉得可能就这些方面。比如说他们可能愿意去伊斯兰国家，我觉得他们应该看一下呃……来这边看我养成的习惯，这样我想让他们看到。因为我给他们说，可能他们会不明白，但是如果他们来亲眼看到的话，会有更好的效果。（阿斯兰，女，土耳其）

在交通、通信日益发达的今天，这种亲属、朋友人际互动网络的推荐使得留学迁移态势像滚雪球般发展，并且他们对留学国家、城市和院校的选择受互动网络影响，往往呈现趋同性和模仿性特征，我将其称为"留学生的增殖效应"。留学生的增殖效应体现在每一个留学生都有可能推荐她的互动网络中的成员步入留学的轨道中来，甚至是步入跟她相同的留学国、留学城市和留学院校。每一个留学生都是潜在的"增殖的母版"，在其推荐和影响作用下，将会有越来越多的互动网络成员做出留学的"复制性选择"或"类复制性选择"。留学生通过留学实现自我改变，也为其亲人和朋友提供了一种可资参考和效仿的示范性行动方案。

越来越多的留学生从母国来到留学国学习，这将促进这些国家与留学国的连接日益紧密。

本章小结

本章提出了"留学就读变化的影响理论"。首先，提出留学生在不同维度获得发展，留学生不仅找寻到个人身份"失落的一角"，也确定了人生的意义和未来的志向，不仅丰富了自我的内涵和经验图示，而且加深了对多元文化的理解。留学生的经验图示、意义架构、生活方式等获得了多样化、丰富化和复杂化的重塑。其次，认为留学生的变化受到不同推动者的影响，包括受到教师的引导、同学的影响以及"中国人"的"熏陶"。此外，这些变化是留学生在留学期间在留学国应对各种挑战的累积性效应，也是其通过学习、反思等调整适应的交互性作用。最后，本章研究发现留学的变化既是行动结果也是影响其他行动的条件。留学变化对个体再次留学的选择产生重要影响，同时对他人的行动选择具有干预作用。值得一提的是，奖学金因素对留学行动的延续起着直接推动的作用。

留学历程是一个"自我发现"之旅，更是一个"意义世界"得到丰富的过程。留学生在留学国世界中获得了其各自独特的"意义世界"。意义世界是指留学生对世界、对自我以及对价值的看法。每个留学生个体在进入留学国之前存在一个"意义世界"，通过与留学国世界的互动，那些对留学国世界感知较为积极或自我能动能力强的留学生会吸收留学国新的惯习，意义世界从而变得丰富。

本章所提出的留学就读变化的过程理论是建立在本研究访谈资料的分析、编码基础之上的。西方对有关留学生留学变化也有所涉及。阿德勒（Adler）将留学生成功的变化等同于自我实现、从一个较低水平的自我和文化意识的状态发展到高水平的自我和文化意识的状态。① 马金森（Marginson）提出留学生在异国学习的过程也是一个自我形塑（self-formation）的过程。②

金和巴克斯特（King & Baxter）等提出了跨文化成熟发展模型。在认知层面，对文化差异性有复杂性理解能力；在内在层面，具有对文化差异性接受而不是感到威胁的能力；在人际关系层面，与多元化背景的他者能够相互依存（function interdependently）。③金姆和鲁宾（Kim and Ruben）视跨文化能力习得的过程为一个学习和成长的过程，突破过去的自己，通过获取跨文化的知识、转变态度、提高行为能力重建一个新的自我，实现更高层次的融合。④ 金姆（Kim）指出具备跨文化能力的人并不会消极地接受由他人定义的社会现实；相反，他或她有能力主动地协商目的和意义，而且，跨文化胜任过程的发展是由个体决定的。跨文化能力的核心表现为情感、行为和认知能力，比如移情、适应性的动机、换位思考、行为灵活性以及以人为中心的交流。⑤ 金姆（Kim）随后的一篇文章中将跨文化认同纳入跨文化转变之中，一个包容的人不排他性地认同他所在的社会群体，同时也认同其他群体与亚

① Adler, P. S. , "The Transition Experience: An Alternative View of Culture Shock" [J]. *Journal of Humanistic Psychology*, 1975 (4): 13 – 23.

② Marginson, S. , "Student Self-formation in International Education" [J]. *Journal of Studies in International Education*, 2013 (1): 6 – 22.

③ King, P. M. & Baxter M. , "A Developmental Model of Intercultural Maturity" [J]. *Journal of College Student Development*, 2005 (6), 571 – 592.

④ Kim, Y. Y. , & Ruben, B. D. , "Intercultural Transformation". In Y. Y. Kim &W. B. Gudykunst (Eds.). *Theories in Intercultural Communication* [M]. Newberry Park, CA: Sage. 1988: 314.

⑤ Kim, Y. Y. , "Intercultural Communication Competence". In S. Ting-Toomey & F. Korzenny (Eds.) *Cross-cultural Interpersonal Communication* [M]. Newberry Park, CA: Sage. 1991: 259 – 275.

群体。跨文化认同具体指：一是对原有和新的文化要素的接受；二是眼界更为开阔和感知更为深刻；三是对有关自我的知识增加，自我信任和自主能力有所提高；四是内在复原力提高；五是应对新的挑战的创造性的智谋不断增加。① 金姆强调跨文化能力取决于适应能力，即个体调整过去的文化方式、学习和适应新的文化方式，有可能更为主动开放地学习不同的文化模式。② 这些研究统一地将跨文化能力看作一个转变过程，一个人获得适应能力，转变他或她的视角以有效地理解和适应主体文化的需求。跨文化学习分为三方面：跨文化适应、发展跨文化能力、个体自我认知的重建，所有这些都通向个人成长。③

值得一提的是，尽管留学期间的变化对留学行动具有重要影响作用，但是在访谈中发现奖学金因素对留学生是继续留在中国学习还是回国起到直接影响作用。来自乌兹别克斯坦的里尔别克原本计划在中国学一年语言后便回国读研究生，但是在读语言期间尝试着申请了中国政府奖学金并且申请成功后，他改变了回国的计划选择在中国攻读研究生。他说：

> 我打算学一年然后就回国，回国继续读研究生。当时目标是就在这学一年汉语就回国，后来申到奖学金就接着读了。（里尔别克，男，乌兹别克斯坦）

---

① Kim, Y. Y., "Development of Intercultural Identity" [Z]. Paper Presented at the Annual Conference of the Lnternational Communication Association, Miami, FL. 1992: 22.

② Kim, Y. Y., "Intercultural Communication Competence". In S. Ting-Toomey & F. Korzenny (Eds.) *Cross-cultural Interpersonal Communication* [M]. Newberry Park, CA: Sage. 1991: 268

③ Gill, S., "Overseas Students' Intercultural Adaptation as Intercultural Learning: A Transformative Framework" [J]. *Compare: A Journal of Comparative Education*, 2007 (2): 167 – 183.

由于他在留学期间认为"总是有堵看不见的墙隔着他和中国人",因此他表示其实并不太想留在中国读硕士。

> 我想离开这,但我也没有办法放弃我的这个奖学金,已经没有办法往后退。还是怎么说呢,走到最后吧。(里尔别克,男,乌兹别克斯坦)

来自土耳其的阿斯兰在 Y 大学学完语言后选择到另外一个省读本科,她说离开北京去另外一个省读书并不是一个理想选择,但是考虑到获得了奖学金可以减轻父亲的负担,也是一个不错的选择。

> 公费读书,对我家人来说,如果在国外留学的话,公费比较方便一点,因为这样不会嗯……加重爸爸的负担,所以我就愿意公费学习。如果不行的话也可以自费,但是嗯……家里的负担就重了。(阿斯兰,女,土耳其)

查娜也是考虑到奖学金的支持,所以选择"继续留下来"。

> 很多学生特别是当一年语言学完准备回国时,如果拿到奖学金一般都会选择继续留下来读学位。就学了一年之后,我也想去别的地方,我觉得这个地方不好。这里的人的思想、生活方式我有点不习惯,没有什么发展的途径。我觉得可能要回去,但刚好给我们提供这样的机会,然后我就想看一下,然后留下吧,在这里,一直在这里。(查娜,女,哈萨克斯坦)

 结　语

　　现实的理论建构，不论它们是科学的、
哲学的，甚至是神话的系统，都无法穷尽
社会中的成员视为"真实"的事物。

　　——〔美〕彼得·伯格（Peter Berger）、
〔美〕托马斯·卢克曼（Thomas Luckmann）
《现实的社会构建》

来华留学生就读经验

本研究从不同角度、动态性地了解了来华留学生在中国的就读经验。[1] 本研究认为，"留学生就读经验"是指其由留学动机产生、留学行为实现到对留学国世界感知、人际互动、学习投入以及变化的个体跨国学习实践与体验。留学生就读经验包括五个经验维度，行动选择性经验（choosing experience）、感知性经验（perception experience）、互动性经验（interaction experience）、实践性经验（practice experience）和反思性经验（reflection experience）。"留学生就读经验"既包括留学的全过程，也包括因留学的行动而产生的结果；既强调其留学过程中的行为，同时也关注其留学期间的感知；它不只是留学生的直接经验，还是个体的反思性经验。

---

[1] 注：根据本研究对访谈资料的分析以及理论的阐释，认为与"经历""体验"相比，"经验"更符合于本书的研究内容和研究发现。"经验"是一个动态的、完整的，是从做中学，是实践与认识统一的过程。引自〔美〕约翰·杜威《我们怎样思维·经验与教育》，姜文闵译，人民教育出版社，1991，第253～272页。学者周作宇和周廷勇最早提出"大学生就读经验"的概念，"大学生就读经验"指的是大学生对其自身与大学环境中的人、事、物所发生的交互作用的认识和体验。具体说来，大学生就读经验是指大学生在高校期间参与课内、课外活动的经历。引自周作宇、周廷勇《大学生就读经验：评价高等教育质量的一个新视角》，《大学》（研究与评价）2007年第1期，第27～31页。本文得益于以上研究，认为用"经验"比"经历""体验"更适恰。

留学生在三大动力的推动作用下产生留学动机，当他们通过权衡判断留学中国能产生比较高的个人收益时便倾向于来华留学。在此条件下，假如家庭有较为充足的经济资本的支持或者社会资本的推动，或者个体拥有可转换为奖学金或政策性支持资源的"个人发展力资本"，那么留学行动得以实现。进入留学国世界后，留学生会对"母国世界"与"留学国世界"、"想象世界"与"留学国世界"以及"留学国世界"内部结构间进行比较，从而构成了留学生对"留学国世界"的感知。当留学生对"留学国世界"的评价不如"母国世界"，或者"留学国世界"不如"想象世界"时，或者当对"留学国世界"内部结构间比较后，认为与个体直接发生作用的结构不如其他结构时，其感知消极。当留学生对"留学国世界"的评价高于"母国世界"，或者"留学国世界"比"想象世界"更美好时，其感知积极。留学生在留学国世界的学习投入行为，是留学国世界感知与个体能动能力相互作用的结果。当对留学国世界感知积极，且自我能动能力强，则学习投入程度高；当对留学国世界感知消极，但自我能动能力强，学习投入程度较高；当对留学国世界感知消极，且自我能动能力弱，学习投入程度最低；当对留学国世界感知积极，但是自我能动能力弱，学习投入程度低。留学生对"我们"与"他们"的分类，形成对人际互动我群体与他群体的再生产作用。时空的结构性条件对留学生人际互动网络具有强化功能。诸多因素纵横交错使得留学生的互动网络结构总体呈规模小、紧密度高、趋同性强、异质性低的特征，组合形态多为留学生之间的互动组合。留学生在中国的留学历程不仅是一个"自我发现"之旅，更是一个"意义世界"得到丰富的过程。

具体来说，本研究得出五个研究结论。

第一，留学动机形成和行动实现理论。当个体对职业、学业、自我发展等有内在诉求，或者受到重要他人的影响，或者对一国未来发展有乐观判断时，即在"内生成长力""他人影响力""国家发展力"这三大动力的推动作用下，他们会产生留学的动机。与此同时，他们会对留学收益进行评估、权衡和理性选择，当判断留学能产生比较高的个人收益，诸如经济、情感、文化等收益时，他便倾向于留学。在此条件下，假如家庭有较为充足的经济资本的支持，或者社会资本的推动，或者拥有可转换成奖学金及政策性支持资源的"个体发展力资本"，那么留学行动得以实现。

第二，留学生对留学国世界感知的比较理论。"对留学国世界的感知"是指留学生在留学期间形成并伴随于整个留学过程的感受、认知和评价，是留学生对留学期间与其发生作用的载体的情绪基调。留学生对留学国世界的感知源于对三个世界的比较，分别是"母国世界"、"想象世界"和"留学国世界"。"母国世界"是指被留学生所建构的留学前与其发生作用的载体。"留学国世界"是指被留学生所建构的在留学期间与其发生作用的载体。与其发生作用的载体，既包括国家、所居住的城市、社会和居民、就读院校，也包括制度、文化、结构、情景等要素。"想象世界"是留学生虚拟的主观世界。想象世界源于他们进入留学国世界之前的梦想、期待以及他们听到、看到留学归来的亲朋好友，或受媒体影响后形成的对留学生活的憧憬，是一个虚拟的主观世界。

对"母国世界"与"留学国世界"、"想象世界"与"留学国世界"以及"留学国世界"内部结构间的比较构成了留学生对"留学国世界"的感知。当留学生对"留学国世界"的评价不如"母国世界"，或者"留学国世界"不如"想象世界"时，或者当对"留学国世界"内部结构间比较后，认为与个体直接发生作用的结构不如其他结构时，其感知消极。当留学生对"留学国世界"的评价高于"母国世界"，或者"留学国世界"比"想象世界"更美好时，或者认为与个体直接发生作用的结构比其他结构更优时，其感知积极。

但是，留学生对留学国世界的感知不是一成不变的，而是动态变化且可以发生转变的。语言水平的提高，可能使消极感知转化为积极感知。某些"关键事件"发生后，积极感知可能会转化为消极感知，消极感知也可能转化为积极感知。

第三，留学生互动网络理论。留学生的互动网络结构中，每个人是有差异的，但总体呈规模小、紧密度高、趋同性强、异质性低的特征。组合形态多为留学生之间的互动组合。此外，人际互动网络中留学生与每一个面向的群体互动的动机、功能和关系维持机制都各不相同。由于地域靠近、文化相似，同时共享的留学生身份，以及在居住空间距离上的"得天独厚"的便利，留学生与本国的留学生呈现出高度联合的互动关系网。基于共有的留学生身份，留学生也与其他国家的留学生具有一定的强度和频度的互动，形成了留学期间的强纽带关系。紧密的网络关系，在满足其日常交流需求的同时，也阻碍了他们与其他成员的互动。他们在留学国接触的当地人比较单一，主要是同班的当地同学，且在课程结束后便中断了彼此间的联系，很难将当地学生和教师纳入自己密切和持久的网络关系中。留学生与当地学生处于弱纽带互动关系中。教师亦师亦友亦父母的角色成为留学生在留学期间有力的"问题解决者"，但是他们对教师"友好地差别化对待"感到困惑。留学生与母国亲人的互动呈现阶段化差异特征，亲人既是情感牵挂也是情感支持来源，但是随着留学时间的延长，留学生与亲人的交流经过了有意识的信息过滤。

留学生对"我们"与"他们"的分类，形成对人际互动我群体与他群体的再生产作用。除了生物学意义上的先赋性关系因素，以及通过互动-交往获得的反馈和感知外，历史-文化意义、被赋予的身份也对判断自己人和外人起到至关重要的作用。此外，由于留学生个体身处异国他乡，留学国世界对其是陌生的，远远超出其以往在母国世界的熟知领域，无法驾轻就熟地进行判断，所以留学生多会利用已有的有关留学国世界的"手头的库存知识"进行社会比较和社会评价，而这些手头知识很可能是刻板印象、偏见、歧视甚至是污名化了的知识。如果留学生和本土学生不能充分获得令双方满意的知识量，仍然以"手头的库存知识"来理解彼此，固化的、刻板的社会认知系统就不会改变。

时间不再是一种过去、现在与未来的坐标和背景，而变成分析的一部分主体。空间也不再仅仅是一个载体，而成为影响互动和参与行动的重要变量。时空的结构性条件对互动网络具有强化功能。留学生与当地学生住宿和学习空间分隔以及对院校留学生时间的制度性安排体现的是学校管理者的逻辑。物理空间的分隔，造成主观心理空间的隔阂。空间的分隔拉大了留学生群体与当地学生群体的心理距离。本研究认为，当管理者的逻辑与留学生个体的逻辑一致或者双方能够实现对彼此的理解和认可时，结构性条件将成为促进个体发展的助推器；当管理者的逻辑与留学生个体的逻辑的一致性出现较大分歧或者留学生对结构性条件产生冲突性认知时，特别是当个体想要逃离或采取抗争性行动以摆脱此种延续例行化行动时，则管理者需要高度重视。

第四，学习行为投入理论。留学生在留学国世界的学习投入行为，是留学生对留学国世界感知与个体能动能力相互作用的结果。本研究提出投入行为的函数。

$$B = f\ (P,\ I)$$

其中，B = Bahavior，P = Perception，I = Initiative

当对留学国世界感知积极，且自我能动能力强，学习投入程度高，即"感知积极－个体能动能力强型"；当对留学国世界感知消极，但自我能动能力强，学习投入程度较高，即"感知消极－个体能动能力强型"；当对留学国世界感知消极，且自我能动能力弱，学习投入程度最低，即"感知消极－个体能动能力弱型"；当对留学国世界感知积极，但是自我能动能力弱，学习投入程度低，即"感知积极－个体能动能力弱型"。

第五，留学就读变化的过程理论。首先，提出留学生在不同维度获发展，留学生不仅找寻到个人身份"失落的一角"，也确定了人生的意义和未来的志向；不仅丰富了自我的内涵和经验图示，而且加深了对多元文化的理解。留学生的经验图示、意义架构、生活方式等获得了多样化、丰富化和复杂化的重塑。其次，认为留学生的变化是受到不同推动者的影响，包括受到教师的引导、同学的影响以及"中国人"的"熏陶"。此外，这些变化是留学生在留学期间在留学国应对各种挑战的累积性效应，也是其通过学习、反思等调整适应的交互性作用。最后，本章研究发现留学的就读变化既是行动结果也是影响其他行动的条件。留学变化对个体再次留学的选择产生重要影响，同时对他人的行动选择具有干预作用。值得一提的是，奖学金因素对留学行动的延续起着直接推动的作用。

留学历程是一个"自我发现"之旅，更是一个"意义世界"得到丰富的过程。留学生在留学国世界中获得了其各自独特的"意义世界"。意义世界是指留学生对世界、对自我以及对价值的看法。每个留学生个体在进入留学国之前存在一个"意义世界"，通过与留学国世界的互动，那些对留学国世界感知较为积极或自我能动能力强的留学生会吸收留学国新的惯习，意义世界从而变得丰富。

就读经验的"作用力"与"反作用力"循环理论

留学生就读经验由于是个体跨国学习的实践与体验，看似毫无轨迹可言，让人捉摸不定；事实上，自他们留学动机产生、留学行为实现到对留学国世界感知、人际互动、学习投入以及收获的整个过程，他们的行动选择都遵循着一定的可以把握的"轨迹"。

基于扎根理论研究方法，本研究得出的扎根理论如下。

留学生就读经验受到与留学生个体或直接或间接、或在意识层面或在非意识层面发生作用的载体（包括社会结构、制度环境、精神文化）、留学生个体特征（包含留学生先前经验）共同作用的形塑，同时留学生就读经验又对与其发生作用的载体、留学生个体特征产生影响。留学生就读经验正是在"作用力"与"反作用力"间如此循环往复。

从"作用力"来看，留学生就读经验是嵌入国家间关系、母国国家发展、社会结构、制度环境、精神文化、家庭、个体特征之中，被其影响着和"紧裹着"。留学生是与其发生作用的载体（包括社会结构、制度环境、精神文化）和具有个人特征的"携带者"，每个个体都无法割裂来自母国世界的家庭、组织、文化、国家的"纽带"和抹去它们带来的"烙印"，他们在留学就读期间不断地回顾和解读各种记忆和经验。留学生进入留学国世界学习，与留学国世界的载体发生了关系。因此，留学生也难以避免地受到留学国世界载体对其的影响。从而，个体经验、家庭脉络、文化脉络、社会脉络、母国世界和留学国世界的组织、互动网络、母国世界与留学国世界的关系、国际形势这些不同因素维持着一种纵横交错的状态作用于留学生，对留学生施加着一种无形的力量，影响着其就读经验。留学生就读经验背后的这些要素，是在后台所进行的"隐匿的脚本"，对留学生就读经验产生影响作用。

从"反作用力"来看，留学生就读经验会丰富其个体经验，并对其家庭、组织、互动网络、制度、文化、社会、国家、国家间关系产生影响。留学生一方面受到载体和个人特征的影响，另一方面，留学生也参与着对与其发生作用的载体以及对自我的建构过程，比如留学对世界形势、留学国与母国的国家关系、留学所在院校的制度安排和课程设置都起着潜移默化的影响作用。最直接的表现，如他们会把留学经验传递给其家人、朋友以及在母国的亲朋好友，这种个体的经验经过波浪式的传播途径扩散开去，从而产生"留学生的增殖效应"。每一个留学生都是潜在的"增殖的母版"，在其推荐和影响作用下，会有越来越多的互动网络成员做出留学的"复制性选择"或"类复制性选择"。留学生通过留学获得自我发现的经验，也为其亲人和朋友提供了一种可资参考和效仿的示范性行动方案。此外，来华留学生既是中国形象的直接接触者，也是中国形象的直接构建者和传播者。作为"留学国形象掷地有声的发射体""留学国印象的传导体"，留学生可通过话语将对留学国世界的感知和印象传递给其他载体。倘若留学生"传导"的话语是负面消极的、不切实的信息，那么将成为极具穿透力的反映着对留学国形象的"标记物"，通过留学生的分享和传播出口至留学生所在的国家乃至更多的其他国家，从而对留学国甚至是留学国与母国的关系、国际形势都会产生影响。

由于在本书第四章和第八章已对留学生就读经验对与其发生作用的载体的"反作用力"有所论述，在此仅对与留学生发生作用的载体对留学生的"作用力"进行阐述。

留学生就读经验受其个体先前经验的影响，是个体先前经验的延续、改组或改造，既包括知识性的，如"手头的库存知识"，也包括实践性的，还包括能力性的。留学生的就读经验，经由惯习所引导，同时也受先前互动结果的影响，这一系列的选择和行动所依循的发展逻辑由"知识性""实践性"惯习所引导。人们的行动绝大多数是凭惯习而为。早期实用主义者之一威廉·詹姆斯（William James）认为，人的大脑具有自然可塑性，使其能被活动中发生的种种刺激、感觉和情感打下印记，由此确立养成习惯的神经通路。詹姆斯提出著名的"意识流"概念，人的意识并不是从一个孤立的经验跃入下一个孤立的经验，而是将此前经验融入当前的阶段，创造出累积性经验。①留学生在新环境中遇到问

---

① 〔英〕伊恩·伯基特：《社会性自我：自我与社会面面观》，李康译，北京大学出版社，2012，第41页。

题时，往往从具体的先前经验开始，并将经验泛化，使它们延续到新环境下类似的事件中。比如，他们从手头库存知识那里得到的是诸如亚洲学生学习"用功、害羞、敏感、自卑、不喜欢说话、听话"，而中亚学生"爱迟到、懒、打架、不团结同学、很难管、在乎钱"，欧美学生"聪明、爱好广泛、不用功、自主性强、来中国只是体验"等。这种"类别化"将偏见内化到留学生的思维惯习之中，这种"刻板化印象"对留学生互动与行为会产生影响。再如，个体心智模式对留学生就读经验的影响作用非常显著。心智模式具有一种思维惯性的力量，并在日常生活的绵延中不断地自我强化，正是由于心智模式的作用，留学生在思维图谱中往往进入"路径依赖"。

留学生所在的组织及其制度安排不仅为留学生提供了平台和发展机会，同时也对留学生就读经验起到了管理、约束和制约作用。

媒介对留学生就读经验有直接影响作用。留学生通过媒介的传播作用形成了手头的库存知识或对留学国的认知图示，同时，留学生会将其就读经验与媒介所传播于他的信息通过"自我暗示"和"自我证实"不断得到强化。

> 我看过一本书，一个文章，俄文的，说跟中国人在一起，但是他永远不会把你看成自己人，对他来说你永远是老外，你的名字永远是老外，你当不了当地人。我看过这本书，我现在自己越来越发现就是这样。我们留学生学得再好还是当不了中国人，中文说得再好还是外国人，非常明显的。因为中国人永远都不当我们自己人看，你汉语说得好，但你就融不进去这个环境，好像是一个海。去年我参加"汉语桥"的时候我就说过这句话，就是自我介绍的时候，中国对我来说像大海一样，我渴望做一只小鱼在这片海洋里汲取营养。但

是呢，我在这个海洋的最上面我融不到里面，我只能在上面游泳，我融不到里面游泳。这是我自己的想法。（里尔别克，男，乌兹别克斯坦）

留学生就读经验深受其长期浸润的文化、价值观和信仰的紧裹。文化、价值观及信仰既是个体的选择倾向，又是个体态度、观念的深层结构，它主宰了个体对外在世界感知和反应的倾向，与此同时，还是群体认同的重要根据——共享的符号系统。马戎曾对差序格局有这样的评价，"差序格局的根在中国社会扎得实在太深了，即使剪掉了地面上的枝叶，它的老根还在那里，只要气候适宜，还会不断地滋生出新的枝芽"①。其实，留学生所带有的文化、价值观和信仰的印记正如同马戎所说的"老根"，在个体的身上"扎得实在太深"。

对于越南留学生秋爱和泰国留学生米拉来说，她们在中国感受到一种"文化相近性"，因而感到比较适应，没有遇到太大的困难。

我第一次来中国的时候是在广西，广西和越南很近，人那个外表和性格方面很相似，饮食方面也比较像，反正我觉得是一样的，所以我在很多方面都比别的留学生更适应一些。（秋爱，女，越南）

第一，泰国和中国文化比较相近，而且我是华人，所以中国人的生活方式，有些跟我们的生活方式接近；然后我也是学中文来的，学中文的时候也会学到中国人的生活方式，还有中国一些东西，所以遇到了什么困难我也觉得一般吧。（米拉，女，泰国）

---

① 马戎：《"差序格局"——中国传统社会结构和中国人行为的解读》，《北京大学学报》（哲学社会科学版）2007年第2期，第131～142页。

参与研究的留学生表现出他们在中国的就读经验深受其文化规范的影响。参与研究的欧美留学生向我讲述，在欧美文化中，人们被鼓励大胆而自信地表达自己的观点。而许多来自东亚国家的留学生则认为，他们的文化告诉他们要学会"多听少说"，甚至不说。

来自乌兹别克斯坦的留学生里尔别克从小浸染在伊斯兰教文化里。留学期间他接触到了佛教，在不同文化的多个方向的拉扯之下，他出现了"人生的十字路口"向前向右向左向右的彷徨和无助。也正是由于他对不同文化的彷徨和不适，他与女友因此而分手。在个人的情感依恋与宏大的文化冲突的张力场中，矛盾相互纠缠。

尽管个体是微观层面的，然而宏大的国与国之间的关系也会对留学生就读经验产生影响，直接映射到其在留学国世界的互动交往中。越南留学生提及她和她的日本朋友在中越、中日关系特殊时期，他们的生活也被标签化了。他们的一举一动往往也跟其所在的国家联系在了一起。

> 有段时间中日关系不好，然后呢我每次回来，我打的的时候，我就说去哪去哪，司机问我是哪国人，我说是日本人就拒绝不让我上车，我感到非常沮丧。（江川，男，日本）
>
> 有一段时间越中关系比较紧张嘛，我去买菜的时候，卖菜的人就说你们越南人怎样怎样，那时候我觉得心里不是很舒服，人和人之间的关系我觉得不应该这样说的，虽然是国家的大事，但是嗯不应该这样说。（秋爱，女，越南）

国家之间的关系也影响人员移动和留学生就业。

　　我们的父母经常来到中国。如果关系不太好的时候，他们不能来。中国和巴基斯坦关系好，对以后找工作是很好的。在巴基斯坦他们开了一个公司，这个公司实际上很有名的，现在。这个公司现在是最大的，中国政府做的。还有中国联通，联通和中国移动，开了，在巴基斯坦。那边也有中国人。所以，如果我上班的时候，可以两边去工作。我们好多公司是中国和巴基斯坦一起开的。中国和巴基斯坦关系好，对以后找工作是很好的。（阿西夫，男，巴基斯坦）

　　从以上分析可以看出，尽管留学生就读经验是个体行为，然而，其行为的背后是高度匿名性的抽象事物的集合，社会、文化、组织、个体先前经验都是对其就读经验有投射作用的集合。研究留学生就读经验不能将其从具体的社会、文化、组织、个体先前经验情境中抽离出来，而应该综合各方面去理解其留学就读经验。

　　因此，若不去了解留学生之前的个体经验、其社会－文化背景、组织和制度安排、国家间关系等，将很难获得有关他们来华就读经验的全景图。

行动导向与政策建议

　　理论的穿行，并不仅仅是为了欣赏路边的风景，更重要的是能够从理论发现中寻找到对行动有帮助的方向和出路，从而实现对现实的"改造"。因此，上述针对来华留学生就读经验的研究，也不仅仅为了纯粹的理论生成。扎根理论研究方法认为扎根理论是以行动为导向的，研究成果可以成为现象当事人和相关者采取行动、有所作为的基础。扎根理论研究方法认为，扎根理论可以日后作为该类现象的社会行动纲领；因此，研究者可以清楚地注明和标示出运用此扎根理论的条件，从而可以在未来的某一特定的研究情境里得到运用。①

　　根据本研究所生成的"留学生就读经验的作用力与反作用力"的扎根理论可以看出，国家、组织、文化、家庭、其互动网络、自身经验都会作用于其在留学国的就读经验并受到这些不同载体的影响。因此，要提升来华留学生就读经验，需要国家、高校、教师、中国学生、来华留学生本人、留学生家人这些与留学生发生作用的多方"载体"的共同努力。

　　对于国家来说，国家应积极推动，促使"高校教育质量"成为吸引留学生来华的主要动力。对来华留学生动机的了解和分析可以看出，产生来华留学的动机主要来自个人成长的诉求、他人的影响以及中国国家的发展。在我的访谈中，来自发达国家的学生留学中国的动机多为提升中文水平、感知中国文化、获得不一样的体验，而不是受到高质量教育吸引。他们中的大多数来到中国是为了从事与中国相关的学位学习或者非学位的汉语学习。而来自亚洲和非洲国家的学生留学中国的动机多为跟学位相关的目标，希望在中国获得较优质的教育以增加未来就业机会，一些学生表示向中国学习，以便日后能够为他们祖国的发展做出贡献。因此，我国需要在强化已有的动机产生的推动因素，如提供个人发展机会、积极主动出击开拓国际教育市场、树立留学教育的口碑、保持中国国力发展的基础之上，创造出新的影响留学生来华动机的因素，特别是提高我国高校教育质量，提升高校国际影响力，力图使"高校高水平教育质量和先进的教育教学模式"成为吸引留学生来华的主要因素。此外，还应重视海外华人华侨寻根的需求，提升我国的文化吸引力。同时继续推进我国与其他国家政府间协议的发展，创造不同形式的奖学金类别。然而，本研究

---

　　① Strauss, A. , & Corbin, J. , *Basics of Qualitative Research: Grounded Theory Procedures and Techniques*[M]. Sage. Publications, Inc. , 1990: 23.

发现提供奖学金是吸引部分留学生来华留学的极其重要的因素；但是，物质利益的给予并不能提高其对中国的感知，也并不能提高其在中国的学习投入，反而还有可能导致其消极投入。

长期以来，我们对来华留学教育的定位，主要是培养知华爱华友华人士。随着全球人才流动加快，随着我国进一步融入高等教育国际化进程中，来华留学生教育的定位可以相应有所拓展，将不仅仅是培养知华爱华友华人士，而且能够对全体学生发展带来有益影响，对高等教育双一流建设有所裨益，对我国经济社会的发展有所促进，以此作为来华留学教育的定位。人才培养是双一流建设中的基础，通过促进留学生与本土学生的跨文化互动，一方面能使留学生群体尽快适应和融入异国他乡的学习和生活环境，另一方面也能帮助本土学生不出国门就能够与外国学生一起交流和学习，增进全球视野。

对于高校来说，高校可以通过更为柔性的制度化安排和项目，为留学生学习和生活提供支持。在招生时尽量避免同一所高校留学生来源国的单一化和集中化。针对留学生所反映的留学生来源国家的同质化和考虑到多样性对学生发展的促进作用，高校在招收和选拔国际学生时，应适当扩展学生来源的多样性，特别是同一所高校尽可能避免留学生来源国局限于某几个国家。

高校为留学生提供学术和生活上的服务，特别是在留学生来华的第一年提供过渡性支持。鉴于社会支持对留学生在异国学习具有重要意义，特别是刚进入留学国世界时，留学生迫切需要一些引导，留学第一年对留学生至关重要，院校应为留学新生提供过渡性支持。学校应为留学生提供学术上的服务，比如图书馆信息和使用技巧培训、语言和学习能力支持、咨询服务、学生组织团体支持等。

高校可以通过院校支持引导留学生将更多的时间和精力投入跟学业相关的活动中。国外也有一些研究表明，当学生将更多的时间投入课堂和学校相关活动时，其往往从大学经验中收获更多，同时会对组织有更强的心理契约和归属感。因此，高校应主动关注并且提高留学生的课内课外投入，使之获得归属感。

尽可能创造机会，引导学生进行文化学习和提高自我能动能力的学习。本研究所提出的"自我能动能力"是可以通过有意识地学习和培训获得的。作为"自我能动能力"概念里一个重要组成部分的"自我效能"，根据班杜拉（Bandura）的论述，"自我效能的实现不是自动化的，成功经验、模仿经历、言语或社会劝说和生理与情绪状态是效能的干扰措施，并且不同类型的干扰对效能的影响程度也不同"[1]。因此，高校可以为留学生开设提高自我能动能力的培训课程，通过有意识的学习和引导提升留学生的内生学习动机、思维能力、自我效能、反思力和复原力，从而促进留学生学习行为的投入程度的提高。

此外，维果茨基（Vygotsky）所提出的"学习的社会文化理论"认为，新来者参加有组织的文化活动会提升其技能和理解，学习内容应包括与身份重建相关的文化知识以及社会文化的、认知的、政治的知识。[2] 根据维果茨基（Vygotsky）的"学习的社会文化理论"，高校可以设置课程引导留学生参与文化学习，以降低心理落差，提高对留学国世界的评价。

从管理服务方面来看，长期以来我们是将留学生当作外宾，给予特殊照顾，部分高校日常管理基本采用隔离式或者"孤岛"模式，将留学生的学习和生活与中国学生分开管理，使留学生失去了来华留学的意义，极大地影响了学习收获的效果。在教学管理上，独立设置学院、小班授课的教学模式会造成"两种标准，两种质量观"。在我国学者开展的留学生调查研究中，留学生普遍

[1] Bandura, A., "Self-Efficacy: Towards a Unifying Theory of Behavioral Change" [J]. *Psychological Review*, 1977 (2): 191–215.

[2] Vygotsky, L. S., *Mind in Society: The Development of Higher Psychological Processes* [M]. Cambridge, MA Harvard University Press, 1978.

反映，来华后与中国学生的交流较少，平时主要参加本国学生的活动，或者通过社交媒体与母国的亲朋好友交流。与中国学生有限的交流活动也局限于一年个别次数的文艺表演或特色展示活动。留学生希望学校多举办能够促进中外学生感情的活动，部分留学生希望和中国学生一起居住，以帮助他们更深入地感受中国文化。本研究发现，分离模式的制度安排是影响来华留学生与中国学生人际交往的主要障碍。我们的学界很早就提出了"趋同管理"理念，如何做好趋同管理，高校需要在制度安排上凸显个性、柔性、灵活性和开放性。学校层面可以做出相应的制度安排，适时减少生活空间的隔阂，为促进本国学生和留学生互动创造条件。

高校在与留学生相关事件的处理上需要尤为谨慎。本研究发现，留学生对留学国世界的感知不是一成不变的，语言水平的提高可以将消极感知转化至积极感知。某些关键事件也可以将积极感知转化为消极感知。因此，需要注意关键事件（event）对留学生产生的影响，在事件的处理上要尤为谨慎。如今来华留学生来源国家和地区日益多元化，因此高校需要针对来自不同国家、地区的留学生的特点和需求提供量体裁衣的辅助措施。

与此同时，高校可以利用留学生教育的契机拉动中国学生的国际化水平。国际化水平不仅是衡量高校的重要指标，也是新的时代背景下个人素养的重要指标。随着留学招生规模日益扩大，高校可以借此契机通过本土学生与留学生互动，促进本土学生拓宽视野、提高外语水平。高校还可以通过设立项目，使留学生和中国学生实现互惠互利的共同发展。奥尔波特（Allport）提出了有效降低偏见的策略——接触假设（contact hypothesis），认为要想达到降低偏见的目的，必须满足接触的四个条件：平等地位、共享目标、群际合作和权威支持。[1] 皮提格鲁（Pettigrew）也指出

---

① Allport, G. W. , *The nature of prejudice* [M]. Addison - Wesley, 1954.

接触对促使态度改变的重要性，"无知促进偏见"，通过接触可以了解外群，有助于否定外群刻板印象进而降低偏见；接触促进情感联结和群际友谊的产生，有利于降低群际焦虑；此外，接触还可以让我们重新评价内群。与外群的接触使人们有机会认识到内群规范与信念不过是管理和理解社会世界的多种可能路径中的一种。一旦内群地位从"唯一"转变为"之一"，随着内群偏好的降低，对外群看法也会更少偏狭。① 基于接触假设的理论，高校可以通过留学生与中国学生共同参与的项目弱化原初的"我们"和"他们"的边界，构造一个更具涵括性的"我们"，以此改变留学生和中国学生双方对各自群体资格的感知，认识到彼此都同属于一个定义更为广泛的群体，实现彼此共享的内群认同。

对于教师来说，教师需要关注留学生个体的发展需求。留学生规模不断扩大后，留学生群体也呈现出多元化的趋势。高校所面临的教育对象是来自不同国家不同社会经济背景、不同学习动机和基础，以及不同职业追求的具有多元化特点的学生。因此，教师需要关注每位留学生存在的困难与问题，帮助留学生提高对中国的感知，促进其学习投入。教师需习得不同文化模式，关注留学生的感知和需求，特别是对加强跨文化理解的学习。

留学生对教师反馈给他们的态度和语言非常敏感。本研究中大多数留学生参与者对中国教师教学方法的认真以及管理留学生事务的负责态度感到"很认可""很欣赏"。然而，正是由于留学生在跨国环境下学习，他们对留学国世界的敏感度超过了任何人，他们对留学国世界中获得的他人的反馈十分看重。在这样的条件下，也许他者不经意的行为或态度就将牵动着留学生的"神经"和"心弦"，并将他者的行动或反馈"放大化"甚至是"蔓延

---

① Pettigrew, T. F., "Intergroup Contact Theory" [J]. *Annual Review of Psychology*, 1998 (1): 65 – 85.

化"。当留学生对留学国世界持消极感知甚至是其认为受到的是"负面的伤害"时，不仅没有表现出对留学国世界的认可以及其"国际化"转变，反而表现出更深的对留学国世界的偏见。因此，增加留学生数量不一定意味着我国"大国吸引力"的提升以及我国高等教育国际化程度的提高；关键在于注重对质的提升，包括提高教师的跨文化理解力和国际化教学以及服务水平。

教师可以积极引导学生改变"刻板印象"，促进不同学生之间的相互理解。教师可以积极引导学生摈弃对他者的"标签化"和"类别化"看法，鼓励学生间相互理解和包容。教师可以帮助留学生理解课堂中邂逅的"缄默知识"，可以创造机会帮助留学生探寻缄默知识背后的意义，揭开各自文化中的缄默知识，从而促进对多元文化的理解。教师可以将"小组合作学习"纳入留学生的课外学习中。本研究中留学生参与者认为他们在中国参加合作学习等课外的小组学习机会并不多，然而国外的不少研究都表明小组合作学习对留学生很有益。院校和教师可以鼓励这样的实践，比如可以将小组学习的形式纳入作业或考核中。

教师对留学生和本国学生尽量保持一致的标准要求。中国老师需要以对国内学生一样的标准严格要求留学生，如果有意降低对留学生学习上的要求，不仅不会收到老师们期望的良好效果，还有可能使得留学生感到某种距离感和被排斥感。更为重要的是，由于留学生的外国人身份而降低对其学业标准，将影响我国留学生教育质量，并不利于留学生的发展。西方国家的大学实行宽进严出政策，若要顺利毕业需要经历严格考验，对留学生和本国学生的要求"一视同仁"，即便如此，也依然吸引来自全世界的优秀人才。因此，提升教育质量、促进学生个体发展才是更为重要的目标。

对于留学生来说，留学生需要主动提高自我能动能力。本研究发现，倘若对留学体验感知并不是那么积极，但如果能够积极主动地自我调适，而不是畏缩或回避，是可以获得较积极的就读体验的。就读体验积极与否，一定程度上来说是由试图建构自身生活意义的个体主观决定的。因此，留学生应该积极地去学习和提高自我能动能力，包括激发个人对发展和学习的内生动机、培养乐观态度和积极思维、提升自我效能、注重对反思力和复原力的训练；积极投入课堂学习中，主动参加学校的学术讲座等课外活动。在学校提供优越的教学设施、教学内容、管理与服务的同时，留学生应在学习中不断反思，持续改进学习方法，提高自我效能，发挥学习的主观能动性。

中国学生可以充分利用高校国际化迅速发展的机遇，提高自身的国际化水平。国外不少研究表明，本土学生和国际学生的融合对双方学生提升对多元化的包容程度（openness to diversity）都会有帮助。中国学生应该意识到，不必走出国门，在中国的高校和大学校园里就有拓宽其国际化视野和提高国际化交往能力的机会。在强调留学生提高自我能动能力的同时，中国学生也同样需要提高自我能动能力，利用中国高校国际化迅速发展的机遇，促进个体自身的国际化发展。

留学生的家人可以通过积极引导，传递对留学生发展有帮助的"心智资本"。本研究发现，家庭中父母的思维模式和行动方式对子女的态度、动机、价值、抱负、自我观念、行为决定等具有重要影响。子女往往通过模仿或采纳父辈的思维和处事方式以实现对教育资本的延续。因此，留学生家长也需要学习和成长，特别是需要意识到家长的心智模式对留学子女所产生的影响，帮助留学生对在中国的学习和生活进行积极乐观地思考，真正对子女的发展发挥"指明灯"、"蓄能站"和"助推器"的作用。

媒介和当地社会可以对提高留学生感知予以支持。留学生对当地社会的感知，与社会成员息息相关。社会成员需要提升公德意识，服务人员可以改善其服务态度。媒体和出版行业也可在留学生对留学国世界的了解、其想象世界的形塑方面有积极作为。

　　总之，来华留学生教育涉及面广，是需要较大投入的系统性工程。留学生的适应过程更需要教师和学生对话式的、共同的努力。留学生在中国的学习需要教师、留学生本人、中国学生、其他有关联的中国人对话式的通力合作。

参考文献

中文参考文献

[1]〔奥地利〕维克多·弗兰克：《活出意义来》，赵可式等译，生活·读书·新知三联书店，1998。

[2]〔比利时〕希尔德·德·里德－西蒙斯：《欧洲大学史（第一卷）：中世纪大学》，张斌贤等译，河北大学出版社，2008。

[3]〔德〕库尔特·勒温：《拓扑心理学原理》，竺培梁译，北京大学出版社，2010。

[4]〔德〕马克思·韦伯：《学术与政治：韦伯的两篇演说》，冯克利译，生活·读书·新知三联书店，2005。

[5]〔德〕齐美尔：《社会是如何可能的：齐美尔社会学文选》，林荣远编译，广西师范大学出版社，2002。

[6]〔法〕米歇尔·福柯：《规训与惩罚：监狱的诞生》，刘北成等译，生活·读书·新知三联书店，1999。

[7]〔法〕皮埃尔·布迪厄、〔美〕华康德：《实践与反思——反思社会学导引》，李猛等译，中央编译出版社，2004。

[8]〔荷〕吉尔特·霍夫斯泰德、〔荷〕格特·扬·霍夫斯泰德：《文化与组织：心理软件的力量》（第二版），李原等译，中国人民大学出版社，2010。

[9]〔美〕C. 赖特·米尔斯：《社会学的想象力》，陈强等译，生活·读书·新知三联书店，2001。

[10]〔美〕R. E. 帕克等：《城市社会学》，宋俊岭等译，华夏出版社，1987。

[11]〔美〕彼得·伯格、〔美〕托马斯·卢克曼:《现实的社会构建》,汪涌译,北京大学出版社,2009。

[12]〔美〕戴维·斯沃茨:《文化与权力:布尔迪厄的社会学》,陶东风译,上海译文出版社,2012。

[13]〔美〕道格拉斯·艾伦、胡锐军:《外国留学生在中国主流大学的文化适应——超越留学生公寓》,《国家教育行政学院学报》2005年第10期。

[14]〔美〕哈里·F.沃尔科特:《校长办公室的那个人——一项民族志研究》,杨海燕译,重庆大学出版社,2009。

[15]〔美〕乔舒亚·库珀·雷默等:《中国形象:外国学者眼里的中国》,沈晓雷译,社会科学文献出版社,2008。

[16]〔美〕威廉·富特·怀特:《街角社会》,黄育馥译,商务印书馆,1994。

[17]〔美〕西奥多·W.舒尔茨:《论人力资本投资》,吴珠华等译,北京经济学院出版社,1990。

[18]〔美〕亚伯拉罕·马斯洛:《动机与人格》,许金声等译,中国人民大学出版社,2013。

[19]〔美〕杨美惠:《礼物、关系学与国家:中国人际关系与主体性建构》,赵旭东等译,江苏人民出版社,2009。

[20]〔美〕约翰·杜威:《我们怎样思维·经验与教育》,姜文闵译,人民教育出版社,1991。

[21]〔美〕詹姆斯·S.科尔曼:《社会理论的基础》,邓方译,社会科学文献出版社,2008。

[22]〔印度〕阿马蒂亚·森:《身份与暴力——命运的幻象》,李风华等译,中国人民大学出版社,2009。

[23]〔英〕安东尼·吉登斯:《现代性与自我认同:现代晚期的自我与社会》,赵旭东等译,生活·读书·新知三联书店,1998。

［24］〔英〕芭芭拉·亚当：《时间与社会理论》，金梦兰译，北京师范大学出版社，2009。

［25］〔英〕弗里德利希·冯·哈耶克：《法律、立法与自由》（第一卷），邓正来等译，中国大百科全书出版社，2000。

［26］〔英〕基斯·特斯特：《后现代性下的生命与多重时间》，李康译，北京大学出版社，2010。

［27］〔英〕凯西·卡麦兹：《建构扎根理论：质性研究实践指南》，边国英译，重庆大学出版社，2009。

［28］〔英〕齐格蒙特·鲍曼：《现代性与大屠杀》，杨渝东等译，译林出版社，2002。

［29］〔英〕齐格蒙特·鲍曼：《后现代伦理学》，张成岗译，江苏人民出版社，2003。

［30］〔英〕齐格蒙特·鲍曼：《流动的现代性》，欧阳景根译，上海三联书店，2002。

［31］〔英〕史密斯、〔加拿大〕彭迈克、〔土耳其〕库查巴莎：《跨文化社会心理学》，严文华等译，人民邮电出版社，2009。

［32］〔英〕伊恩·伯基特：《社会性自我：自我与社会面面观》，李康译，北京大学出版社，2012。

［33］陈海磊：《来华留学生教育的均衡战略研究》，《高等工程教育研究》2012年第2期。

［34］陈慧：《在京留学生适应及其影响因素研究》，北京师范大学博士学位论文，2004。

［35］陈丽萍、田晓苗：《试点高校来华留学生教育"内涵发展"研究——国家教育体制改革试点调研报告》，《中国高教研究》2014年第11期。

［36］陈文：《两广地区东南亚留学生眼中的中国国家形象》，《世界经济与政治》2012年第11期。

[37] 陈向明：《旅居者和"外国人"：留美中国学生跨文化人际交往研究》，教育科学出版社，2004。

[38] 陈向明：《质的研究方法与社会科学研究》，教育科学出版社，2000。

[39] 陈向明：《质性研究的新发展及其对社会科学研究的意义》，《教育研究与实验》2008 年第 2 期。

[40] 陈奕容：《多重动因结构：华裔留学生来华学习影响因素分析——兼与非华裔留学生对比》，厦门大学硕士学位论文，2007。

[41] 程家富、黄美旭：《略论来华留学生教育历史分期问题》，《中国高教研究》2008 年第 12 期。

[42] 程映虹：《第一批非洲留学生为什么离开中国?》，《凤凰周刊》2014 年第 14 期。

[43] 丁笑炯：《来华留学生需要什么样的教育——基于上海市四所高校的数据》，《高等教育研究》2010 年第 6 期。

[44] 董立均、杨兆山、洪成文：《论我国来华留学生教育的成就、挑战及对策——兼论"纲要目标"实现的可能性》，《大学教育科学》2014 年第 4 期。

[45] 方宝：《近十五年东盟国家来华留学生教育的变化趋势研究——基于 1999~2013 年相关统计数据的分析》，《比较教育研究》2015 年第 11 期。

[46] 费孝通：《乡土中国生育制度》，北京大学出版社，1998。

[47] 顾莺、陈康令：《高校留学生趋同化管理的比较研究——以全球 8 所高校为例》，《思想理论教育》2013 年第 9 期。

[48] 郭秀晶：《北京高校留学生教育发展的限制性因素调查报告》，《中国高教研究》2008 年第 7 期。

[49] 韩震：《全球化进程中的多重文化认同》，《求是学刊》2005 年第 5 期。

［50］贺国庆等：《外国高等教育史》，人民教育出版社，2003。

［51］胡炯梅、姚雪玲：《来华留学生跨文化人际交往障碍与调适研究》，《新疆师范大学学报》（哲学社会科学版）2014年第2期。

［52］黄倩：《重庆市高校来华留学生跨文化适应调查研究》，西南大学硕士学位论文，2009。

［53］蒋凯：《来华留学生教育的瓶颈问题及解决措施》，《大学教育科学》2010年第2期。

［54］孔雪晴：《新疆高校华裔留学生的群体特征及华文教育策略探讨》，《新疆师范大学学报》（哲学社会科学版）2012年第4期。

［55］李洁、孙进：《中国高校全英文授课项目留学生的就读体验调查——北京师范大学的个案研究》，《教育学报》2014年第6期。

［56］李梅：《高等教育国际市场——中国学生的全球流动》，上海教育出版社，2008。

［57］李滔主编《中华留学教育史录：1949年以后》，高等教育出版社，2000。

［58］李秀珍、马万华：《来华留学生就业流向的影响因素研究——基于推拉理论的分析视角》，《教育学术月刊》2013年第1期。

［59］李智：《文化外交：一种传播学的解读》，北京大学出版社，2005。

［60］刘东风：《来华留学生跨文化人际交往研究——十八位来华留学生的个案分析》，《高等教育研究》2005年第12期。

［61］刘宏宇、贾卓超：《来华留学生跨文化适应研究——以来华中亚留学生为个案》，《中央民族大学学报》（哲学社会科学版）2014年第4期。

[62] 刘云杉:《学校生活社会学》,南京师范大学出版社,2000。

[63] 马佳妮:《留学生教育:欧美发达国家的经验、问题及启示》,《比较教育研究》2016 年第 7 期。

[64] 马佳妮:《来华留学生就读感知形成路径及积极感知提升策略》,《中国高教研究》2017 年第 2 期。

[65] 马戎:《"差序格局"——中国传统社会结构和中国人行为的解读》,《北京大学学报》(哲学社会科学版)2007 年第 2 期。

[66] 倪世雄等:《当代西方国际关系理论》,复旦大学出版社,2001。

[67] 潘晓青:《美国在华留学生跨文化人际适应质性研究》,《比较教育研究》2014 年第 8 期。

[68] 彭庆红、李慧琳:《从特殊照顾到趋同管理:高校来华留学生事务管理的回顾与展望》,《河南师范大学学报》(哲学社会科学版)2012 年第 5 期。

[69] 宋卫红:《高校留学生教育管理的问题与对策》,《高等教育研究》2013 年第 6 期。

[70] 覃玉荣、周敏波:《东盟留学生跨境适应研究——基于文化距离的视角》,《复旦教育论坛》2013 年第 4 期。

[71] 王军:《我国来华留学生教育的基本定位与应对策略》,《中国高教研究》2014 年第 8 期。

[72] 王鹏、侯钧生:《情感社会学:研究的现状与趋势》,《社会》2005 年第 4 期。

[73] 王勇、林小英等:《来华留学生教育管理工作满意度:构成、贡献与策略——基于北京大学来华留学毕业生样本的调查分析》,《教育学术月刊》2014 年第 2 期。

[74] 文雯、陈丽等:《北京地区来华留学生就读经验和满意度国际比较研究》,《北京社会科学》2013 年第 2 期。

[75] 文雯、陈丽等:《课堂学习环境与来华留学生学习收获的研

究——以清华大学为例》，《清华大学教育研究》2014 年第
2 期。

[76] 武静：《来华留学生跨文化适应研究——以厦门大学的海外
留学生为例》，厦门大学硕士学位论文，2007。

[77] 项飚：《全球"猎身"：世界信息产业和印度的技术劳工》，
王迪译，北京大学出版社，2012。

[78] 徐光兴：《跨文化适应的留学生活：中国留学生的心理健康
与援助》，上海辞书出版社，2000。

[79] 杨国枢：《中国人孝道的概念分析》，载杨国枢主编《中国
人的心理》，桂冠图书股份有限公司，1988。

[80] 杨军红：《来华留学生构成特点及影响因素分析》，《中南民
族大学学报》（人文社会科学版）2006 年第 S1 期。

[81] 杨军红：《来华留学生跨文化适应问题研究》，华东师范大
学博士学位论文，2005。

[82] 杨善华、谢立中主编《西方社会学理论》（下），北京大学
出版社，2006。

[83] 杨宜音：《关系化还是类别化：中国人"我们"概念形成的
社会心理机制探讨》，《中国社会科学》2008 年第 4 期。

[84] 叶淑兰：《外国留学生的中国观：基于对上海高校的调查》，
《外交评论》（外交学院学报）2013 第 6 期。

[85] 余英时：《中国思想传统的现代诠释》，江苏人民出版
社，2006。

[86] 张民选、黄复生、闫温乐：《大学的收益：留学生教育中的
经济学意义》，《教育研究》2008 年第 4 期。

[87] 张应强、苏永建：《高等教育质量保障：反思、批判与变
革》，《教育研究》2014 年第 5 期。

[88] 周晓虹：《现代社会心理学：多维视野中的社会行为研究》，
上海人民出版社，1997。

［89］周一、邓明茜：《发展国际合作与交流，提升教育品质和实
力——访教育部国际合作与交流司司长张秀琴》，《世界教育
信息》2009 年第 8 期。

［90］周作宇、周廷勇：《大学生就读经验：评价高等教育质量的
一个新视角》，《大学》（研究与评价）2007 年第 1 期。

［91］朱红、马云鹏：《高等教育国际化新思维：来自全英文授课
国际研究生教育实践的探讨》，《大学教育科学》2012 年第
6 期。

［92］庄耀嘉、杨国枢：《角色规范的认知结构》，《本土心理学研
究》1997 年第 7 期。

［93］邹吉忠：《自由与秩序》，北京师范大学出版社，2003。

英文参考文献

[1] Abe, J. , Talbot, D. M. , Gellhoed, R. , "Effects of a Peer Program on International Student Adjustment" [J]. *Journal of College Student Development*, 1998 (6).

[2] Adler, P. S. , "The Transition Experience: An Alternative View of Culture Shock" [J]. *Journal of Humanistic Psychology*, 1975 (4).

[3] Al-Sharideh, K. , Goe W. R. , "Ethnic Communities with the University: an Examination of Factors Influencing the Personal Adjustment of International Students" [J]. *Research in Higher Education*, 1998 (6).

[4] Altbach, P. G. , Teichler, U. , "Internationalization and Exchanges in a Globalized University" [J]. *Journal of Studies in International Education*, 2001 (1).

[5] Altbach, P. G. , *Comparative Higher Education: Knowledge, the University, and Development* [M]. Greenwood Publishing Group, 1998.

[6] Altbach, P. G. , "Higher Education Crosses Borders: Can the United States Remain the Top Destination for Foreign Students?" [J]. *Change: the Magazine of Higher Learning*, 2004, 36 (2).

[7] Altbach, P. G. , "Impact and Adjustment: Foreign Students in Comparative Perspective" [J]. *Higher Education*, 1991 (3).

[8] Altbach, P. G. , "The New Internationalism: Foreign Students and Scholars" [J]. *Studies in Higher Education*, 1989 (2).

[9] Anderson, V. , " 'World-Travelling': a Framework for re-Thinking Teaching and Learning in Internationalised Higher Education" [J]. *Higher Education*, 2014 (5).

[10] Andrade, M. S. , "International Students in English-Speaking Universities: Adjustment Factors" [J]. *Journal of Research in*

International Education, 2006 (2).

[11] Arthur, N. , "Preparing International Students for the Re-Entry Transition" [J]. *Canadian Journal of Couselling*, 2003 (3).

[12] Bamber, M. , "What Motivates Chinese Women to Study in the UK and How do They Perceive Their Experience?" [J]. *Higher Education*, 2013, 68 (1).

[13] Bandura, A. , "Self-Efficacy: Towards a Unifying Theory of Behavioral Change" [J]. *Psychological Review*, 1977 (2).

[14] Bartram, B. , "Supporting International Students in Higher Education: Constructions, Cultures and Clashes" [J]. *Teaching in Higher Education*, 2008 (6).

[15] Beoku-Betts, J. A. , "African Women Pursing Graduate Studies in The Sciences: Racism, Gender Bias, and Third World Marginality" [J]. *NWSA Journal*, 2004 (1).

[16] Biggs, J. , "Western Misperceptions of The Confucian-Heritage Learning Culture" . In D. A. Watkins &J. B. Biggs (Eds.), *The Chinese Learner: Cultural, Psychological and Contextual Influences* [M]. Hong Kong: Comparative Education Research-Centre/Australian Council for Educational Research, 1996.

[17] Bochner, S. , "The Social Psychology of Cross-Cultural Relations" . In S. Bochner (Ed.) *Cultures in Contact: Studies in Cross-Cultural Interaction* [M]. Oxford: Pergamon. 1982.

[18] Bourdieu, P. & Wacquant, L. J. D. , *An Invitation to Reflexive Sociology* [M] . Chicago: University of Chicago Press, 1992.

[19] Brender, A. , "In Japan, Protection or Prejudice? Government Slashes Number of Visas Issued to Chinese Students" [N]. *The Chronicle of Higher Education*, 2004 (38), A37.

[20] Campbell, J. , Li, M. , "Asian Students'Voices: An Empirical

Study of Asian Students' Learning Experiences At a New Zealand University" [J]. *Journal of Studies in International Education*, 2007 (4).

[21] Cantwell, B. , Luca, S. G. , & Lee, J. J. , "Exploring The Orientations of International Students in Mexico: Differences by Region of Origin" [J]. *Higher Education*, 2008, 57 (3).

[22] Caruso, R. , & Wit, H. D. , "Determinants of Mobility of Students in Europe: Empirical Evidence for The Period 1998 – 2009" [J]. *Journal of Studies in International Education*, 2014, 19 (3).

[23] Catherine, F. , Bronwyn, H. , et al. , "First Year (FYE): International Students' Experiences" [J]. *Eculture*, 2011 (4).

[24] Chalmers, D. , & Volet, S. , "Common Misconceptions About Students From South-East Asia Studying in Australia" [J]. *Higher Education Research and Development*, 1997, 16 (1).

[25] Chen, L. H. , "Choosing Canadian Graduate Schools From Afar: East Asian Students' Perspectives" [J]. *Higher Education*, 2007, 54 (5).

[26] Chen, T. M. , & Barnett, G. A. , "Research on International Student Flows From a Macro Perspective: a Network Analysis of 1985, 1989 and 1995" [J]. *Higher Education*, 2000, 39 (4).

[27] Cole, D. and Ahmadi, S. , "Perspectives and Experiences of Muslim Women Who Veil on Campuses" [J]. *Journal of College Student Development*, 2003 (1).

[28] Cortazzi, M. , and Jin, L. , "Communication for Learning Across Cultures" . In D. McNamara and R. Harris (Ed.) *Overseas Students in Higher Education*, [M]. London: Routledge, 1997.

[29] Cruickshank, K. , Chen, H. , & Warren, S. , "Increasing International and Domestic Student Interaction Through Group Work: A Case Study From the Humanities" [J]. *Higher Education Research and Development*, 2012, 31 (6).

[30] Decuyper, S. , Dochy, F. , & Bossche, P. V. D. , "Grasping the Dynamic Complexity of Team Learning: an Integrative model for Effective Team Learning in Organisations" [J]. *Educational Research Review*, 2010, 5 (2).

[31] De, W. H. , *Strategies for Internationalization of Higher Education: A Comparative Study of Australia, Canada, Europe and the United States of America* [M]. Amsterdam: European Association for International Education. 1995.

[32] Ding, Xiaojiong, "Exploring the Experiences of International Students in China" [J]. *Journal of Studies in International Education*, 2016, 20 (4).

[33] Engberg, M. E. , "Educating the Workforce for the 21st Century: A Cross-Disciplinary Analysis of the Impact of the Undergraduate Experience on Students' Development of A Pluralistic Orientation" [J]. *Research in Higher Education*, 2007 (3).

[34] Fassinger, P. A. , "Understanding Classroom Interaction: Students' and Professors' Contributions to Students' Silence" [J]. *The Journal of Higher Education*, 1995, 66 (1).

[35] Gill, S. , "Overseas Students' Intercultural Adaptation as Intercultural Learning: A Transformative Framework" [J]. *Compare: A Journal of Comparative Education*, 2007 (2) .

[36] Grayson, J. P. , "Cultural Capital and Academic Achievement of First Generation Domestic and International Students in Canadian Universities" [J]. *British Educational Research Journal*, 2011

(4): 605 – 630.

[37] Green, W. , "Write on or Write Off? An Exploration of Asian International Students' Approaches to Essay Writing at An Australian University" [J]. *Higher Education Research and Development*, 2007, 26 (3).

[38] Gu, Q. et al. , "Learning and Growing in a 'Foreign' Context: Intercultural Experiences of International Students" [J]. *Compare: A Journal of Comparative and International Education*, 2008 (1).

[39] Habu, T. , "The Irony of Globalization: The Experience of Japanese Women in British Higher education" [J]. *Higher Education*, 2000 (1).

[40] Heng, T. T. , "Different is Not Deficient: Contradicting Stereotypes of Chinese International Students in US Higher Education" [J]. *Studies in Higher Education*, 2018, 43 (1).

[41] Huang, F. , "Building the World-Class Research Universities: A Case Study of China" [J]. *Higher Education*, 2015, 70 (2).

[42] Hurtado, S. , "The Next Generation of Diversity and Intergroup Relations Research" [J]. *Journal of Social Issues*, 2005 (3).

[43] "Institute of International Education" . (2013). Open Doors [EB/OL] http://www. iie. org/opendoors.

[44] Jochems, W. et al. , "The Academic Progress of Foreign Students: Study Achievement and Study Behavior" [J]. *Higher Education*, 1996 (3).

[45] Jon, J. E. , Lee, J. J. , & Byun, K. , "The Emergence of a Regional Hub: Comparing International Student Choices and Experiences in South Korea" [J]. *Higher Education*, 2014, 67 (5).

[46] Karuppan, C. & Barari M. , "Perceived Discrimination and In-

ternational Students' Learning: an Empirical Investigation" [J].
Journal of Higher Education Policy and Management, 2011 (1).

[47] Kim, Y. Y. , & Ruben, B. D. , "Intercultural Transformation" .
In Y. Y. Kim &W. B. Gudykunst (Eds.). *Theories in Intercul-
tural Communication* [M]. Newberry Park, CA: Sage. 1988.

[48] Kim, Y. Y. , "Intercultural Communication Competence" . In
S. Ting-Toomey & F. Korzenny (Eds.) *Cross-cultural Interper-
sonal Communication* [M]. Newberry Park, CA: Sage. 1991.

[49] Kim H. Y. , " International Graduate Students' Difficulties:
Graduate Classes As a Community of Practices" [J]. *Teaching
in Higher Education*, 2011 (3).

[50] Kimmel, K. , & Volet, S. , "University Students' Perceptions
of An Attitudes Towards Culturally Diverse Group Work: Does
Context Matter?" [J]. *Journal of Studies in International Edu-
cation*, 2010, 14 (1).

[51] King, P. M. & Baxter M. , "A Developmental Model of Inter-
cultural Maturity" [J]. *Journal of College Student Develop-
ment*, 2005 (6).

[52] Kingston, E. , & Forland, H. , "Bridging the Gap in Expecta-
tions Between International Students and Academic Staff" [J].
Journal of Studies in International Education, 2007, 12 (2).

[53] Kolb, D. A. , "Experiential Learning: Experience as a Source
of Learning and Development" [M]. Englewood Cliffs, NJ:
Prentice – Hall, Inc. , 1984.

[54] Kondakci, Y. , "Student Mobility Reviewed: Attraction and Sat-
isfaction of International Students in Turkey" [J]. *Higher Edu-
cation*, 2011, 62 (5).

[55] Kuh, G. D. , "What We're Learning About Student Engagement

From NSSE: Benchmarks for Effective Educational Practices" [J]. *Change The Magazing of Higher Learning*, 2003, 35 (2).

[56] Kuroda, C. , "The New Sphere of International Student Education in Chinese Higher Education a Focus on English-Medium Degree Programs" [J]. *Journal of Studies in International Education*, 2014, 18 (5).

[57] Lane-Toomey, C. & Lane, S. R. , "U. S. Students Study Abroad in the Middle East/North Africa: Factors Influencing Growing Numbers" [J]. *Journal of Studies in International Education*, 2013, 17 (4).

[58] Leask, B. , & Carrol, J. , "Moving Beyond 'Wishing and Hoping': Internationalisation and Student Experiences of Inclusion and Engagement" [J]. *Higher Education Research and Development*, 2011, 30 (5).

[59] Lee, B. , Farruggia, S. P. , & Brown, G. T. L. , "Academic Difficulties Encountered by East Asian International University Students in New Zealand" [J]. *Higher Education Research & Development*, 2013, 32 (6).

[60] Lee, J. J. , & Sehoole, C. , "Regional, Continental, and Global Mobility to an Emerging Economy: the Case of South Africa" [J]. *Higher Education*, 2015, 70 (5).

[61] Lee, J. J. , Rice, C. , "Welcome to America? International Student Perceptions of Discrimination" [J]. *Higher Education*, 2007 (3).

[62] Lee, J. J. , "Neo-Nationalism in Higher Education: Case of South Africa" [J]. *Studies in Higher Education*, 2017, 42 (5).

[63] Leung, K. , "Some Determinants of Reactions to Procedural Models for Conflict Resolution: A Cross-National Study" [J].

留学中国

Journal of Personality and Social Psychology, 1987 (5).

[64] Li, D. , Remedios, L, Clarke, D. , "Chinese Students' Perception of Out-of-Class Groupwork in Australia" [J]. *Australian Educational Researcher*, 2010 (3).

[65] Li, M. & Bray, M. , "Cross-Border Flows of Students For Higher Education: Push – Pull Factors and Motivations of Mainland Chinese Students in Hong Kong and Macau" . [J]. *Higher Education*, 2007, 53 (6).

[66] Li, R. Y. and Kaye, M. , "Understanding Overseas Students' Concerns and Problems" [J]. *Journal of Higher Education Policy and Management*, 1998 (1).

[67] Lu, Y. & Hsu, C. , "Willingness to Communicate in Intercultural Interactions Between Chinese and Americans" [J]. *Journal of Intercultural Communication Research*, 2008 (2).

[68] MacWilliams, B. , "Foreign Students Attacked in Ukraine" [N]. *The Chronicle of Higher Education*, 2004 (36), A45.

[69] Marginson, S. , "Higher Education in East Asia and Singapore: Rise of the Confucian Model" [J]. *Higher Education*, 2011, 61 (5).

[70] Marginson, S. , "Student Self-formation in International Education" [J]. *Journal of Studies in International Education*, 2013 (1).

[71] Mark, S. et al. , "International Students: a Vulnerable Student Population" [J]. *Higher Education*, 2010 (1).

[72] Mazzarol, T. , & Soutar, G. N. , " 'Push-Pull' Factors Influencing International Student Eestination Choice" [J]. *International Journal of Educational Management*, 2002 (2).

[73] Mazzarol, T. , "Critical Success Factors for International Education Marketing" [J]. *International Journal of Educational*

Management, 1998, 12 (4).

[74] McClure, J. W. , "International Graduates' Cross-Cultural Adjustment: Experience, Coping Strategies, and Suggested Programmatic Responses" [J]. *Teaching in Higher Education*, 2007 (2).

[75] Morrison, J. , Merrick, B. et al. , "Researching the Performance of International Students in the UK" [J]. *Studies in Higher Education*, 2005 (3).

[76] Oberg, K. , "Cultural Shock: Adjustment to New Cultural Environments" [J]. *Practical Anthropology*, 1960 (7).

[77] Oguri, M. , & Gudykunst, W. B. , "The Influence Of Self Construals And Communication Styles On Sojourners' Psychological And Sociocultural Adjustment" [J]. *International Journal of Intercultural Relations*, 2002, 26.

[78] Okun, M. A. , Sandler, I. N. , & Baumann, D. J. , "Buffer and Booster Effects As Event-Support Transactions" [J]. *American Journal of Community Psychology*, 1988 (3).

[79] Pascarella, E. T. , & Terenzini, P. T. , *How College Affects Students: A Third Decade of Research* [M]. San Francisco, CA: Jossey – Bass, 2015.

[80] Perrucci, R, Hu, H. , "Satisfaction With Social and Educational Experiences Among International Graduate Students" [J]. *Research in Higher Education*, 1995 (4).

[81] Pettigrew, T. F. , "Intergroup Contact Theory" [J]. *Annual Review of Psychology*, 1998 (1).

[82] Poadiuk, N. E. , "Intimate Relationship of Female International Students" [J]. *Journal of Multicultural Counseling and Development*, 2008 (4).

[83] Polanyi, M. , & Sen, A. , *The Tacit Dimension* [M]. Univer-

留学中国

sity of Chicago Press, 2009.

[84] "Project Atlas", 2018. [EB/OL]. http: //www. iie. Org/Research-and-Publications/Project-Atlas.

[85] Ramburuth, P, McCormick, J. , "Learning Diversity in Higher Education: A Comparative Study of Asian International and Austrian Students" [J]. *Higher Education*, 2001 (3).

[86] Rehrlich, B. F. and J. N. M. , "Host Country and re-Entry Adjustment of Student Sojourners" [J]. *International Journal of Intercultural Relations*, 1991 (2).

[87] Robertson, M. , Line, M. , Jones, S. and Thomas, S. , "International Students, Learning Environments and Perceptions: A Case Study Using The Delphitechnique" [J]. *Higher Education Research and Development*, 2000 (1).

[88] Robson, S. , & Turner, Y. , " 'Teaching is A Co-Learning Experience': Academics Reflecting on Learning and Teaching in an 'Internationalized' Faculty" [J]. *Teaching in Higher Education*, 2007, 12 (1).

[89] Rose-Redwood, C. R. , "The Challenges of Fostering Cross-Cultural Interactions: A Case Study of International Graduate Students' Perceptions of Diversity Initiatives" [J]. *College Student Journal*, 2010 (2).

[90] Ryan, J, Viete, R. , "Respectful Interactions: Learning With International Students in The English-Speaking Academy" [J]. *Teaching in Higher Education*, 2009 (3).

[91] Ryan, R. M. & Deci, E. L. , "Self-Determination Theory and the Facilitation of Intrinsic Motivation, Social Development, and Well-Being" [J]. *American Psychologist*, 2000, 55 (1).

[92] Sanderson, G. , "A foundation for the Internationalisation of the

Academic Self" [J]. *Journal of Studies in International Education*, 2008 (12).

[93] Sawir, E. , "Language Difficulties of International Students in Australia: The Effects of Prior Learning Experience" [J]. *International Education Journal*, 2005, 6.

[94] Schram, J. and Lauver, P. , "Alienation in International Students" [J]. *Journal of College Student Development*, 1988 (2).

[95] Schweisfurth, M. & Gu, Q. , "Exploring the Experiences of International Students in uk Higher Education: Possibilities and limits of Interculturality in University Life" [J]. *Intercultural Education*, 2009, 20 (5).

[96] Song, H. S. & Liu, L. , "Why Do Foreign Students Choose to Study in China: an Empirical Study Based on The Gravity Model" [J]. *Journal of Higher Education*, 2014 (35) .

[97] Straker, J. , "International Student Participation in Higher Education: Changing the Focus From 'International Students' to 'Participation'" [J]. *Journal of Studies in International Education*, 2016, 20 (4).

[98] Strauss, A. , & Corbin, J. , *Basics of Qualitative Research: Grounded Theory Procedures and Techniques* [M]. Sage Publications, Inc. , 1990.

[99] Sumer, S. , Poyrzli, S. , & Grahame, K. , " Predictors of Depression and Anxiety Among International Students " [J]. *Journal of Counseling & Development*, 2008 (4).

[100] Tatar, S. , "Classroom Participation by International Students: The Case of Turkish Graduate Students" [J]. *Journal of Studies in International Education*, 2005, 9 (4).

[101] "The Fulbright Alummi" [EB/OL]. http://eca. state. gov/

fulbright/ fulbright-alumni.

[102] Tian, M. & Lowe, J. A. , "Intercultural Identity and Intercultural Experiences of American Students in China" [J]. *Journal of Studies in International Education*, 2014, 18 (3).

[103] Volet, S. & Ang, G. , "Culturally Mixed Groups on International Campus: an Opportunity for Inter-Cultural Learning" [J]. *Higher Education Research and Development*, 2012 (1).

[104] Volet, S. , Renshaw, P. D. , "Cross-Cultural Differences in University Students' Goals and Perceptions of Study Settings for Achieving Their Own Goals" [J]. *Higher Education*, 1995 (4).

[105] Wei, H. , "An Empirical Study on The Determinants of International Student Mobility: A Global Perspective" [J]. *Higher Education*, 2013, 66 (1).

[106] Wong, K. K. , "Are the Learning Styles of Asian International Students Culturally or Contextually Based? " [J]. *International Education Journal*, 2004, 4 (4).

[107] Wu, Q. , "Re-Examining the 'Chinese learner': A Case Study of Mainland Chinese Students' Learning Experiences at British Universities" [J]. *Higher Education*, 2015, 70 (4).

[108] Xu, M. , "The Impact of English-Language Proficiency on International Graduate Students' Perceived Academic Difficulty" [J]. *Research in Higher Education*, 1991, 32 (5).

[109] Yeh, C. J. & Inose, M. , "International Students' Reported English Fluency, Social Support Satisfaction, and Social Connectedness As Predictors of Acculturative Stress" [J]. *Counselling Psychology Quarterly*, 2003 (1).

[110] Ying, Yu-wen & Liese, LH. , "Emotional Well-Being of Taiwan Students in the U. S. : An Examination of Pre-to Post-Arri-

val differential" [J]. *International Journal of Intercultural Relations*, 1991 (3).

[111] Zhao, C. , Kuh, G. D. & Carini, R. , "A Comparison of International Student and American Student Engagement in Effective Educational Practices" [J]. *Journal of Higher Education*, 2005 (2).

[112] Zheng, X. and Berry, J. W. , "Psychological Adaptation of Chinese Sojourners in Canada" [J]. *International Journal of Psychology*, 1991 (4).

[113] Zuniga et al. , "Action-Oriented Democratic Outcomes: The Impact of Student Involvement With Campus Diversity" [J]. *Journal of College Student Development*, 2005 (6).

附　录

附录1　本研究所发现的本土概念

内生成长力：指留学生个体对成长和实现自我价值的诉求。

他人影响力：对个体有重要影响的父母、老师、偶像、榜样、同辈群体都可被划定为重要他人范畴。重要他人对个体的影响不仅程度较深，而且影响的范围非常广。重要他人的话语往往可以左右个体的行为，重要他人的行动也成为个体模仿的行动范本。

国家发展力：指留学生对中国未来发展前景所持的判断。中国正在经历的崛起、"中国代表了世界的未来"以及未来中国有着无限可能的发展空间，正拨动着世界各地青年以及他们家庭的心弦，成为吸引他们来到中国留学至关重要的因素。

留学文化：在某些地区、人群中，伴随着越来越多的留学生跨境学习而逐渐演绎出一种新的"文化"，那些获得留学机会远渡重洋的留学生被尊为所处人群中的"样板"。成长中的年轻人以及他们的家庭将留学作为新的取向和人生的阶段性目标，"留学"成为该群体共享的社会文化资源。该群体正在发展中的年轻人在此留学文化的潜移默化之下，个体在不由自主中或其家庭认为理所当然中追随前辈走上跨国接受高等教育的道路，留学行动因而生生不息。

寻求情感收益：对于华裔和华侨学生来说，"祖辈的家"是他们无论漂泊何处，总要经常回去看看，至少是在精神上回归的那个地方。此外，为了克服对身份的焦虑和"身份的迷失"，他

们试图通过留学找寻身份中"失落的一角",完成对"我是谁"的认识,同时在情感上更加接近了"祖辈的家园"。

家庭经济资本:主要体现在家庭有充足的经济实力支持子女深造、游学,甚至是海外游学。通过经济资本的运用,增加了"向更高更远处"行动的概率和自由度。经济资本的运用是一种投资行为,是为了将资本转化成发展的机会和平台。

家庭社会资本:当留学生的家庭有可动员使用的留学关系资源,或者其人际关系网中有在留学国工作和生活的"熟人",这样的关系资源或者熟人就成为一种社会资本,起着传递留学讯息、降低留学成本、减少留学风险和增加留学收益的作用。

个体的发展力资本:那些有较强的学习能力,特别是具有令奖学金资助组织能够预见的发展潜力的学生,更容易获得奖学金的资助。这种较强的学习能力和可以预见到的发展潜力,可以视作个体的发展力资本。个体的发展力资本是一种可交换的资源,在交换过程中,将个人的发展潜力转换成了留学机会、被认可的荣誉和资助其生活和学习的货币。

母国世界:是指被跨国行动者所建构的过去与其发生作用的载体。既包括对其来自的国家、过去所居住的城市、当地社会和居民、之前就读院校的建构,也包括对来自国家的制度、文化、结构、情景等要素的建构。

留学国世界:是指被跨国行动者所建构的在留学期间与其发生作用的载体。既包括对所在留学国家、留学所在城市、留学当地社会和当地人、留学就读院校、留学所在院校的教师的建构,也包括对留学院校的制度安排、留学所在院校的学习氛围等的建构。

想象世界:是被跨国行动者虚拟的主观世界。想象世界源于他们进入留学国世界之前的梦想、期待以及他们听到、看到留学归来的亲朋好友,或受媒体影响后形成的对留学生活的憧憬,是一个虚拟的主观世界。

关键事件：激活留学生感知转换的关键事件，并不一定是诸如升学、就业、恋爱等重要的生命事件。关键事件是指那些与个体先前思维模式、认知方式发生冲突或不一致的某些事件。由于每个个体对事件都有建构，因此同样一个事件的发生对某些个体构成挑战，对其他个体可能并不构成挑战。关键事件影响着留学生的感知，可能会使原有对留学国世界的积极感知转变为消极感知，也有可能会使消极感知转化为积极感知。

感知的"蔓延效应"和"消极连锁效应"：对留学世界的感知或直接或间接对留学生行动产生影响。积极感知会增加留学生对组织和组织成员的情感依恋，促进其积极投入；而消极感知则会导致留学生的情感分离或疏远，有可能会影响其学习投入行为。

感知的"情绪感染性"特征：留学者对留学国世界的感知来自比较，通过留学国世界与母国世界的比较、留学国世界与想象世界的比较、留学国世界内部结构的比较产生或积极或消极的感知。尽管"比较"是个体的认知行为，不能推广到群体的共性和同质性；但是，作为"留学国形象掷地有声的发射体""留学国印象的传导体"，留学生可通过话语载体将对留学国世界的感知和印象传递给其他人。

感知的可转化性：感知并不是一成不变的，感知受到语言水平和关键事件的影响，可以实现消极感知与积极感知之间的转化。

留学生的互动网络结构：尽管每个人是有差异的，但总体呈规模小、紧密度高、趋同性强、异质性低的特征。组合形态多为留学生之间的互动组合。

手头的库存知识：在留学生的社会认知系统中，包括一种视为当然的"背景知识"，一种非反思性知识，类似于舒茨的"手头的库存知识"，这种知识源于留学生在日常的社会互动模式中获得的社会印象或社会比较，不断地被再社会化，内化为个体的知

识系统，一定程度上又强化了这种社会分类。

心理距离： 真正阻碍着留学生与中国学生融合的是留学生与中国学生个体之间的"心理距离"。心理距离的长短受到不同文化差异的影响，但更多的是对互动对象反馈的感知，或基于手头库存知识的评价，甚至是刻板印象。

边界的通透性和伸缩性： 无论是外人还是自己人都可能在不同的情境中从自己人变为外人，或者从外人变为自己人。"情境"对边界的打破和伸缩具有一定作用。情境对"我们"概念具有激活和建构的作用。情境的改变会激活不同的身份意识。当情境发生变化时，某些群体身份暂时隐退，其他群体身份可能被激活成为与内群体最显著一致的身份，而与对应的外群体相互形成最显著区别。

留学生与本土学生学习生活空间分隔： 是指院校出于学生管理方便以及为留学生创造更为舒适宽敞的环境的考虑，在空间形态上形成了住宿空间面积不同、布局相异、相互隔离的学习和生活空间体系。空间上的分隔加剧了留学生与当地中国学生群体互动交往空间的闭合趋势。

心理空间： 基于所居住的物理空间而产生的情感空间。物理空间的分离对心理空间产生了一定影响。人们首先居于一定的物理空间之中，进而对自己所身处空间里的人际互动关系产生认同、依赖、喜爱、关照、归属感等相应情感，类似于哈维（Harvey）所提出的"地方感"。留学生与中国学生住宿和学习空间分隔，一定程度上对留学生对中国学生心理空间产生影响。

留学生学习投入： 是指留学生在留学期间在课内和课外对与学习相关或与学校相关学习活动所花费的时间、情感、精力。在同一学习行为上，不同留学生对此学习行为投入的动机、时间、频次、情感、归因等都有可能存在差异。相同的留学生在不同的学习行为中也会表现出不同的投入动机、时间、情感和归因。

　　留学生学习投入的四种类型：类别 1 "感知积极－个体能动能力强型"：对留学国世界感知积极，且自我能动能力强，学习投入程度高。类别 2 "感知消极－个体能动能力强型"：对留学国世界感知消极，但自我能动能力强，学习投入程度较高。类别 3 "感知消极－个体能动能力弱型"：对留学国世界感知消极，且自我能动能力弱，学习投入程度最低。类别 4 "感知积极－个体能动能力弱型"：尽管对留学国世界感知积极，但是自我的能动能力弱，学习投入程度低。

　　超然的旁观者：学生很难通过"退场"或"离场"的方式获得更多的自由时间来安排自己的活动，只能在制度时间的框架内通过"既在此，又不在此"的方式实现自己逃避控制、改造时间用途的企图，以表面看来是顺从的"在场"，而实际上以内心超然"退场"的方式展开自己的个人活动。超然旁观者即是此类由于种种原因无法逃避制度的安排只好采取既在场又不在场的方式"冷眼"应对的人。主动或被动地被忽视而游离到课堂教学活动边缘。他们认为虽然他们不能从这个场域、空间或者世界中逃出，但是他们能够与它们拉开距离，采取一种超然或漠然的态度。既然是"超然"的，所以他们不必用心投入，个人处于一种悬空状态。在留学国世界的生活与其在母国世界生活的形式和属性基本上是同构的，空间的变换并未因此改变他们个人的生活方式和思维模式。

　　外围的参与者：外围的参与者是指那些有学习投入行为并发生结果的个体。至于处于"外围"，可能是不同原因导致的。造成外围参与的原因是复杂的。具体来看，第一种情况是因为对之前投入的感知和反馈不满意，从而影响到之后的再次投入，因此选择较为消极的参与。第二种情况是学习动机不强烈，但与"超然的旁观者"有所不同，其并没有强烈的排斥或抵抗心理，因此采取外围参与。第三种情况则为有强烈的学习动机，有强烈学习投入的意愿，但结果和效果并不理想，依然游离于知识中心或共同体核心的外围。

核心的融入者：是指其既有积极主动学习的动机，同时在行为结果上也实现了进入群体中，并被群体成员认可为其中一员。

心智资本：是指个体所拥有的认知周遭世界的思维能力和情绪倾向以及采取行动的行动力。拥有充足心智资本的人，有着较强的认知周遭世界的思维能力、积极的情绪倾向以及积极主动的行动力。获得心智资本的途径可以有多种，包括来自学校教育中的教师和同辈群体的影响、其他社会媒介的影响等。

家庭传递的心智资本：本研究中留学生较多提及的是来自父母对其的影响，可见家庭对于子女心智资本的获得与积累产生极其重要的影响。心智资本的形式表现在：父母有意识地引导和塑造，或者父母无意识的思维、情绪、行动却对子女产生潜移默化的影响。子女通过模仿或采纳父辈的思维和处事方式以实现对心智资本的延续。相比经济资本、社会资本和文化资本，心智资本对人的影响深远甚至是伴随终生。家庭的心智资本对子女的发展起着"指明灯"、"蓄能站"和"助推器"作用。

自我能动能力：是多种能力的集合群，包括动机、思维能力、自我效能、反思力、复原力等。明确的动机，特别是内生动机为自我能动能力的调动和发挥指明方向；积极思维和态度为自我能动能力提供动力；自我效能可以使自我能动能力得到不断强化和丰富；自我反思力使得自我能动能力得到升华和朝着理性方向发展；复原力是自我能动能力得以持久发挥的保障。

留学生的增殖效应：在交通、通信日益发达的今天，这种亲属、朋友人际互动网络的推荐使得留学迁移态势像滚雪球般发展，并且他们对留学国家、城市和院校的选择受互动网络影响，往往呈现趋同性和模仿性特征，即所谓的留学生的增殖效应。留学生的增殖效应体现在每一个留学生都有可能推荐他的互动网络中的成员步入留学的轨道中来，甚至是步入跟他相同的留学国、留学城市以及留学院校。

增殖的母版：每一个留学生都是潜在的"增殖的母版"，在其推荐和影响作用下，将会有越来越多的互动网络成员做出留学的"复制性选择"或"类复制性选择"。留学生通过留学实现自我改变，也为其亲人和朋友提供了一种可资参考和效仿的示范性行动方案。

留学生就读经验：是指其由留学动机产生、留学行为实现到对留学国世界感知、人际互动、学习投入以及变化的个体跨国学习实践与体验。留学生就读经验包括五个经验维度，行动选择性经验（choosing experience）、感知性经验（perception experience）、互动性经验（interaction experience）、实践性经验（practice experience）和反思性经验（reflection experience）。"留学生就读经验"既包括留学的全过程，也包括因留学的行动而产生的结果；既强调其留学过程中的行为，同时也关注其留学期间的感知；它不只是留学生的直接经验，也是个体的反思性经验。

附录 2　对研究过程的反思

在研究过程中，我努力做到自始至终遵从开放性和对信息的敏感度，以获得更丰富更有深度的资料。有效和可信是检验测量方法的重要环节。然而以测量是否严谨和客观来判定"不同科学哲学体系"下的"质性研究"，反映了大部分研究者对质性研究理念上的不完全理解，但也确实成为质性研究者随时必须应对的困扰。因此，在本研究中，我采取了三角互证法（不仅对留学生进行访谈，而且对与他们相关的教师进行访谈，以提高访谈信息的可靠性），采用多次与导师交流、邀请同学参与讨论、使用观察法、对资料再验证和反例分析等策略来增进研究的严谨性和可信

性，这些方法也都是质性研究中为确保效度采用的常用方法。

此外，我于 2014 年暑假参加了北京大学"质性研究方法与社会学研究"暑期学校课程，课程主要是对扎根理论研究方法的深入学习和实际操作。经过两周的集中学习、练习和讨论，我对扎根理论研究方法的了解和对编码的实际操练都有了很大的提高。在暑期班上我曾主动"请缨"，在班级里对一位同学进行了访谈。授课教师为提高教学效果，特意请来了摄像师全程录像，我们的访谈录像也因此被反复快进倒带连续地播放。授课老师和同学针对我的访谈技巧、策略、仪态、提问题的方式、语气的"针砭时弊"，如同八面来风从班级每个角落向我扑来。正是有了这次在公众面前做访谈练习的经历，我十分幸运地获得了多位老师和同学有针对性的建议，对访谈的理解和如何控制访谈过程有了更多的实践性经验。两周对扎根理论研究方法的集中学习，提高了本研究的信效度。

伦理道德

长久以来，研究者如何合理地界定自己的身份、怎样才能保证研究结果的客观性成为质性研究饱受争议的问题。韦伯（Weber）所强调的研究者个人的"价值无涉"事实上对于社会科学研究来说是不可能完全做到的，因为社会科学与自然科学的最大区别、最根本的差异是其所面对的对象不同。社会科学研究的是有关人的事物，而自然科学研究的是纯粹的自然物；人是具有"主观意识"的，"主观意识"的不确定性和能动性要求研究者和被研究对象始终保持较强的互动性。因此，试图使研究者个人的价值立场与研究过程同研究对象严格区分开来是不现实的。但是，研究者可以做到的是尽最大可能还原研究对象的现实情况，以不违反研究者及研究对象本身的价值原则为基准。更加重要的是，要能够保证不伤害研究对象的道德标准和个人情感，没有经过研究对象的同意不能公布其隐私。鉴于此，在本研究中我尽量做到最大可能还原研究过程的情境和研究参与者的真实情况；此外为了保护研究参与者的隐私，论文中提及的名字均不是他们的真实姓名。

对扎根理论研究方法的使用

扎根理论方法要求研究者悬置个人先见，基于田野资料进行分析和生成理论。在研究过程中，我始终告诫自己，既要融入田野情境以实现与被访者的"共情"，同时更要能从自己所进入的田野情境里"抽离"出来。但是，由于个体经验对研究者思维模式和知识体系打下的烙印，我在阅读田野资料和对资料进行分析的过程中难免会受到过去经验的影响，与过去的经验不断地互动，彼此影响。这种天然的"经验和惯习"形成一股不可抗拒的力量作用于我的思维过程。想到扎根理论不仅不排斥反而提倡研究者的"理论敏感度"，因此一方面我充分汲取过去经验以及理论上的知识来解释所见所闻，另一方面又时刻保持警惕告诫自己保持一种分析上的"距离感"，只有维持一定的距离，才能抽象地思考从而形成理论。

在研究过程中，我强烈感受到扎根理论研方法是一个永不满足、永不停滞学习步伐的过程。尽管生成的理论来自田野资料中，但需要研究者通过大量阅读文献和书籍提高理论敏感度。为了寻找到更适恰的文献或理论以获得启发和灵感，研究者需要大量阅读书籍和文献，涉猎不同学科的知识；同时要有一定阅读和思考的深度，以获得更为深刻的理论建构。这种理论素养的培养，着实是一个长期的不断反思、勤于阅读、勤于动笔的过程。

我的留学经历对本研究的影响

质性研究方法认为，研究者个人经历影响着研究者看待问题的视角。扎根理论研究方法也将研究者的个人经验视为理论敏感度的来源之一。我在法国的两年留学经历俨然对此研究产生了影响，不仅使我对与留学生相关的主题很感兴趣，而且使我在进入访谈前就已经存在某种"前设"，我认为留学生对在留学国就读经验的感知影响着其对留学生活的评价，且每个人的感知是不尽相同的。这样的"先见"对我的研究设计也产生了影响，如在访谈过程中，我比较关注留学生对留学生活的感知以及对这种感知差异的归因。扎根理论研究方法并不把这种"前设"看成消极的，它认为"前设"对研究者的影响可以是负面的，也可以是正面的。因此在研究过程中，我会经常问自己：我的哪些经历与来华留学生在中国的经历相似？我的这些经历与我目前的研究有何关系？我本人对自己的留学经历如何感知和如何解释？这些看法会如何影响此项研究？

在进入田野之后，曾经在法国的两年留学经历使我了解留学生跨国学习和生活以及心理活动的过程，也使我更快地了解到我所听所见的事件与行为。也正因为留学的经历，我更能关注到留学生在异国学习遇到的问题，可以利用自己曾经的留学经历作为比较的基础，刺激思考而生发出一些概念和分析这些概念间的关系。比如，我和另一位与我一同获得奖学金在法国留学的朋友都对法国以及法国的留学生活有积极感知，但为什么她总是那么积极地参加法国当地的活动，学习上很投入，而我长期沉溺于想家的情绪中，学习上也提不起劲头？正是这样的个人经历刺激了我的思考，同时也帮助我在田野研究中对此问题有了更多关注。当然，正如一枚硬币的正反面，个人经验也可能蒙蔽我们，使我们看不见那些个人认为理所当然或者原本值得关注却被我们忽视的问题。

然而，作为质性研究者，我同时需要就这段留学经历对此研究带来的"思维倾向"保持足够的"警惕"，在研究过程中并不是去证伪此前的假设和看法，也不能把自己对留学经历的认知和感受完全移情到此研究中。根据质性研究方法所提倡的，研究者应具备"角色意识"，我把自己定位成一名"学习者"，尊重接受访谈的留学生的个体经验，了解并认真倾听其对个人经验的叙述和解释，感谢其为此研究所提供的信息。总之，作为一名质性研究者，我需要处理好个人经历与研究本身的微妙关系，研究中既需要对法国的留学经历有所观照，又要抱着谦虚学习的态度倾听接受访谈的留学生们对在华留学的经历和解释。

我与研究参与者的关系

关于我与研究参与者的关系，我既可以称得上是与来华留学生有共同留学经历、惺惺相惜的"局内人"，也是与来华留学生有着天然文化和距离屏障阻隔的"局外人"。徜徉于两种身份之间，时而对"近经验"熟悉，时而对"异文化"陌生，恰是这样的张力促使我不仅获得感情上的"共振"和视域的"融合"，又能比较清醒地挖掘文化间深层次的差异。

访谈伊始，当我介绍访谈初衷和目的，提到自己曾经跟他们一样的留学生身份时，接受访谈的留学生们当时的表情（抬起头突然看着我的眼睛、点头并发出喔的声音、重复我所提到的"在法国啊"并露出惊讶表情）清楚地告诉我，相似的生活经历已在原本他们所认为的我与他们之间不可逾越的"文化距离"和"权力距离"（尽管我是在读博士生，跟他们一样是学生身份，但在W市访谈时，部分留学生可能被告知或者是个人把我当成从B市来的老师）的鸿沟间架起了一座理解的桥梁。就这样，我与他们的角色距离已经被大大拉近了，他们似乎相信我比较容易与其产生情感上的共鸣，他们似乎在那一刻把我看成了有着共同留学经历的"局内人"。

与此同时，不可否认的是与此并存的"局外人"身份，我与这些来华留学生分属不同的国家、不同的文化群体，我们有着不同的成长环境和文化习俗。"局外人"身份使我可能难以理解留学生基于其长期在其自身文化情境浸泡中对所描述事件或意义的深刻阐释，可能很难理解对方所说的某些词语在其自身文化中的真正含义。

"局外人"身份也为我带来了某些研究的便利。正是出于文化上的无知，我对他们所提及的习以为常的事物和讲述产生了浓厚兴趣，他们也会给予我这个"局外人"特有的宽容和耐心的解释。比如当一位来自乌兹别克斯坦的留学生提及他本科在俄语班上课时，由于我对中亚国家的教育体制和文化并不知晓，对此便进行了追问，在追问过程中得知在乌兹别克斯坦的教育体系中，从小学起就存在着并行的两套班级系统，以说乌兹别克语为主的本民族班级和以说俄文为主的各民族混合班（比如俄罗斯族、犹太族等）。而这位来自乌兹别克斯坦的留学生在介绍他之前所在的说俄文的各民族混合班时，表现出了一种欣赏和骄傲，他认为他所在的"俄文班级竞争性强、所有人都努力学习，而本民族班学生比较懒不爱学习"。这种双重班级体制和这位留学生对其的描述在他本人看来似乎是习以为常的；然而，正是由于我对其文化和教育体制陌生的"局外人"身份，对这个问题刨根问底，才获得了对受访者意义阐释的理解。尽管苏联解体，但是从教育体制到学生个人感知和选择，前苏联对中亚国家和人民的影响依旧真实而深刻地存在着。

取得研究参与者的信任

由于希望方便和较快地进入研究现场，我通过老师的帮助和引荐认识了几位留学生，将其作为研究参与者。这种方式为尽快进入研究现场提供了诸多便利，比如极大地满足了我的研究样本的抽样原则：样本来自不同国家、能够说汉语或者英语。此外，得益于这样的便利条件，我很快联系到了留学生班班主任，由班主任帮助我联系几位留学生，使我们访谈的时间很快得到了确定。

但是，这种方式也好比一把"双刃剑"，为我的研究提供极大便利的同时，也造成了研究参与者的顾虑。恰好在访谈开始前我已经预想到。因此，为了打消他们的顾虑，在每次访谈开始前，我都会非常有礼貌地诚恳地向他们介绍我自己，告诉对方我的个人背景、本研究的研究内容和目的，向对方许诺我会遵守研究伦理，不暴露他们的真实姓名；同时，表达了对方可能会从中获得某些"实用"价值，比如通过访谈，促进留学生对留学经历更加深刻的理解和反思，他们如果愿意的话，我会在论文初步完成时与他们分享、共同探讨；同时，我也表示当他们在中国的学习和生活方面需要帮助时，我非常愿意尽我所能提供建议与帮助；更重要的是，向他们说明了此项访谈是为了撰写博士论文以及学术研究的目的，并不是学院安排的检查或监督行为。我认为访谈前这样的介绍在一定程度上能够消除留学生的顾虑，取得他们对我一定程度的信任。事实证明，对进入现场策略的使用与诚挚的表达，以及我的"校外身份"，使留学生对我建立了信任。

对访谈过程的思考

在访谈过程中，尽管扎根理论志在"生成理论"，然而访谈内容却不能悬置在理论的高度，而需力求具体生动，能够接近研究参与者的日常生活，挖掘更多的细节。我尤为关注留学生对留学经验的认识、理解、体会和感悟，但是提问方式不能表现出明显的倾向性，以免误导留学生以我"希望"的回答方式靠近而产生偏误。访谈中研究者不仅要挖掘研究参与者回应话语的意义所在，更要考虑到他们的个人动机以及个人动机如何影响访谈回应。有的学生对我问到的问题很感兴趣，回答时滔滔不绝，甚至引发了联想，当我意识到他们继续衍生式的回答与我的研究方向和研究领域以及可能生成的理论有所偏离时，作为研究者应该主动将话语拉回到研究领域当中。此外，在访谈开始的阶段，我发现自己在访谈过程中存在一个亟须提高和改进的问题，我过于依赖录音的功能，在倾听时没有对对方使用的词语保持高度的敏感，一些重要的词语、概念在当时没有及时记录从而没有获得当时场景下对方对此的意义阐释。所以，在后续访谈中，录音时，我会注意捕捉研究参与者的言语标记，及时追问，从而有利于本土概念的获得。

在整个研究过程中，为了再现访谈时的情境和研究参与者的反应，每次访谈后，我都坚持写备忘录，对访谈中所使用的方法、本土概念的敏感度、值得反思和进一步提问的地方都进行了记录。备忘录除了可以及时记录访谈的心得，其重要作用还在于可以及时记录每一次对资料分析时的思考过程。备忘录是一个不间断并伴随整个资料收集、分析过程的反思和记录，这应该也是质性研究方法独特而又充满特殊魅力的一个重要部分。如今所呈现的研究结果并不是一蹴而就的，可以说是经过近百份的备忘录累积形成的。重新翻阅整个研究过程的备忘录，研究初始的思考备忘录如今看来是那么浅显，甚至当时对扎根理论的认识都有很大的误解。然而，正是经历了这样一点点的思考、记录、学习、反思和重新修正的过程，才有了如今的研究结果成文。

对访谈提纲和访谈技巧的反思

访谈提纲和研究问题都是在研究者与研究参与者的互动关系中协商和演化而来的。在研究初期的访谈中，我准备了一个翔实的访谈提纲；但在实际访谈中，发现了一些弊端。比如"请谈谈你对留学生活的总体感受"这个问题留学生普遍感到很难回答。这个问题属于抽象型问题，即使留学生给予回应，也是抽象层面的"感到不错、还行吧"之类的。因此，针对上述问题可以将其掰开、打碎成具体的小问题和具体的事件。另外，结合我自己的留学经历，我试图了解留学生的性格、学习方法；因此，我设置了诸如"你觉得你的性格是怎样的？""当遇到问题或困难时，你认为自己有能力解决吗？""能谈谈你平时是怎么学习的吗？"等题目。但是，我发现留学生对此的回答并不是那么清晰和明确。

在北京大学陈向明老师组织的暑期质性研究方法班上，我主动请求作为访谈者并接受大家点评的经历一生难忘。如果说博士开题答辩是一次洗礼和痛彻心扉的改造的话，那么那一次，一定是更猛烈的暴风雨，我访谈时存在的问题和不足被真实地一层层剥开。暴风雨过后，是刻骨铭心的烙印，留下的是各位老师和悉心帮助我的同学们的诚恳的建议和指导。在举手那一刹那，我想到的是对质性有了解的老师们和学员们共同帮助我指出问题来，这个机会将千载难逢，幸运的是，我没有在害羞和更多顾虑上迟疑。这是一种"一层层被剥开"，然后一层层再被新鲜的果实填充成长的过程体验。通过这个训练，（1）我了解到访谈提纲是记在心中的，访谈时尽量不要看提纲。我过于集中于提纲问题，总是想着这个问题问完，下一个问什么；因此脱离情境，很难专注聆听获取可能的"本土概念"或在值得追问的地方发问。（2）在提问或者进行"澄清式复述"时，不要给予被访者二选一的路径选择或导向，尽量要开放。（3）此外，需要考虑被访者的身份、认知水平等特征，根据不同被访者的特征，选择合适的进入方式和提问方式。如果直接问效果不好，可以旁敲侧击采用迂回战术，比如可以问被访者对身边人或事的看法以此了解被访者的感想，看能否通过这样的情境和策略打开被访者愿意表达自己的心扉。阐释主义是质性研究方法的哲学基础之一，访谈者可以多问几个"如何理解、如何看待"以了解被访者对现象和世界的理解与意义。

所以，基于以下几个原则我修正了访谈提纲：（1）访谈提纲只起到一个提示作用，简要（控制在一页之内）且足够开放，而不是冗长而繁杂的问题陈列。（2）问题具体、具有可操作性，把抽象问题掰开且揉碎。（3）访谈问题的提问顺序和形式根据不同留学生而不同，因具体情境而异。（4）访谈问题中使用的词语应符合留学生的认知特点、语言水平和习惯，能够确保他们听得懂而且不产生歧义。基于这样的原则，我对访谈过程的把握越来越得心应手。

附录3　参与研究邀请信

亲爱的 XXX，您好！

首先欢迎您选择来到中国，来到美丽的 XX 大学开始您的留学生活！

我叫马佳妮，是北京师范大学教育学部博士二年级学生。我通过 XX 老师（或同学）介绍认识了您，现在我写信给您是向您发出邀请成为我博士论文的访谈对象之一。

跟您一样，我也曾有过两年的留学经历，2008～2010 年我在法国波尔多大学（University of Bordeaux）攻读硕士学位，之后在奥地利工作和生活了几个月。正是这样的经历使我对跨国学习有了亲身的感触和体会，因此我选择"来华留学生就读经验"这个方向作为我的博士选题。我将采用"质性研究方法"（qualitative method）作为我收集资料的研究方法，因此需要对 20 名左右的访谈对象进行访谈。如果您愿意参加的话，我非常诚恳地邀请您并感谢您对此的支持和帮助。所有的访谈都可在您认为方便的时间和地点进行（此外，如果您的朋友也愿意参加的话，非常欢迎您的引荐）。在整个研究过程中，我不会暴露您的真实姓名，博士论文将使用虚构的人名。同时我会向您介绍我的研究进展和成果，请您阅读论文草稿。

此外，我也希望这项研究可以促进留学生更加细致感知校园环境和留学国，反思留学经历，从而更好地认识和了解留学生自己和他者。因此，通过这项研究，您有可能对高等教育国际化、跨文化问题、学习风格的文化差异等有更加深入的了解，同时对您自身的留学经历有些许反省。

谢谢您的支持和帮助，祝愿您在华学习和生活一切顺利。

同时附上我的个人联系信息，以便日后联系。

马佳妮，女，北京师范大学教育学部博士，邮箱×××

手机 ××× ×××× ××××.

附录4　研究参与者个人基本信息

姓名_____　性别_____　国籍_____

留学前居住地_____　出生地_____

您是华人或华侨吗？是_____不是_____

您目前在中国就读的专业_____

您在中国正在攻读的学位：语言学习_____

本科_____

硕士_____

博士_____

访问学者_____

婚姻状况：未婚____

已婚____　配偶职业_____

离婚____

分居____　您有孩子吗？有____　没有____

您留学前是否工作过？　有_____　职业是_____

没有____

您父亲的职业_____

您母亲的职业_____

您估计在中国学习的时间：半年或半年以下_____

一年到两年_____

两年到三年_____

三年以上_____

在中国学习的资金来源：您所在的国家或企业、组织资助_____

中方资助_____

亲友资助_____

打工_____

其他_____

您以前有过跨国生活或学习的经历吗？有_____ 没有_____

如果曾经有过跨国学习生活经历，所去的国家地点是_____

大致时间为：从____到 ____

出国的原因是_____

附录 5　访谈提纲

◇ 能谈谈你为什么选择来中国学习？为什么选择来到这所学校学习？如果不来中国学习，你还有哪些其他选择？

◇ 如果你所在国家的同学想来中国学习，想咨询你的意见，你是否会向他推荐留学、是否会向他推荐中国以及中国高校呢？

◇ 请谈谈你对留学生活的总体感受。

◇ 你理想中的留学生活是怎样的？

◇ 宿舍位置？几人间？如何分配宿舍？上课地点？

◇ 留学生主要来自哪些国家？

◇ 你最喜欢中国校园的什么做法或哪些方面？你认为学校或院系能为留学生更好的学习体验做些什么？

◇ 当你遇到困难时，会想到向谁求助？你平时烦心时都找谁聊天？

◇ 请说出你最好的三位朋友。朋友间的互动的地点、时间、持续时间、谈论的话题。

◇ 能谈谈与中国同学的交往吗？

◇ 你跟这里的老师关系如何？你平时是否会主动在课下约老师？

◇ 你感觉老师对你的态度如何？

◇ 你认为与中国老师的交往与之前同你的国家的老师的交往有何异同？

◇ 你平时多久跟你的家人联系？怎么联系？你多久回一次你的国家？

◇ 除了同学、老师，还有跟中国人来往吗？

◇ 你对来中国学习抱有何种期望？就目前而言，你认为是否符合你的预期？

◇ 你将来毕业打算从事什么工作？你打算留在中国吗？

◇ 以往是否有过离开你的国家到别的国家学习的经历？如果有，那么跟来中国学习有什么不同？

◇ 以往是否遇到过人生中比较困难的难过的时期或事件，你是怎么渡过或解决的？

◇ 当遇到问题或困难时，你认为自己有能力解决吗？

◇ 能谈谈你在你的国家时的学习经历吗？比如如何理解知

识、如何准备考试？你认为在中国的学习经历与你以前的学习经历有哪些相似之处？有哪些不同？

◇ 来中国前，你是否有接触过中国文化或与中国相关的事物或了解中国？

◇ 你认为你的优缺点分别是什么？

◇ 请举例说明你来华期间遇到的最困难的事或遭遇。

◇ 你最近遇到了什么挑战？

◇ 请描述一下你的一天的生活安排。你一般会去哪里？你会跟谁有交流互动？你如何评价你的一天？周末怎么过？平时会去图书馆吗？会去自习吗？平时会去听讲座或者参加针对学生的活动吗？文体的、学术的。

◇ 在中国学习费力吗？如果有点费力，主要是语言上听不太懂，还是课程不太熟悉？还是其他原因？

◇ 在课堂上你会积极响应吗？

◇ 你参加的活动或项目中哪一个让你印象深刻？

◇ 你有经常参加某个组织的活动吗？你在其中扮演何种角色？

◇ 在中国你学到的最重要的是什么？它为什么重要？

◇ 来中国后，你的哪些方面发生了变化？如何变化的？

◇ 你如何理解留学的意义？留学是为了什么？对你来说意味着什么？

◇ 如果重新给你一次选择留学国家的机会，你还会选择中国吗？

◇ 如果重新给你一次选择留学院校的机会，你还会选择这里吗？

◇ 当你回国后，如果请你给你的家人或朋友讲述来华留学期间的某一段经历或故事，你讲述的会是什么？

◇ 你是否有特别难忘的在中国的留学经历愿意分享？

后 记

本书是在我的博士论文基础上形成的，对博士论文部分内容进行了调整，也加入了博士毕业后近几年来的一点研究成果。这些天都在家中修改书稿，已经有几天没有出门了。突如其来的疫情，每个人都在关注这场没有硝烟的战斗，醒来睡去，都会看看每日关注的事是否有拐点，祈盼疫情尽快结束。此时微信消息铃声响起，是俄罗斯来华留学生丽莎的消息，"老师你好吗，我现在陕西榆林，这次寒假没回国，虽然新型冠状病毒情况比较可怕，但我在中国就很有安全感"。丽莎的问候将我带回到六年前，我还在读博士时曾对丽莎等来华留学生访谈时的情景。六年来我与本研究的重要参与者——来华留学生成为好朋友，他们中有的已经在中国继续深造或者工作，有的回到了自己的国家但依然保持着与中国的联系。每每翻开五年前完成的博士论文，仿佛温度仍在。所有属于那个发光发热的日子里逝去的时光以及发生的故事，都会在指尖与文字的触碰中，缓缓归来。

曾经的我，跟许多年轻人一样，追求要当什么。在联合国实习和工作的日子里，我憧憬着以后要成为通晓国际规则、传递中国声音的国际高级公务员，探索着如何才能离这个目标更进一步。有一天，我突然明白，一个人要想保持持续的快乐，不是想我要当什么，而是应专心做自己热爱的喜欢的事情，"做"应该作为出发点，而"当"什么是伴随着做之后的顺其自然的结果罢了。况且，当什么也不能完全由自己决定。一旦没当上，更多的是痛苦与不甘；就算当上了，这种快乐也是短暂的，新的"当什么"

的欲望随之而来。我开始不断向自己发问，试图听到自己内心的声音，究竟什么才是我最喜欢做的，甚至是为之做一辈子也不会感到厌烦的。由于一直以来对物质需求并不强烈，在马斯洛需求曲线中，很容易满足温饱需求，却对自我价值实现以及高峰体验的需求很大。大学正是能够满足"专精""开创""启蒙教化"这一类我为之向往的精神和使命发展需求的殿堂，唯有大学对知识、真理和人类文明不断追求着、思索着。慎重思考了一段时间后，我决定报考全日制脱产博士。2012 年 9 月，我离开了安逸、看上去"光鲜"的国际公务员的工作岗位，回到母校，重新做回一名学生，希望找到一个更好的自己。

"三年奠基，一生为学"

博士入学前并没有接受过系统的教育学的学习和学科训练，甚至对定量和质性研究方法都没有听说过。因而，第一学期是通过上课、听开题会、听讲座、读书来恶补的阶段。确定选题后，准备开题。在开题的过程中得到了很多老师的批评与指导，在开题后我进行了一个月的深刻反思，归因是自己求急求快，也没有重视学术规范的养成。之后，利用开题过后的暑假，开始集中看有关学生发展的文献。二年级开学后，开始看大部头的书，主要有 *How College Affects Students*，*Four Critical Years* 以及 *Student Development in College*，通过阅读这样的经典书籍，帮助自己了解这个领域的知识进展，形成自己的体系、系统和框架。

二年级寒假逐步聚焦到留学生主题上，不管是文献综述类，还是定量方法抑或是质性研究，大概精读了一百篇左右文献。为的是了解这个领域国内外的学术动态，形成初步印象、直觉，对相关方法、概念和理论保持敏感。二年级第二学期，开始在北京进行调研，并写了篇质性小论文，在伦敦大学 - 北京师范大学举办的国际会议上做了分会场学术汇报。当时导师说这篇小论文只是在检验某个理论还不能算是扎根，当时似懂非懂。现在想想，那篇小论文并不成熟，但只有通过这样的尝试才能获得之后对质性研究更深层次的理解。随后到西部地区调研，在访谈和后续材料分析过程中，遇到很多问题和困惑，对如何分析和解释材料、用何种理论、质性研究的范式到底是什么样的还是比较困惑。二年级第二学期快要结束时，有幸参加了陈向明老师亲自指导授课的"北京大学质性研究方法班"。对质性研究的研究范式有了更多了解后，确定使用其中的扎根理论，并注意到尽管从访谈资料中生成理论，但研究者还是会有自己的研究框架和理论基础甚至是概念框架。同时，研究者往往限制在与自己研究对象相关的理论和方法论上，拒绝其外的知识框架。正是有这样的担心，导师经常提醒我们，研究者需要主动扩大视野，特别是人文和社会学科的研究者更应保持开放的心态，不断涉猎和吸收其他学科的养分，才能够碰撞出别样的思维火花。况且研究者的"学术生命"是一个持续和长期的过程，在这样的漫长历程中只有保持开放和积极吸收的心态，才有可能保持学术研究的常青，践行以学术为志业。这期间，我开始集中看社会学理论的书，还有人类学、民族学著作。比如《跨国灰姑娘》《跨越边界的社区》等，对社会学理论达到痴迷程度，认为其有较强的解释力，尝试如何用社会学理论来做我的扎根理论的理论框架。再次去找导师请教后，老师的建议是：回到留学生的真实问题中，并且不停止地进行哲学层面的反思。确定这个研究从哪里来到哪里去的元问题，把握好对概念的界定、概念之间关系的明晰、理论的确定、方法论的运用以及学术共同体的交往的整体性和反思性。

经过一个暑假，重新思考论文的思路，又重新回到曾经读过的文献中。确定了高校管理者、高校行政人员和留学生事务工作者是重要的关联方。而留学生就读的感知、留学生投入以及留学生在中国留学产生的变化是我应关注的真问题。正所谓质性研究的理论框架不是一开始就有的，是随着研究的不断深入才聚焦的。但是，研究者在研究前需要有个大致的概念框架作为"探照灯"。二次读文献，感觉与第一次完全不同。结合访谈资料、新的反思，又读出来很多新的东西，而且读起来更加明确哪些需要重点研读，哪些只要泛泛而过即可。我又重新读了 *Student Development in College* 的理论，获得不少新的感受。如此流水账式地回顾博士论文的撰写过程，概括起来，博士论文的撰写是一个"研读文献＋研读大部头的经典理论书＋调研＋分析访谈资料＋求助方法类书＋再读文献＋再读理论＋再调研＋不断沟通交流"的循序并进过程。不可偏执一方，应是及时调整、改变的过程，不可一条路走到黑才回头。我们自己往往很难发现自身的问题，对某个问题的思考也容易陷入只见树木不见森林，这时可以求助导师和同学，开阔思路。

通过学习和研究提高了认知、情感、行为能力，帮助自己更好地寻找人生的意义和人的终极关怀是什么，将自己的人生变得更为充实、高尚。倘若我的研究生生活仅仅局限于专业水平的提升，而不去对自我的人生进行反思，不去对"人之为人"所拥有的品性、对人生的意义和价值顾及的话，那么学习生活至少不是完整的。三年的博士学习的奠基，是"一生为学"的好的起点。虽然旅途可能会颠簸，过程可能有崎岖，但是如果步调稳固、方向清楚，终究会到达目的地。雅斯贝尔斯（Jaspers）曾提到，"本真的科学研究工作是一种贵族的事业，只有极少数人甘愿寂寞地选择了它"。我很幸运，能够在博士阶段便近距离接触和感受到了这份"贵族"的事业。我也很享受这个甘愿寂寞的过程，正是在这个与孤独为伍的过程里，我看到了自己的内心，找到了更好的自己。我开始懂得只有外在生命保持单纯，内在生命才会向我们开启，自身的潜能才能被源源不断地激发出来。

感恩：一个灵魂唤醒一个灵魂

博士报到那日，导师周作宇老师对我的希冀成为三年乃至一生向学的灯塔，"愿三年奠基，一生为学。博士的意义不仅仅是一个学位，更是一种不可重复、不可复制、非常个人化的绝对难得的经历"。导师总是很用心地发掘学生们的特质，因材施教，给我们提供各种平台和机会促进我们的个体发展，在学生需要的时候给予我们关键性的指导和建议，成就每一个学生的发展。导师行政和学术事务繁忙，常常牺牲休息时间与学生见面交流、答疑、解惑。平时只要发现了相关的书籍或文章，导师总是惦记着告知我们或为我们复印。导师以身示范的方式给予了我们最好的教育。跟着导师读书学习，才明白了何谓"以学术为业"。导师对知识和学问有一种纯粹的敬仰和热爱，文理兼修，却一直没有停止追求精进。导师的理想主义情怀也潜移默化地影响着我们。在导师那里，学生收获的不仅仅是学问，更是一种理想与情怀。导师用"一堂堂无言之教"启迪着学生不断自省修炼，启迪着学生不仅仅独善其身更要有社会担当。更为重要的是，从导师的身体力行中，我们开始有意识体会到并开始践行何为"无我"，将自己无限放小，而将他人和人类的需求无限放大。

感谢北师大高教院每一位老师对我的支持和帮助。感谢钟秉林老师，钟校长的关照和问候如和风细雨，让我倍感温暖。感谢周海涛老师，海涛老师踏实严谨做学问的精神是我学习的榜样。海涛老师著作等身，却为人极为谦逊低调。感谢洪成文老师，洪老师亦师亦友的点拨和支持，给予我强大的前进动力，特别是幸运聆听洪老师充满人生智慧和处世哲学的《高等教育管理前沿》博士生课程，令我受益匪浅。感谢姚云老师，姚老师为使每位研究生顺利有效率地度过研究生阶段，倾注了大量时间和精力。感谢李奇老师，对研究问题的细化、问题的切入角度、论文的呈现方式等方面，李老师都同我进行了深入的探讨，给予我非常宝贵的意见。感谢杜瑞军老师，杜老师的勤勉耕耘和踏实做事总是感染着我。感谢方芳老师和李湘萍老师的关怀和支持，给予我研究过程中很多信心和勇气。

感谢我的开题和预答辩的老师楚江亭老师、林杰老师、谷贤林老师，各位老师对我论文的悉心指导和建议我都非常受用。感谢朱旭东老师、刘宝存老师、滕珺老师、辛涛老师、毛亚庆老师、朱志勇老师、胡咏梅老师、郑新蓉老师，各位老师充满智慧的课堂讲授和精益求精的科研精神都给予我丰厚滋养。感谢2012级博士班班主任薛二勇老师毫无保留地与我们分享他的学术心得和经验。

我于2014年夏有幸参加了北京大学质性研究方法与社会学研究暑期学校课程，感谢北京大学陈向明老师及其团队林小英老师、王富伟老师、张冉老师和吴筱萌老师以及各位助教的辛勤付出和精心用心设置的课程。在这里领略到北大"思想自由、兼容并包"的传统，陈向明老师非常鼓励老师和同学间的思想碰撞、观点交锋、自由表达学术观点。陈老师对我来说是质性方法的引路人，她及其团队的诸位老师如同"布道"的智者，对我们的大脑和思维进行了风暴似的洗礼，也因此让我发现了一个精彩的质性研究世界。正是得益于陈向明老师对扎根理论研究方法的介绍和悉心传授，这篇博士论文才能够顺利开展下去。这次暑期课程学校里的"互助小组学习""参与式学习"也令我耳目一新，非常受用。

感谢B市某院校和X市某院校国际处老师们对开展调研所提供的支持与帮助。感谢我的研究参与者——来华留学生，感谢留学生朋友在繁忙的学习期间能够欣然接受我的多次访谈，在研究过程中我们也结下了深厚的友谊。可以说，这些调研工作如果没有大家的帮助和支持根本难以展开。

　　感谢我的昔日同窗好友王媛、陈黎明、翟月、陈玥、冯雅静、王珊、涂玥、高鸾、刘磊明、李廷州、王树涛、刘争先、余庆、夏欢欢、李虔、卢威、李文静、屈廖健、李俊唐、程薇等诸位博士，与他们的探讨和交流总是能够激发出思想的火花。感谢我的同门师弟师妹赵聪环、刘益东、赵楷、王明明、孙成梦雪、陈燕对我的帮助，从他们身上学习到了很多优秀品质。感谢我的同门学长乔锦忠老师、张学文老师、孙富强老师、熊春文老师、周廷勇老师、夏仕武老师、李庆丰老师、吴思孝老师、王敬红老师、李胜兰老师、赵宇新师姐、杜云英师姐、白华师兄、张会杰师兄、朱生玉师兄、陈玉霞师姐对我的关心和启迪，每一次与大家的聚会都是一场难忘的精神盛宴。

　　感谢翻阅和点评博士论文的三位外审专家，三位老师为评审我的论文花去了精力和时间，并且为改善这篇论文提出了非常中肯和宝贵的修改意见。

　　感谢本科阶段的张润枝老师、李兴老师、马勇老师、周晓旭老师、徐蕾老师等诸多关心我和促进我发展的老师们，他们对我的成长给予了特别的关注和期待。谢谢我的挚友张妍、康改娜、杜阳，她们对我给予无限的理解和包容，让我倍加珍惜此在与拥有。

　　感谢我的母校北京师范大学，母校总以其内敛、低调、朴实和脚踏实地感染和滋养着每一个师大人。在师大校园，总能够找到一群认真地对待自己的观点和言说，进行纯粹精神往来的志同道合的知己。母校有朝气蓬勃的浓厚的学术氛围、充满着求真的科学精神与求善的人文精神，在这里我受到了最好的人文教育，感谢母校对我的培育！

　　感谢我的中学母校新疆兵团二中，从小就接受兵团精神的洗礼，对于"热爱祖国、无私奉献、艰苦创业、开拓进取"的兵团精神有着特殊的感情。兵团人用自己的青春、热血和生命创造了

"兵团精神"，这种"献了青春献终身，献了终身献子孙"的无私奉献精神对我是一种莫大的鼓舞和鞭策。

感谢支持我赴法攻读硕士学位的法国埃菲尔奖学金机构和我的法国母校波尔多大学，使我在年轻时便能够去远方漂泊，获得了一种难得的全球移动体验。更加可贵的是，正是这样的跨国学习和生活经历，使我获得了移情能力和对多元文化的包容力，不再以自己为衡量事物和他人的尺度。

感谢支持我开展博士论文研究的顾明远教育基金和顾明远先生。顾先生身体力行地实践着"没有爱就没有教育"，能够获得顾明远教育基金和先生的支持开展博士论文研究，对于研究者来说着实是幸事！

博士毕业后我继续开展着关于高等教育国际化相关研究，在长期的研究过程中，有很多老师和前辈给予了我指导和帮助，我要向他们致以诚挚的谢意！感谢清华大学史静寰老师、叶赋桂老师，华东师范大学阎光才老师、李梅老师，中国人民大学周光礼老师，香港大学杨锐老师，北京大学沈文钦老师，西安交通大学田美老师对我的鼓励，感谢北师大徐月宾老师、艾忻老师，北京航空航天大学雷庆老师为我开展相关研究给予的支持和帮助，感谢牛津大学 Simon Marginson 教授、*Higher Education* 期刊评审专家、*Higher Education Research & Development* 期刊评审专家、《中国高教研究》王者鹤老师、《国家教育行政学院学报》吕文妙老师、《比较教育研究》曾晓洁老师、《高等教育研究》曾甘霖老师、《高校教育管理》马双双老师、北京大学戴坤博士等为相关研究撰写和发表提出了很多极有价值的建议。感谢全国教育规划课题和中国博士后科学基金对我开展相关研究所给予的慷慨资助！

我将博士论文视为孕育数月的宝贝，在孕育"宝贝"的过程中，我感受到了艰辛和不易，也更让我体会到了我的父母和家人培育我的用心良苦。谢谢我至亲至爱的家人！我的父母，多年来默默地倾尽他们能及之力关爱呵护我，当我放弃联合国稳定和"光鲜"的工作时，父母给予了极大的理解和支持。一路走来，我常常"另辟蹊径"，选择了"少有人走的路"，父母总是尊重我的选择，给予我最大的支持。此恩此情，一生难以报答！感谢疼我养育我长大的奶奶，奶奶的坚强和独立是我启蒙的力量源泉。感谢我的外公外婆、姑姑、叔叔、姨姨、舅妈和表弟、堂妹，家是加油站，是包容的怀抱。

感谢我的先生，总是给予我最大的体谅和关心，以他豁达积极阳光乐观的处世之方引导我。攻读博士期间，当我每晚走出图书馆到家已是十点多时，当我"解构"所有节假日概念，几乎每天以图书馆为大本营时，我对家和先生充满歉疚，他不但没有丝毫的不理解，倒是用他的科研经历鞭策我，他说读博士的机会很难得，希望我不辜负跟着导师和各位老师学习的机会。从他的身上学到了很多做人处事智慧，他的敞亮、宽容、纯粹、简单总带给我震撼。在博士毕业后的第三年，我升格成为一名妈妈，感恩宝宝的降临，使我对"教育"有了更为深刻的个人体验。

从事人文社会科学研究归根到底都是研究人的学问，对自我灵魂的滋养和丰盈将会帮助我们对教育有更深刻的理解，所谓"一切理论都是灰色的，只有生命之树常青"。感谢我的学生们，非常荣幸能够做他们的班主任老师，与学生的交往与互动加深了我对教育的理解。

这本书得以出版，还要特别感谢社会科学文献出版社陈颖老师的指导和点拨。陈颖老师详细地阅读了书稿初稿，孜孜不倦地帮助精简语句，对后续的改进提出了很多宝贵建议。

冯友兰先生曾说，人类的文明，好似一笼真火，几千年不灭在燃烧。正是因为古往今来有无数用自己的心血传承人类文明的人，才使得人类文明的火永生不灭。博士毕业后，怀着对真理和知识的无限敬畏与渴望，我选择了将教育作为我终生奋斗的事业。

博士论文写作过程俨然成为镌刻在生命里的印记。"印记"是个浪漫的存在，它串联起了三个时态：过去、现在和未来。这本书也是一个时代的"印记"，全球化时代，跨越国界的学生流动，使得天涯海角的我们成为友人，陌生的人们拥有了共同的美好的记忆。身处"流动的现代性"中，我们反复相见告别，出发抵达，在断断续续的时间里搭建着自己的"流动轨道"。如果"每一个开始，仅仅是续篇"，那么每一个结束，也可能是另一个开始。

即将完成这篇后记，北方的气温还没有回升，但是白天有非常明丽的阳光，掩盖不住春的气息。2020年的这场疫情带给人们很多思考，更是对中华民族伟大复兴的一次洗礼。正如冰会消融，春水会盛，否极泰来，也是自然的原则与智慧。想起诺贝尔文学奖获得者、俄国诗人伊凡·蒲宁在《松树一天天更见清新苍翠》中写道："我等待三月的晨雾，葱郁的山冈，等待白云带来光亮和温暖，等待田野里先来的百灵鸟的歌唱。"

马佳妮

2020年2月于北京

图书在版编目（CIP）数据

留学中国：来华留学生就读经验的质性研究／马佳
妮著． -- 北京：社会科学文献出版社，2020.3
ISBN 978 - 7 - 5201 - 6442 - 9

Ⅰ．①留…　Ⅱ．①马…　Ⅲ．①留学生教育 - 研究 - 中
国　Ⅳ．①G648.9

中国版本图书馆 CIP 数据核字（2020）第 051873 号

留学中国
　　——来华留学生就读经验的质性研究

著　　者／马佳妮

出 版 人／谢寿光
责任编辑／陈　颖

出　　版／社会科学文献出版社·皮书出版分社 （010）59367127
　　　　　地址：北京市北三环中路甲 29 号院华龙大厦　邮编：100029
　　　　　网址：www.ssap.com.cn
发　　行／市场营销中心 （010）59367081　59367083
印　　装／三河市尚艺印装有限公司

规　　格／开　本：787mm × 1092mm　1/16
　　　　　印　张：23.75　字　数：295 千字
版　　次／2020 年 3 月第 1 版　2020 年 3 月第 1 次印刷
书　　号／ISBN 978 - 7 - 5201 - 6442 - 9
定　　价／98.00 元

本书如有印装质量问题，请与读者服务中心（010 - 59367028）联系